Vergesst Networking – oder macht es richtig

... sonst sind 90 Prozent der Kontakte für den Müll

von

Martina Haas

Verlag Franz Vahlen München

 **Martina Haas** ist Speaker, Autorin und Expertin für Networking & Kommunikation. Die gefragte Vortragsrednerin ist mit ihren inspirierenden Vorträgen und Strategie-Workshops bundesweit und international, vorrangig im deutschsprachigen Ausland, tätig. Kunden, Zuhörer und Leser schätzen ihre klaren Einschätzungen und die von Weitblick geprägten pragmatischen Impulse – im Fokus ist stets der praktische Nutzen im Berufsalltag.

Martina Haas gewährt tiefe Einblicke in Mechanismen des Geschäftslebens. Sie schlüsselt die Komplexität des Karriere- und Erfolgskontextes auf und stellt die Frage nach Sinn und Werten. „Vergesst Networking" ist ihr fünftes Buch. „Die Löwenstrategie" sowie „Crashkurs Networking" erschienen 2017 und 2014 im Verlag C.H. Beck und sind weithin beachtete Bestseller.

ISBN Print 978-3-8006-6065-0
ISBN E-Book 978-3-8006-6066-7

© 2020 Verlag Franz Vahlen GmbH,
Wilhelmstraße 9, 80801 München
Satz: Fotosatz Buck
Zweikirchener Str. 7, 84036 Kumhausen
Druck und Bindung: Beltz Grafische Betriebe GmbH
Am Fliegerhorst 8, 99947 Bad Langensalza
Umschlaggestaltung: Ralph Zimmermann – Bureau Parapluie

vahlen.de/nachhaltig

Gedruckt auf säurefreiem, alterungsbeständigem Papier
(hergestellt aus chlorfrei gebleichtem Zellstoff)

Vorwort

90 Prozent Ihrer Kontakte sind für den Müll …

Ich meine das ernst. Fühlen Sie sich bestätigt, verkannt oder gar provoziert? Jede Reaktion ist erwünscht. Wer sich darin bestätigt fühlt, dass sein Netzwerk einen Frühjahrsputz und Auffrischung vertragen könnte, bekommt Impulse, das Netzwerken strategischer und damit zielführender anzupacken. Wer sich verkannt oder provoziert fühlt, ist hier dennoch gut aufgehoben: Ich spreche Facetten des Netzwerkens an, die Sie so noch nicht auf dem Schirm hatten. Es geht um schnellere, bessere und vor allem innovativere Ergebnisse für Sie, das Unternehmen und die Kunden.

Ich frage kurz mal nach: Wie viel Zeit verlieren Sie eigentlich mit Netzwerken? Auf langweiligen Events? Wie viele Visitenkarten sollten Sie gleich wegwerfen, weil Sie sich weder an die Person noch den Anlass erinnern? Wie oft haben Sie gedacht: „Wieder so eine blöde Anfrage, die nur auf Akquise aus ist, jetzt gehe ich wirklich aus XING raus!"?

Ich bin überzeugt, dass Sie meiner Einschätzung letztlich folgen, weil auch Sie zu viele Kontakte haben, die bislang ein Schattendasein führten und die Sie, viel schlimmer, auch künftig nicht voranbringen. Schieben Sie die zumindest in einen Archivordner, auch wenn die Löschtaste oder der Papierkorb konsequenter wären. Kümmern Sie sich stattdessen um die 10 Prozent an vorhandenen wertvollen Diamanten und die großartigen Optionen, die Rohdiamanten, die Sie bisher übersehen haben, und fassen Sie diese in Gold oder Platin.

Falls ich völlig falsch liege, dann geigen Sie mir gehörig die Meinung via info@martinahaas.com. Doch ich bin sicher: Alle werden auf ihre Kosten kommen. Versprochen. Ich wünsche Ihnen viel Vergnügen – mit Aha-Effekten, Kopfschütteln, Stirnrunzeln, Nicken, Lachen, Seufzen und vor allem: Action.

Ihre
Martina Haas

Inhalt

Inhalt

Vorwort V
90 Prozent Ihrer Kontakte sind für den Müll VI
Inhalt VII
Einführung 1
Einladung zum Chillen und Diskutieren in den Networking-Lounges 3
Ein besonderer Gastbeitrag 4
Netzwerken oder nicht netzwerken? 5
Drei gute Gründe, Networking bleiben zu lassen 6
    Wir drehen durch: Networking-ADHS und Networking-ADS 6
    Wir sind das Produkt: Löscht alle Accounts – oder nicht? 7
Ein später Netzwerker: Ein Poet entdeckt Twitter für sich 8
Knowing the right person to ask the right questions 10
Das ist Ihr „Preis" – der Networking-Nutzen 10
    Vor dem Lohn steht der Einsatz 11
    Weniger Ego – gemeinsam sind Sie am stärksten 11
    Jeder Kontakt ein Kontrakt – träum weiter, Baby 12
    Das können Netzwerke konkret leisten 12
    Der Return of Investment folgt der Investition 17
Die Networking-Roadmap – sieben Schritte zu starken Netzwerken . 17
    Braucht man eine Netzwerkstrategie? 17
    Das Tüpfelchen auf dem i – Evaluation und Feinjustierung 18
Networking bringt nichts? Klar, Sie machen etwas falsch 18
    Es fängt mit dem Wollen an 19
    Das Märchen, keine Zeit zu haben 20
    Bankrotterklärungen 22
    Kategorie: Fehlendes Selbstbewusstsein 24
    Mentalität ist kein Handicap, sondern eine Tatsache 25
    Falsches Networking-Verständnis 26
Networking-Lounge No. 1: Berlin, Berlin 27

Gut vernetzt länger und besser leben 39
Networking ist so alt wie die Welt – und die ist klein 40
    Die Welt ist klein 40
    Die Welt ist ein Dorf: der Village-Effekt 41
Wofür treten wir an? Die Suche nach unserem Warum 42
    Welche Werte sind Ihnen wichtig? 42
    Ikigai – Iki- was? Noch nie gehört? Dann wird's Zeit! 43
Was Sie über Netzwerke wissen sollten 44
    Netzwerke sind keine Hängematten zum Ausruhen 44
    Netzwerke sind Festungen mit Ausschlussfunktion 45
Networking-Lounge No. 2: Wissen, Denken und Glaube 48

Wer, wie, was, wo? Appetizer vom Ideenbuffet 61
Bitte kein Schubladendenken – Versuch einer Netzwerkertypologie 62
    Geben, Nehmen, Tauschen als Grundmotivation 62
    Auf den ersten oder zweiten Blick zu erkennen 62
    Persönlichkeitsmodell der vier Farben 64
Wo sind Ihre Fische? 66
Perfekte Beziehungen 66
    So finden und erkennen Sie die richtigen 10 Prozent der
    Kontakte 67
    Gute Beobachter punkten doppelt 68
    Verbündete sind mehr als gute Bekannte 69
    Mach dir Multiplikatoren und Türöffner zum Freund 70
Networking-Lounge No. 3: Die Medien-Profis 71
Powertools für den Erstkontakt 75
    Aufmerksamkeitsanker setzen, um angesprochen zu werden 75
    Hilf dir selbst! 76
    Wie Sie einen Gesprächspartner für sich einnehmen 77
Powertool: Adressatengerechte Kommunikation 80
Powertools für die Beziehungspflege – Stay in touch 82
    Bringen Sie Menschen zusammen 82
    Zurückweisung: Nimm nichts persönlich 82
    Die Macht einer Entschuldigung 83
    Kontaktpflege: Fantasie schlägt Kapital 83
    Kontaktpflege beginnt mit dem Follow-up 83
    Never eat alone und kleine Geschenke erhalten die Freundschaft 84
    Ein Loblied auf Newsletter 86
Killt Compliance Networking? 86
Networking-Lounge No. 4: Women talk Business 91

Gemeinsam sind wir stärker 99
Neuer Zusammenhalt 100
    So geht Community – Die hippen Kuchen-Gang-Omas mit ihren
    Lieferopas 102
Networking-Lounge No. 5: Gemeinsam kommen wir besser voran . . . 103
Fachkräftemangel: Sind wir in Not oder fehlt die Fantasie? 112
    Hebt den Schatz: Mitarbeiter sind Tripple-Netzwerkknoten 113
    Der Networking-Masterplan für Führungskräfte – spielen nach
    neuen Regeln 114
    Bau dir ein Team: Werdet ein Team 116
Gemeinsames Erleben für beste Verbindungen 118
    Die neue Einsamkeit 118
    Essen und trinken hält Leib und Seele zusammen – auch in
    Betrieben 118
    Zusammenarbeit neu gedacht 120
Networking-Lounge No. 6: New Work & Co 125

Hebt den Schatz: Verkannte Chancen sind verborgene Schätze — 131

Wettbewerbsfaktor vernetzte Mitarbeiter — 132
- Wissen ist Macht — 132
- Künstliche Intelligenz – dein Freund und Helfer? — 133
- Neue Köpfe, neue Wege — 136
- Statements zur Nutzung der Netzwerke der Mitarbeiter — 136

Vom Segen von Mentoren, Vorbildern, Coaches und Sparringspartnern — 137
- Mentoren sind so alt wie die griechischen Göttersagen — 138
- Mentoring in Unternehmen — 140
- Mentoren oder Coaches: Was bringt Sie mehr voran? — 142
- Vorbilder — 142

Alumni-Wesen im Aufwind — 143
- Erfolgsbooster universitäre Alumni-Netzwerke — 144

Networking-Lounge No. 7: Die Alumni-Lounge
(Teil 1: Verehrte Alma Mater) — 145

Erfolgsbooster Corporate-Alumni-Netzwerke — 149

Networking-Lounge No. 7: Die Alumni-Lounge
(Teil 2: Unternehmensbande) — 149
- Mittelstand goes Alumni — 152
- Alumni-Netzwerk weitergedacht — 152

Frauen und Business Networking – eine Aufholjagd — 153

Unternehmerinnen und andere Führungsfrauen — 154

Networking-Lounge No. 8: Die Macherinnen — 156
- Der Unterstützer der Frauen: Friedensnobelpreisträger Muhammad Yunus — 163
- Statements: Frau, Karriere und Business Networking — 163

Social Media – es geht nicht mehr ohne, oder doch? — 165

- 90 Prozent der Social-Media-Kontakte sind für den Müll, doch es geht auch anders — 166
- Zwei Rückzüge – der Stoff zum Nachdenken — 169
- Sündenbock oder smarter Verführer – Was macht Twitter mit uns? — 172
- Aufmerksamkeitsanker: Tiere als Networker und Influencer — 179

Networking-Tipps meiner Networking-Lounge-Gäste — 180

Nachwort — 187

Herzlichen Dank an mein Netzwerk — 189

Autorenprofil — 193

Literaturliste — 195

Einführung

Dass Networking 2019 völlig neu gedacht werden muss, hat einen Grund: Unsere Welt verändert sich rapide. Sie wird immer schneller, globaler und komplexer. Viele sind verunsichert und fürchten neben der Digitalisierung deren Potenzierung: die künstliche Intelligenz. Und noch etwas: In Zeiten des Internet of Things, in denen nicht nur Maschinen in der Fabrik, sondern auch Haushaltsgeräte untereinander vernetzt sind und miteinander kommunizieren, sollten Menschen nicht hinter ihren Geräten zurückbleiben und die immensen Möglichkeiten, im Verbund mit anderen Menschen mehr zu erreichen, nutzen. Durch ihre Flexibilität sind Menschen, wenn es nicht um mechanische Fähigkeiten und reine Kraft geht, den Maschinen weit voraus, denn Menschen folgen keinen Schaltplänen, sondern zum Glück auch ihrer Intuition. Sie besitzen Empathie und Fantasie.

Glauben Sie mir: Wenn Sie Networking hassen oder für Zeitverschwendung halten, hat das gute Gründe: Sie haben höchstwahrscheinlich die falschen Kontakte bzw. nutzen Ihre besten Kontakte nicht oder nicht richtig. Herzlichen Glückwunsch. Das ist eine großartige Ausgangsbasis für einen Quantensprung in Sachen Networking. Es ist Zeit für Evaluation und anschließende Feinjustierung oder Neuausrichtung. Das Positive am Netzwerken ist: Ich kann jeden Tag das Ruder herumreißen, neue Dinge ausprobieren, neue Wege einschlagen.

Ein Grund, weshalb es gerade jetzt dieses Networking-Buch braucht (es ist übrigens mein drittes zum Thema), ist eine Verschiebung der Vorzeichen beim Networking: Musste man Menschen vor einigen Jahren noch wie ein Hütehund ins Internet „treiben", ist es heute so, dass man den Digital Natives, aber auch den Internetaktivisten unter den Digital Immigrants, d. h. allen vor 1980 Geborenen, manche Errungenschaften des Offline-Lebens wieder schmackhaft machen muss. Analog ist top. Offline-Networking ist der neue Luxus.

Es gibt Studien, wonach sehr vermögende Menschen sehr wenig Zeit im Web verbringen und dafür Sorge tragen, dass ihre Kinder den Social-Media-Konsum begrenzen. Für viele wird es erstaunlich sein, dass die tollen Leute im Silicon Valley ihre Kinder bevorzugt auf Waldorfschulen schicken. Anthroposophen sind nicht gerade die Vorreiter der Digitalisierung, sondern setzen auf ganzheitliche Bildung und viel Musisches. Manche Experten vertreten die Auffassung, dass Kinder vor dem 12. Lebensjahr von digitalen Medien ferngehalten werden sollten. Das halte ich für falsch. Allerdings sollten nicht schon Kleinkinder hoch konzentriert auf iPads im Kinderwagen sitzen: Die Dosis macht das Gift. „Digital Detox" parallel zur christlichen Fastenzeit spricht auch für einen Overload.

Die Networking-Mechanismen haben sich nicht grundlegend geändert, denn der Mensch funktioniert nun einmal so, wie er funktioniert. Doch es hat vieles nicht gefruchtet, worauf seit Langem hingewiesen wird. Schlimmer: Noch immer haben viele nicht begriffen, was für ein hilfreiches Tool Networking ist. Wie schade, denn gute Vernetzung macht das Leben beruflich wie privat leichter, angenehmer und bunter. Vorausgesetzt, man oder frau geht es richtig an. Das Networking-Gen, das meines Erachtens in jedem Menschen angelegt ist, bedarf bei vielen des Weckrufs – quer durch alle Altersgruppen und alle Branchen – off- und online. Das spiegelt mir das Feedback auf meinen Bestseller *Crashkurs Networking – In 7 Schritten zu starken Netzwerken*. Leser berichten mir, dass und wie ich ihr Leben zum Positiven verändert hätte. Manche folgten plötzlich ihrer Berufung, weil sie sich dazu inspiriert fühlten und endlich trauten.

Es geht nicht um das Ob von Networking. Es geht nur um das Wie, die ideale Weise, wie jeder seine Networking-Kompetenz in Bezug auf seine Positionierung und Ziele ausbaut und nutzt. Damit ist auch klar gesagt: Es geht um Individualität und nicht um Patentrezepte, die sich aus überholtem Schubladendenken speisen. Keiner muss etwas Bestimmtes tun, jeder hat viele Optionen.

Der ehemalige Direktor der Berlinale Dieter Kosslick sagte im Interview für mein erstes Networking-Buch *Was Männer tun und Frauen wissen müssen – Erfolg durch Networking*, dass er aus seinem Adressbuch mit 500+ Adressen täglich etwas Neues kreiert. Genau darum geht es: Aus Kontakten etwas zu machen. Ob sie in einem Adressbuch stehen, in einer Datenbank oder ob wir auf sie über die Social Media zugreifen, ist privat nachrangig. Im Business sieht das ganz anders aus. Da hat viel Analoges ausgedient und wir brauchen noch intelligentere technische Unterstützung als bisher. Selbst Kreativität wird künftig daten- und technologiegetrieben sein bzw. ist es schon. Bitte merken Sie sich hierzu das Stichwort: MARCEL.

Doch lassen Sie uns schauen, wie Sie die Quote sinnvoller Kontakte nach oben schrauben, damit nicht das eintritt, was viele im persönlichen Gespräch offen und ohne zu zögern zugeben: 90 Prozent aller Kontakte sind für uns ohne Wert. Wenn ich sage, dass diese Kontakte in den Müll gehören, meine ich damit keineswegs die Menschen hinter den Kontakten. Sie sind wie wir alle jeder auf seine Weise wertvoll. Bis auf wenige Totalausfälle werden sie in anderen Beziehungsgeflechten Nutzen stiften. Der Fehler sind nicht sie, der Fehler liegt bei uns: Wir wählen die falschen aus. Das hat mehr mit uns zu tun als mit ihnen: Es fehlt der Fokus, es fehlt die Strategie.

Einladung zum Chillen und Diskutieren in den Networking-Lounges

Ich lade Sie gerne schon an dieser Stelle in acht exklusive Networking-Lounges ein. Dort warten höchst unterschiedliche Interviews mit Führungspersönlichkeiten aus Wirtschaft und Gesellschaft auf Sie. Sie können die Interviews en bloc lesen oder dort, wo ich sie zu einem Schwerpunkt passend platziert habe.

Zu jedem Interview gibt es vorneweg Hintergrundwissen zur Tätigkeit der Gesprächspartner und kleine Networking-Geschichten. Diese zeigen, wie Networking für mich funktioniert und welche vermeintlichen Zufälle wunderbare Bekanntschaften auslösten. Das geschah jedoch nur, weil ich Chancen erkannte und mich auf den Weg machte. 90 Prozent der Menschen sind dafür zu bequem oder nicht mutig genug, Eingebungen, den wunderbaren Musenküssen, wie ich sie nenne, zu folgen. Schade. Deshalb hoffe ich, Sie mit meinen Best-Practice-Beispielen zu ermutigen, aktiv zu werden, wenn sich Gelegenheiten bieten – und besser noch: Gelegenheiten selbst zu erschaffen. Je öfter Sie das tun, desto mehr Ideen entwickeln Sie und es fällt Ihnen immer leichter, auf andere zuzugehen. Mehr Qualitätskontakte, weniger für den Müll.

Zu Studienzwecken wollte ich sämtliche Gesprächspartner, die ich 2006, 2007 für mein erstes Buch *Was Männer tun und Frauen wissen müssen – Erfolg durch Networking* interviewt hatte, sowie weitere Interviewpartner bitten, sich ihr Interview nochmals anzuschauen. Sie sollten überlegen, ob sie aus heutiger Sicht zu anderen Ergebnissen kommen würden. Meine Vermutung war: eher nein. Und so rief mich denn prompt der Verleger Wolfgang Hölker, Gründer des Coppenrath Verlages, an, dem Kinder den Hasen Felix und Prinzessin Lilifee verdanken. Seine Networking-Aktivitäten hätten sich nicht grundlegend geändert. Er könne natürlich neue Geschichten beisteuern, nur für Social-Media-Themen sei er nicht der Richtige. Und so ging es weiter. Es gab von keiner Seite eine radikale Kehrtwende. Doch ich freue mich sehr, dass sich zwei geschätzte Herren Zeit für ein Update nahmen (Networking-Lounge No. 2). Und dass es doch jemanden gab, der über den eigenen Schatten sprang.

Ein besonderer Gastbeitrag

Networking bedeutet für mich, andere teilhaben zu lassen an dem, was mir wichtig ist. Daher freut es mich, Ihnen exklusiven Zugang zu einer Geistesperle des ehemaligen CEO der Deutschen Bahn, Heinz Dürr, Gründer der Dürr AG und Dürr GmbH, ermöglichen zu können. Er verschenkte 2017 seinen Privatdruck „Ich twittr, also bin ich" zu Weihnachten an einen Kreis von 300 Freunden und Weggefährten. Ich war so begeistert, dass ich bat, den Essay in diesem Buch veröffentlichen zu dürfen. Heinz Dürr spannt einen großen Bogen mit interessanten Assoziationen und Sie erfahren, wieso mehr als Twitter-Kommunikation schiefläuft.

Netzwerken oder nicht netzwerken?

Drei gute Gründe, Networking bleiben zu lassen

Es gibt viele gute Gründe, Networking als falschen Götzen anzuprangern – in jeder Variante, analog und digital. Es herrscht viel Irrglauben: Netzwerke sind keine eierlegende Wollmilchsau. Es ist vieles möglich, aber nicht alles für jeden und schon gar nicht zu jeder Zeit. Fehlendes Know-how in Sachen Networking und Kommunikation tun ein Übriges. Und natürlich sind auch Angeber, Scharlatane, Möchtegerne und Schmarotzer unterwegs. Networking ist Teil des Lebens und bildet alles Gute ebenso ab wie das Schlechte, das uns im Leben begegnet. Etwas anderes zu erwarten wäre lebensfremd. Die Welt ist bunt. Gott sei es gedankt.

Es ist beim Netzwerken ein wenig wie an der Börse, man muss abwarten können. Viele halten Networking jedoch für die Feuerwehrlösung, wenn die Hütte lichterloh brennt. Das funktioniert nicht. Erst säen, dann ernten – die Natur macht es uns vor. Und so drückt es mein Schweizer Maler- und Bildhauerfreund Lorenz Spring auf vielen Bildern in Dankbarkeit aus: „Die Saat geht auf."

Wir drehen durch: Networking-ADHS und Networking-ADS

Manche besuchen bis zu vier Events pro Abend. Ungelogen. Das ist jedenfalls in Berlin nicht schwer, denn täglich finden ca. 1.400 Events aller Art von früh bis spät statt. Man hat stets die Qual der Wahl und zur Not drei gesicherte Mahlzeiten, viele davon kostenlos oder für kleines Geld. Die Hyperaktivität der Event Junkies, die auf Wunder warten, bringt wenig oder schadet sogar, denn sie geht zu Lasten der Intensität und Qualität von Begegnungen und füllt die Kontaktliste mit nichts als heißer Luft und ein paar überflüssigen Namen mehr. Die Mülltonne ruft.

Gerne zitiere ich daher Hermann Scherer, der 2001 den US-Präsidenten Bill Clinton nach seiner Amtszeit als Redner zu einem spektakulären Event nach Deutschland holte. Er bestätigt nicht nur meinen Eindruck, sondern setzt noch eins drauf: „Wer ständig auf Networking-Events ist, hat keine Aufträge und kein Geld." Die Erfahrung zeigt jedenfalls: Wer dringend einen Auftrag oder Job braucht, findet ihn nicht bei den gängigen Events. Schlimmstenfalls ist die Hälfte der Anwesenden in einer ähnlichen Situation. Einem nackten Mann kann man jedoch nicht in die Tasche greifen. Zudem haben selbst die, die nicht auf der Suche sind, selten genau das, was wir jetzt gerne hätten. Networking entfaltet mittel- und langfristig Wirkung. Darum sollte man anfangen, Netzwerke aufzubauen, ehe man sie braucht.

Geschäftiges Visitenkartensammeln – oder für Visitenkartenverächter: sofortige Kontaktanfragen auf den Social-Media-Kanälen –, übereifriges

Event-Hopping, Vereinsmeierei, oberflächliche Unterhaltungen und planloses Herumsurfen im Web wird schon lange als Zeitverschwendung angeprangert. Auch von mir. Ich nenne das gerne Networking-ADHS, krankhafte Überaktivität. Sie geht meistens einher mit Networking-ADS, krankhafter Abgelenktheit bei gleichzeitiger Aufmerksamkeitsschwäche. Ein gefährlicher Cocktail, der garantiert zu einem führt: zu Misserfolg und nur wenig echten Freunden. Nicht umsonst setzt mein Buch *Die Löwen-Strategie* auf Fokussiertheit für mehr Effizienz und Effektivität.

Viel hilft viel, kann funktionieren, meistens verschleudert man nur Energie. Das ist beim Gießkannenprinzip nicht anders: Jedes Pflänzchen, das gegossen wird, kommt irgendwie durch, einschließlich Unkraut und Pflanzen mit wenig Ertragsaussichten. Ich persönlich setze auf Klasse, nicht auf Masse. Weniger ist mehr, allerdings zu dem Preis, sich entscheiden zu müssen. So funktioniert das Spiel unter Erwachsenen. Wer es nicht tut, hat viel zu viele sinnfreie Kontakte, die meistens nicht einmal einen Feelgood-Efffekt haben.

Wir sind das Produkt: Löscht alle Accounts – oder nicht?

Jaron Lanier hat anderes als Zeitverschwendung im Fokus. Er beklagt, dass die meisten Internetnutzer kein Bewusstsein dafür haben, was die Social Media mit uns zu machen imstande sind. Es geht kaum krasser: 2018 forderte er uns bereits auf dem Cover seines Buches *Zehn Gründe, warum du deine Socal Media Accounts sofort löschen musst* auf, alle Social Media Accounts sofort zu löschen. Dabei ist Lanier einer der Vordenker des Internets, Erfinder des Datenhandschuhs und neuerdings Chefstratege von Microsoft. Ihn trieb die Sorge um, dass wir mit all unseren Daten im Internet selbst das Produkt sind und systematisch durch Algorithmen manipuliert werden. Der Klappentext fasst zusammen:

„Facebook, Google & Co verkaufen politischen Akteuren unsere Daten zur Verhaltensmanipulation, schaden der Demokratie und fördern Armut, Hass und Entfremdung. Ihre Algorithmen arbeiten so perfekt, dass wir uns dieser gesellschaftlichen Abwärtsspirale kaum entziehen können."

Ein spannendes Buch, doch ich stimme Jaron Lanier nicht darin zu, dass wir unsere Accounts löschen sollten. Wir sollten die Gefahren, die er aufzeigt, ernst nehmen und uns im Web bewusst professionell verhalten. Und mehr noch: den Spieß umdrehen und Nutzen aus dem Web ziehen. Apple-Boss Tim Cook denkt ähnlich: 2019 empfahl er Hochschulabsolventen der Tulane Universität, zurückzuschlagen:

„Today, certain algorithms pull toward you the things you already know, believe, or like, and they push away everything else. Push back."

Ein später Netzwerker: Ein Poet entdeckt Twitter für sich

Das Netzwerk ist tot, es lebe das Netzwerk: Die einen gehen wie Jaron Lanier, Robert Habeck und Sophia Thiel, andere kommen, wie der Fall eines bekennenden Networking-Skeptikers zeigt. Nie hätte ich gedacht, dass dieser Herr jemals bei Twitter aktiv sein würde. Der Diogenes Verlag übrigens auch nicht und ließ seinen Account sperren. Ich spreche von meinem Schweizer Lieblingsschriftsteller, dem Bestsellerautor Martin Suter, der mir mehr als einen Buchtitel optimierte, wofür ich ihm ewig dankbar bin. Doch seit November 2018 betreibt er als @martinsutercom sogar #poesiepingpong mit einem anderen Poeten, Felix Tandem alias @FelixTandem1. Leider ist Felix nicht gewillt, sein Pseudonym zu lüften. Weshalb ich eine Kehrtwende nicht für möglich hielt, werden Sie nach der Vorgeschichte verstehen.

Martin Suter konnte und kann dem Netzwerken wenig abgewinnen, weshalb er 2006 eine Interviewzusage für mein erstes Networking-Buch zurückzog.

> „Liebe Martina Haas,
>
> Ich habe einen zweiten Anlauf genommen und festgestellt, dass ich nicht weiterkomme. Es liegt an etwas Grundsätzlichem: Ich kann meine Beziehungen, Verbindungen und Freundschaften nicht als Netzwerk betrachten, das ich bewusst ausbaue und pflege, um meine Karriere zu fördern. Ich muss daher Ihre erste Frage – „Was halten Sie von Networking?" – mit „Nichts" beantworten, was mir, was Sie zugeben werden, die Beantwortung der folgenden Fragen verunmöglicht.
>
> Meine Spezialität ist es, mich über solche Dinge lustig zu machen, nicht, ihnen nachzuleben.
>
> Seien Sie mir nicht böse. Ich werde eine meiner nächsten Kolumnen diesem Thema widmen.
>
> Herzlich
> Martin Suter"

Ich verstehe gut, was Martin Suter sagen wollte. Er differenziert sehr fein. Freundschaften sind etwas Kostbares, das man nicht um des Geschäftes willen angeht und für kein Geschäft riskiert. Wenn sich ein Geschäft zwischen Freunden ergibt, dann ist das wunderbar – ein Nebeneffekt der Freundschaft, nicht der eigentliche Zweck. Aus gutem Grund hatte ich für mein erstes Buch alle Interviewten gefragt: „Networking oder Freundschaft: Soll man beides trennen oder geht beides auch zusammen?" Die Antworten lagen weit auseinander.

Als ich Martin Suter im Frühjahr 2019 anfragte, ob ich das Zitat von 2006 verwenden dürfe, kam diese Antwort, typisch Suter, elegant und doch auf den Punkt:

> *„Ich habe mich nicht an den Absagebrief erinnert, aber ich fand ihn beim Durchlesen ziemlich gut. Ich habe meine Meinung kaum geändert, auch wenn mit dem Alter der Kreis von Leuten, die man kennt, immer größer wird. Aber ihn als ‚Netzwerk' zu bezeichnen und dieses für den eigenen Erfolg gezielt aufzubauen widerstrebt mir eben immer noch ein wenig.*
>
> *Zu tweeten habe ich begonnen als Zeichen dafür, dass ich meine Abscheu vor Social Media abgelegt habe. Sonst wäre die Gründung der Website etwas unglaubwürdig gewesen. Und es hat mir von Anfang an Spaß gemacht."*

Die Website betrachtet er als Experiment, auch um zu sehen, ob Menschen für Inhalte im Web bezahlen – es sind 5 Euro pro Monat für Zugang zu nicht veröffentlichten Geschichten aus der Business Class und noch viel mehr.

Zwei Widmungen in Suters Büchern deuteten diesen Gesinnungswandel über 13 Jahre an. Sie sind natürlich vor diesem Hintergrund besonders apart. Im Oktober 2006 schrieb mir Martin Suter als Widmung in seinen Roman *Der Teufel von Mailand*: „Für Martina, herzlich Martin Suter, in Berlin, immer noch kaum vernetzt". Die nachfolgende Widmung aus 2008 in *Der letzte Weynfeldt* ließ schon hoffen: „Für Martina Haas von meinem Berliner Netzwerk. Herzlich Martin Suter". Hatte ich da womöglich 2006 ein Samenkorn gesät?

Wie auch immer, Martin Suter gehört zu meinem Netzwerk. Dass er mir jemals bei irgendetwas helfen würde, war nicht im Entferntesten im Hinterkopf, als ich ihn 2002 anschrieb. Ich war einfach von ihm und seinen Büchern begeistert und brachte das mit einem Augenzwinkern zum Ausdruck, als ich ihn scherzhaft darüber informierte, dass ich eine „Großkundin" sei. Ich hätte Dutzende seiner Business-Class-Bücher verschenkt, anstatt eine Abschiedsparty für Freund und Feind zu schmeißen. Ich führte aus, dass sich mancher Feind in diesem großartigen Buch – brillant entlarvt – wiederfände, hätte er zu sich genügend Distanz und wäre er weniger arrogant. Meine subtile Kritik wurde sogar von manchen Beschenkten, wenn auch nicht unbedingt von den Betroffenen verstanden. Das war es mir wert. Suter antwortet sinngemäß, dass er sich an manchen Tagen wundere, dass in der Wirtschaft überhaupt etwas funktioniere, wenn er die Berichte aus den Teppichetagen wie meinen vernähme.

Über die Jahre schrieb ich einige Rezensionen zum Dank für spannende Lesestunden und dafür, dass Martin Suter mir und einem ehemaligen Lebensgefährten mit *Small World* die Welt der Demenz erklärte. Suter tat dies zu einem Zeitpunkt, als das noch ein Tabuthema war und wir einen Fall im Umfeld hatten. Häufig gelingt es mir, bei Suters Lesungen und

Filmpremieren dabei zu sein. Das ist schon eine sehr schöne Bekanntschaft.

Wenn sich ein kluger Kopf und bekennender Skeptiker wie Martin Suter dem Internet nähert, müssen wir unsere Social Media Accounts vielleicht doch nicht löschen. Jedenfalls schlüssle ich gleich auf, was Networking zu bieten hat – zumindest theoretisch, falls der User es richtig macht.

Knowing the right person to ask the right questions

Was ist überhaupt ein Netzwerk? Es gibt keine zufriedenstellende Netzwerkdefinition außerhalb des technischen Bereichs, wo man von Netzwerkknoten, Synapsen und Ähnlichem spricht. Am besten gefällt mir die knackige Definition der ehemaligen philippinischen Botschafterin und ersten Außenministerin der Philippinen, Dr. Delia Domingo-Albert: „Knowing the right person to ask the right questions!" Die richtige Person für die richtige Frage zu kennen, genau das ist es. Viele verwenden ohnehin keinen Begriff für ihr Beziehungsgeflecht, sondern differenzieren nach Freunden, Bekannten, Kollegen etc. Letztlich spielt der Begriff keine Rolle, wenn Sie überwiegend Menschen um sich haben, mit denen der Austausch stimmt.

Viel wichtiger ist die Botschaft, dass Networking mehr ist als ein Karrieretool mit Checklisten und Prozessen zum Abarbeiten. Es geht auch nicht um Erfolg um jeden Preis, sondern um Mehrwert für alle Beteiligten und nachhaltige Beziehungen über einen punktuellen Nutzen hinaus. Networking ist etwas für Herz und Verstand. Die Grundlagen werden in der Kindheit gelegt. Meine Eltern haben mich zu Hilfsbereitschaft und Großzügigkeit erzogen und das vorgelebt, sonst wäre ich heute ein verzogenes Einzelkind. Großzügigkeit im Geben spiegelt sich meines Erachtens ebenso im offenen Denken wider wie Geiz in Kleinkariertheit.

Das ist Ihr „Preis" – der Networking-Nutzen

Den vielen respektablen Gründen, nicht zu netzwerken, lasse ich einen Überblick über die positiven Auswirkungen des Netzwerkens folgen, damit Sie mit großer Neugier weiterlesen. Gerne spreche ich vom Return of Investment, wenn ich für Kunden Strategien für professionelle Vernetzung entwickle oder den Netzwerkauf- und Netzwerkausbau begleite. Das macht hellhörig und wird verstanden. Menschen haben schon immer auf zwei Dinge reagiert: Belohnung und Schmerz. Belohnt zu werden oder Schmerz zu vermeiden sind starke Treiber und oft nur zwei Seiten einer Medaille.

Vor dem Lohn steht der Einsatz

Allerdings kann nicht geleugnet werden, dass vor dem Nutzen und vor der Belohnung Investitionen stehen. Um einen Preis zu erlangen, zahlen wir im Leben einen Preis. Tatsächlich gehen wir beim Netzwerken, wie ich es verstehe und das nicht auf schnelle Beute zielt, sondern auf den Aufbau mittel- und langfristiger Beziehungen angelegt ist, in Vorleistung. Die Amerikaner nennen es „paying it forward". Wir zahlen auf das Beziehungskonto ein, um bei den buchhalterischen Begriffen zu bleiben, damit wir irgendwann abheben können. EU-Kommissar Oettinger sprach im Interview vom Sparbuch, auf das wir einzahlen. Andere wählen den Begriff der Bilanz, die unter dem Strich ausgeglichen sein muss. Entscheiden Sie, was Ihnen besser gefällt. Klar ist, Beziehungen sind keine Einbahnstraße.

Gute Beziehungen gibt es nicht umsonst und auch nicht auf Pump. Der Einsatz, der zu leisten ist, die Investition, ist eine Kombination aus Zeit, Ideen und Geld. Wie hoch das zeitliche Investment ist, postete Prof. Adam Grant bei LinkedIn: Im Durchschnitt braucht es 50 Stunden an Interaktion, um eine Bekanntschaft zur Freundschaft werden zu lassen, und 200 Stunden, um ein enger Freund zu werden. Grant bestätigt, was wir alle wissen: Echte Freundschaft passiert selten über Nacht. Sie entsteht im Laufe der Zeit über das Teilen von Glücksmomenten und schmerzlichen Momenten. Humorvoll wie immer fügte er die einzige Ausnahme an: Als Fünfjähriger kann man in fünf Sekunden vom Fremden zum besten Freund werden.

Manche Leute sollten mit dem Begriff Freund bzw. Freundin sparsamer umgehen. Ich bin der Meinung, dass drei, vier richtig gute Freunde zu haben ein großes Geschenk ist. Die meisten Menschen sind lediglich Bekannte, manche sind gute Bekannte.

 Der einfachste Weg, Freunde zu haben, ist, selbst ein Freund zu sein.

Weniger Ego – gemeinsam sind Sie am stärksten

Auf den Social-Media-Plattformen plakatieren viele geradezu inflationär das Mantra: „Geben! Geben! Geben!" Doch ich traue den meisten Propheten nicht. Viele trinken Wein und predigen Wasser. Sie sprechen dennoch etwas Wichtiges an: Die meisten Menschen haben nicht verstanden, dass es beim Netzwerken nicht immer um uns und auch nicht primär um Geld und Karriere geht. Es geht in erster Linie um unser Gegenüber, unsere gemeinsame Beziehung und die Gemeinschaft. Das ist der Schlüssel für ein Miteinander, von dem alle profitieren.

Ein hilfsbereiter Netzwerker mit über einer Million Follower bei LinkedIn schrieb kürzlich: „Ich kann nicht allen etwas zurückgeben, die mir halfen.

Deshalb helfe ich anderen." Richtig: Wenn man es zu etwas gebracht hat, sollte man den Aufzug hinunter zu denen schicken, die davorstehen und nach oben wollen, um ihnen zu helfen. Frau Prof. Jutta Allmendingers Statement von 2007 geht in eine ähnliche Richtung: „Erst jetzt habe sie die Möglichkeit, ihrem Doktorvater etwas zurückzugeben." Damals war sie schon Leiterin des Instituts für Arbeitsmarkt- und Berufsforschung.

Viele Netzwerke dienen übergeordneten Zwecken gesellschaftspolitischer, sozialer oder kultureller Natur. Es kann um Sport gehen, um Bildung, Politik, Naturschutz, was auch immer. Wir brauchen weniger EGO, weniger Kalkül und mehr Verbindendes – ohne dass wir unsere Interessen aus den Augen verlieren müssten. Gemeinsam haben wir stärkeren Einfluss und eine größere Reichweite, um bessere und innovativere Ergebnisse zu erzielen. Wenn wir uns für etwas einsetzen, das größer ist als wir selbst, hat das zusätzlich Auswirkungen auf unser Business. Mein Lieblingsbeispiel ist: Wer sich in einem Sportverein erfolgreich für die Vereinsjugend einsetzt, sie trainiert, Zeltlager organisiert oder Ähnliches, der empfiehlt sich damit für eine Führungsposition im Beruf, denn die Ausbildung und Förderung des Nachwuchses ist Führungspraxis, eine wunderbare Übungswiese und zugleich eine Plattform.

Jeder Kontakt ein Kontrakt – träum weiter, Baby

Die Gleichung „Jeder Kontakt ist ein Kontrakt" ist eine Wunschvorstellung oder auch nur ein Scherz unter Verkäufern. Das liegt in der Natur des Networking, alles andere fällt in die Kategorie bezahlte Vermittlung von Aufträgen, Informationen, was auch immer. Doch selbst dort führt nicht jede Bemühung zum Erfolg. Überall gilt das „Gesetz der großen Zahl", um auf das gewünschte Soll zu kommen. In meinem Buch *Die Löwen-Strategie* belege ich das wie folgt: Bei den Löwen gehen acht von neun Beutezügen daneben. Sie machen weiter. Klar, sie haben keine andere Wahl, wenn sie nicht verhungern wollen. Bei uns Menschen geht es angesichts der Sozialsysteme nicht mehr um das nackte Überleben. Es geht bei den meisten Mensch, gerade den ambitionierten, um ein erfülltes Leben. Bleiben Sie entspannt. Hier kommt Ihr Appetizer.

Das können Netzwerke konkret leisten

Ob Netzwerke genau das für uns persönlich leisten, was sie objektiv leisten könnten, hängt ausschließlich davon ab, wie nahe wir diesem Netzwerk sind, wie wir agieren, was wir einbringen. Das entscheidet, ob wir als wertvolles Mitglied empfunden, übersehen oder gar ausgegrenzt werden. Wer sich nicht engagiert, hat von dem Strauß an möglichen Benefits selten mehr als Zufallsfunde zu erwarten.

Netzwerke sind so stark durch den stattfindenden Austausch. Das Straßennetz ist ein schönes Sinnbild. Eine erfolgversprechende Straße führt anders als Einbahnstraßen oder gar Sackgassen in zwei Richtungen. Alles ist im Fluss und es gibt Kreuzungen. Die Straße mündet vielleicht sogar in einen Kreisverkehr. Sie speist so viele Adressaten an den Abzweigungen und nimmt unterwegs neuen Input auf. Und mehr noch: Der Austausch wird in das Netzwerk, die Nebenstraßen und die Autobahnen, hineingetragen, weil jeder einen kennt, der einen kennt. Man sagt, wir seien über sechs Menschen mit allen anderen verbunden. Im Web fördert das die viralen Effekte.

- **Informationsaustausch**

Die einfachste Form des Netzwerkens ist, eine Information zu geben oder aufzunehmen. Sie kann fachlich, persönlich oder karrierebezogen sein. Oft weiß der Absender nicht, was diese Information für den Empfänger bedeutet, schon gar nicht, wenn dieser sie „aufgeschnappt" oder in einen ganz anderen Kontext transferiert hat: Eine unbedeutend klingende Information kann für einen anderen kriegsentscheidend sein, wenn sie ihn von einem Vorhaben abhält oder ihn darin bestärkt, etwas zu tun.

Wer exquisite Netzwerke hat, hat über den Zugang zu deren Informations- und Wissenspool einen immensen Wissensvorsprung, denn diese Informationen sind nur wenigen zugänglich. Solche Informationen schaffen starke Verbindungen unter den Akteuren, bisweilen sogar Abhängigkeiten. Exklusive Informationen möglichst frühzeitig und exklusiv zu erhalten ist von unschätzbarem Wert. Wer weiß, dass eine neue Abteilung aufgebaut oder eine Stelle frei wird, kann sein Interesse signalisieren, während anderen dies verwehrt ist. Sie erfahren dann von offiziellen Ausschreibungen, die – seien wir realistisch und nicht blauäugig – oft pro forma stattfinden, wenn die Pfründen intern unter den Buddys längst verteilt sind.

So ist es mir einst bei einer Bewerbung ergangen. Ich hatte einer gut informierten Person nicht geglaubt, dass ich mir „die Spucke sparen soll", es sei längst ausgemacht, „dass zwei alte Männer den Laden leiten werden". Ich bewarb mich trotzdem, denn ich hielt es für eine Chance – und ging leer aus. Nicht ganz leer, das war eine wertvolle Erfahrung, die ich nun mit Ihnen teilen kann, und ein perfektes Beispiel für das Funktionieren des Old Boys' Network.

- **Wissens- und Erfahrungstransfer**

Wissenstransfer ist mehr, als Informationen weiterzugeben. Hier besteht die Absicht, Nutzen zu stiften in der Annahme, dass der oder die andere Interesse daran hat oder haben könnte. Wissen ist eine Sache, doch die Erfahrungen, die man auf dem Weg dorthin macht, sind bisweilen ebenso wertvoll wie das Ergebnis. Der Mensch ist so gepolt, dass er bei anderen nur den Erfolg sieht, nicht aber die Irren und Wirren, die Entbehrungen, die Zweifel und Rückschläge auf dem Weg zum Ziel. Gerade zu Berufsbeginn, wenn jeder vermeintlich weiter ist als man selbst, ist es sehr hilfreich, zu erkennen, dass andere auch nur mit Wasser kochen. Die Altvorderen wussten es: Es ist noch kein Meister vom Himmel gefallen. Übung macht den Meister. Das gilt auch für das Netzwerken. Unser Netzwerk kann für neue Ideen als Testgelände zu dienen.

Es gehört Mut und Ehrlichkeit dazu, den Schleier vom makellosen Erfolg zu ziehen und den Prozess dahinter offenzulegen. Edison soll 10.000 Fehlversuche unternommen haben, bis die Glühbirne das Licht der Welt erblickte und ihr bei Dunkelheit Licht zurückschenkte.

> **Exkurs:**
>
> Auf einer Messe, die sich nur um Vernetzung drehte, die net'swork, eine Kooperation der Universität Bielefeld mit der Bertelsmann Stiftung, erlebte ich eine interessante Diskussion über die Kooperation von Unternehmen. Der ehemalige Chef des Maschinenbau-Netzwerkes OWL Maschinenbau e. V., ein Zusammenschluss von damals 80 Maschinenbau- und Technikunternehmen, berichtete, er habe viele Unternehmensverbünde scheitern sehen. Das Erfolgsgeheimnis seines Verbundes seien mehrere Faktoren, die m.E. zeitlos gültig sind, weil Menschen so ticken:
>
> – Dem Netzwerk gehören mehrere große Player an.
> – Ehrlichkeit sei oberstes Gebot: Die Großen würden anderen dadurch helfen, dass sie berichten, wie sie Probleme auf dem Weg zum Erfolg lösten.
> – Zudem gäbe es diverse vertrauensbildende Maßnahmen wie gemeinsame Events, Schulungen und Projekte. Und nicht zuletzt den Vorteil, bei der Erschließung von Auslandsmärkten gemeinsam aufzutreten: Es wird für alle günstiger, gemeinsam in guter Lage ein Büro anzumieten, die Infrastrukturkosten zu teilen und als Verbund zu agieren.

Das Netzwerk verbindet heute 260 Mitglieder und Partner und hat sich auch inhaltlich dynamisch fortentwickelt. Es versteht sich als Plattform, die dazu beiträgt, Unsicherheit zu reduzieren und neue Handlungsoptionen zu erschließen. Von Beginn an gab es verschiedene Vernetzungsformen, unterschiedlich verbindlich und unterschiedlich exklusiv. Das ist wichtig, denn mittelständische Unternehmen gelten als eher „kooperationsscheu". Seit einiger Zeit gibt es ein Mentoring-Programm zur Nachwuchs- und Fachkräfteförderung. Die Region Bielefeld ist übrigens ein aufstrebender Startup-Standort!

Netzwerke sorgen mithin auf vielfältige Weise für Wettbewerbsvorteile auf dem Markt, bezogen auf Kunden und Mitarbeiter.

- **Netzwerke als Ideengenerator – Inspiration führt zur Innovation**

Interessante Menschen bringen uns auf Ideen, auf die wir sonst nie kämen. Das ist so, weil wir aufhören, im eigenen Saft zu schmoren. Genau deswegen ist es so wichtig, möglichst viele unterschiedliche erfolgreiche Menschen zu kennen, die sich mit verschiedensten Themen beschäftigen auch jenseits ihres beruflichen Kontexts. Menschen mit spannenden Hobbys kennen mit Sicherheit andere Menschen mit speziellen Interessen. Der Blick über den Tellerrand ist wichtiger denn je, wo sich aller Orten so viel Verbohrtheit breitmacht und der intelligente, kultivierte Diskurs unter die Räder zu geraten droht, weil man nur seine eigene Meinung gespiegelt bekommen möchte und nicht daran interessiert ist, sie zu hinterfragen und dazuzulernen.

- **Netzwerke als Mutgeneratoren – Empowerment**

Informationen allein helfen wenig, wenn wir zaudern, etwas mit ihnen anzufangen. Bisweilen brauchen wir neben Ideen Ermutigung, einen Anstoß oder auch einen sanften Tritt in den Allerwertesten. Menschen, die an uns glauben, stärken uns. Ein Freund fragte mich vor einem Event, ob ich schon einen Platz hätte. Meine Antwort: „Klar, in der ersten Reihe. Kleine Leute sollten immer vorne sitzen, damit ihnen keiner die Sicht versperrt." Das ließ er nicht durchgehen. „Du bist nicht klein. Du bist groß." Wenn solche Sätze nicht glücklich machen, weiß ich es auch nicht. Der Wortwechsel entfaltet zusätzlichen Charme, wenn Sie wissen, dass ich 1,56 Meter plus Absatzhöhe messe, der Held fast 2 Meter.

- **Networking als Chancengenerator und Risikominimierer**

Oscar Wilde soll gesagt haben: „Die Zukunft gehört denen, die die Möglichkeiten erkennen, bevor sie offensichtlich werden." Wie wahr, doch Möglichkeiten erkennen wir nur, wenn wir gut informiert sind. Gut informiert sind wir, wenn wir keine zu kleinmaschigen Filter vorschalten, die Dinge zu früh verhindern. Wir dürfen keinesfalls zum Fachidioten verkommen, der nur mit Fachleuten spricht, sonst drehen wir uns im Kreis und verlieren den Bezug zum Markt.

Gut informiert zu sein reduziert zudem Risiken. Wir sollten aus anderen Bereichen, Wissenschaften oder Ländern Erkenntnisse gewinnen und so zu neuen Lösungen kommen. Das geht nur, wenn wir mit den unterschiedlichsten Menschen sprechen. Homogenität killt Kreativität gerade in Teams.

- **Sag mir, mit wem du gehst, und ich sage dir, wer du bist**

Rat ist mehr als Information oder Wissensübermittlung. Es wird eine Bewertung vorgenommen aus dem eigenen Erleben und aufgrund dessen, was der andere uns sagt, was wir von ihm wissen oder zu wissen glauben. Einen Rat erteilt jemand, der gefragt wird. Doch ebenso häufig erteilen wir unaufgefordert Rat. So gut das auch gemeint sein mag, es steckt doch eine gewisse Bevormundung darin. Wer von Berufs wegen Rat erteilt, ist noch mehr gefährdet als andere, Einschätzungen abzugeben.

Auch wenn wir andere empfehlen, bewerten wir. Wir bewerten den anderen und die Situation: Können wir es uns überhaupt leisten, sie oder ihn zu empfehlen? Vielleicht kennen wir ihn oder sie nicht gut oder sind aus anderen Gründen unsicher. Wir gleichen vor dem geistigen Auge ab, ob die Menschen, die wir da zusammenbringen, harmonieren werden. Es geht um sinnvolles Matching. Stimmt die Chemie nicht, läuft jede objektiv kluge Empfehlung ins Leere.

Wir profitieren jedoch nicht nur von konkreten Empfehlungen. Oft ergeben sich daraus interessante Konstellationen, wenn man feststellt, man hat gemeinsame Bekannte. Unterschätzen Sie nie die Bedeutung der Kontakte hinter den Kontakten.

 Zudem gilt: Je hochkarätiger Ihre Netzwerkpartner sind, desto höher ist auch die Qualität derer, die mit ihnen zu tun haben. Sag mir, mit wem du gehst, und ich sage dir, wer du bist. Ein alter sehr wahrer Grundsatz.

- **Netzwerke als Resonanzboden für mehr Bekanntheit – Reichweite**

Netzwerke verstärken unsere Sichtbarkeit am Markt und helfen dabei, den Bekanntheitsgrad dort auszubauen, wo wir selbst uns schwertäten oder zu lange bräuchten. Es kann nicht genug betont werden, wie wichtig die Kontakte der Kontakte sind. Laut Studien kommt der meiste Benefit in Bewerbungsphasen über diese, denn meistens hat der beste Kumpel keinen Job für uns. Netzwerke verstärken wie Resonanzböden unsere Kompetenz.

- **Vorbilder – Role Models – Mentoren**

In hochkarätigen Netzwerken finden wir Vorbilder, die uns am Arbeitsplatz oder im Bekanntenkreis vielleicht nicht beggnen. Ich halte Vorbilder für sehr wichtig. Daher habe ich diesem Thema ein eigenes Kapitel gewidmet.

Der Return of Investment folgt der Investition

Nachdem Sie nun wissen, was Sie bekommen könnten, wenn Sie es nur richtig anstellten, kommt hier die Erinnerung an den Haken: Es gibt nichts umsonst. Den Return of Investment muss man sich verdienen. Er wird mickrig ausfallen, wenn 90 Prozent Ihrer Kontakte nichts bringen. Jeder Einzelne kann ein wunderbarer Mensch sein, passt nur leider nicht in das Leben, das Sie sich erschaffen wollen.

Die Networking-Roadmap – sieben Schritte zu starken Netzwerken

In meinem Bestseller *Crashkurs Networking* habe ich folgende Schritte zu starken Netzwerken identifiziert:

- Definition der Ziele
- Networking-Doppelstrategie
- Erfolgsfaktor gute Vorbereitung
- Know-how der Kontaktaufnahme
- Kontakte erfolgreich nutzen
- Die hohe Kunst der Kontaktpflege
- Evaluation & Feinjustierung

Das ist ab sofort Ihr roter Faden für Ihren Netzwerkausbau. Ich gehe zunächst nur auf den Anfang und das Ende von Beziehungszyklen ein, die anderen fünf Schritte finden Sie in nachfolgenden Schwerpunkten.

Braucht man eine Netzwerkstrategie?

Strategie macht das Leben einfacher, weil man einen Kompass hat. Ich empfehle sogar eine Networking-Doppelstrategie: Einerseits spontan alle aussichtsreich erscheinenden Networking-Aktivitäten und -Optionen am Wegesrand mitzunehmen, die sich ergeben. Andererseits jedoch strategisch vorzugehen für bestimmte Vorhaben, Ziele, Projekte. Es gefällt mir daher sehr, was Notker Wolf, der emeritierte Abtprimas der Benediktiner, zu sagen hat (das vollständige Interview mit ihm finden Sie in der Networking-Lounge No. 2):

> **Braucht man eine Networking-Strategie, lieber Herr Abtprimas?**
> Die sollte man sich gründlich überlegen. Wen will man miteinbeziehen, wer soll Adressat sein, für wen mache ich das, zu welchem Zweck mache ich das? Es macht einen Unterschied, ob man Sponsoren sucht oder Adressen für einen Rundbrief oder eine Database ehemaliger Studenten aufbaut. Das ist alles verschieden und unterschiedlich groß werden auch die Netzwerke sein. Wichtig ist die Pflege und die kostet in jedem Fall Zeit.

Um eine Strategie zu entwickeln, bedarf es vorab der Klärung der Ziele, mehr noch des „Warum" dahinter. Wofür treten wir an, wenn unsere Grundbedürfnisse wie Essen, Trinken und Wohnen abgesichert sind? Wofür schlägt unser Herz? Was erfüllt uns? Wenn Sie das herausfinden, wird Ihnen auch das Netzwerken leichter fallen und zielgerichteter werden. Die Qualität Ihrer Kontakte wird einen Quantensprung machen.

Das Tüpfelchen auf dem i – Evaluation und Feinjustierung

Die meisten Menschen vergessen, regelmäßig eine Bestandsaufnahme ihres Lebens zu machen. Das gilt auch für die Networking-Aktivitäten. Eine jährliche Inventur sollten Sie sich gönnen.

- Mit wem haben Sie sehr häufig zu tun?
- Wem sind Sie eine große Hilfe?
- Wer unterstützt Sie?
- Wer nervt und kostet nur Zeit?
- Wer oder was fehlt in Ihren Netzwerken?
- Haben Sie genügend neue interessante Zugänge?
- Sind Sie oft genug on the road und on air im Web?

Werten Sie das aus und handeln Sie. Der *Crashkurs Networking* enthält übrigens diverse Aufgaben und Schritt-für-Schritt-Anleitungen.

Networking bringt nichts? Klar, Sie machen etwas falsch

Seitdem ich mich mit Networking beschäftige, höre ich die Klagen: Networking bringt mir nichts, weil XY. Der Grund ist zu 98 Prozent falsches Networking in der Anwendung, oft gepaart mit einem viel schwerwiegenderen Mindsetproblem. Mit der falschen Haltung kommt auch ein super aktiver Mensch nicht ans Ziel. Durch meinen Speaker-Kollegen, Dirk Kreuter, einen begnadeten Verkäufer und Verkaufstrainer, lernte ich den Begriff der Einwandbehandlung kennen. Ich verkaufe hier zwar keine Produkte, doch ich „verkaufe" Ihnen Ideen, um Sie davon zu überzeugen, dass Sie viel erreichen, wenn Sie anders als bisher netzwerken. Deshalb heble ich Einwände, die in vielen Köpfen herumgeistern, aus. Dirk treffen Sie übrigens in der Networking-Lounge No. 3.

Schauen wir uns die Einwände an, weshalb Networking zwar bei Millionen von Menschen funktioniert, aber genau bei Ihnen oder Ihren Bekannten nicht – mit der Konsequenz: Mülltonne voll, wenn Sie Ihre Kontaktliste entrümpeln.

Es fängt mit dem Wollen an

Manche tun zu wenig. Manche tun zu viel. Manche haben das richtige Maß, aber den falschen Antrieb. Wir machen Fehler über Fehler und ärgern uns, keine Ergebnisse zu haben oder nur mittelprächtige. Wer nicht netzwerken will, dem helfen die besten Tipps und Checklisten nichts. Er wird Chancen und die grandiosesten Gelegenheiten verpassen, sich mit interessanten Menschen zu vernetzen, und die wertvollsten Informationen missachten. Er übersieht oder überhört sie, weil er dem Glaubenssatz nachhängt, Networking bringt nichts. Es gibt den schönen Ausspruch: „Ob du denkst, du kannst es, oder du kannst es nicht: Du wirst auf jeden Fall recht behalten." Er wird dem Industriellen Henry Ford zugeschrieben, der gewiss kein Esoteriker war.

Die drei Klassiker unter den Ausflüchten

- Das kostet zu viel Zeit.
- Das bringt nichts.
- Ich werde nur ausgenutzt.

Das sind Fälle von „wollen, aber nicht können", was zu den besagten 90 Prozent an Kontakten führt, die in die Tonne gehören:

Was für ein Mindset haben Sie? Schnauze voll?

Ob wir eine Begegnung als Gewinn oder Zeitverschwendung empfinden, hängt vom anderen ebenso ab wie von uns. Eine gewichtige Rolle spielen der Zeitpunkt, der Ort und die tagesaktuelle Verfassung aller Beteiligten. Was über den Erfolg einer Begegnung wesentlich mitentscheidet, ist unsere Erwartung. Bei vielen ist sie viel zu hoch. Sie können nur enttäuscht werden.

Wer jetzt ein Geheimrezept erhofft, wird das ebenso wenig bekommen wie diejenigen meine Zustimmung, die glauben, Networking ließe sich nur mit Checklisten und Prozessen steuern. Das sind unterstützende Tools – nicht mehr, aber auch nicht weniger. Dafür gibt es einen einfachen Grund: Networking ist so unterschiedlich und individuell wie die Menschen, ihre Mentalität, ihr Bedarf und ihr Wille, sich einzubringen. Es nimmt uns niemand ab, unseren persönlichen Weg zu finden und uns auf all die vielen unterschiedlichen Menschen einzustellen, die uns begegnen. Dabei unterstütze ich gerne mit Ideen, eigenen Erfahrungen und den Statements erfolgreicher Führungspersönlichkeiten.

 Reset und Neustart für andere Ergebnisse!

Das Märchen, keine Zeit zu haben

Ich kann es nicht oft genug betonen: Wenn wir etwas wirklich wollen, haben wir Zeit dafür. Kürzlich hatte ich wieder einmal so einen Fall: Ein Unternehmer stellte fest, er sei jetzt 60 und habe immer noch keine Zeit, Dinge spontan zu tun. Sie glauben nicht, wie schnell er einknickte, als ich sagte: „Ich glaube Ihnen sofort, dass Sie nicht von jetzt auf gleich einen Trip nach New York antreten könnten, allein schon deshalb, weil Sie ein Visum brauchen. Doch mit etwas Vorlauf bekommen Sie auch das hin oder Sie machen einfach am Wochenende einen Ausflug in den Spreewald." Er schaute mich groß an.

- **Ein paar Tipps aus der Schatztruhe der Networking-Expertin**

Das Meiste ist eine Frage der Prioritäten und des Zeitmanagements. Die wichtigste Entscheidung ist: Was lassen wir weg?

Machen Sie eine besondere Diät

Verzichten Sie auf Menschen, die Ihnen nicht guttun – Miesmacher, notorische Bedenkenträger, Schwarzseher, Nörgler und neuerdings erziehungsfixierte Empörer. Entfernen Sie sie radikal aus Ihrem Leben, wenn das möglich ist, sonst begrenzen Sie den Kontakt auf das Notwendigste. Sie werden Ihnen immer die Freude an allem vergällen und Sie werden sie nicht ändern. Meistens sind solche Begegnungen komplette Zeitverschwendung. Denken Sie über eine Exitstrategie nach. Das ist nahezu Notwehr oder nennen Sie es Seelen- oder Netzwerkhygiene.

Wo ein Exit nicht ohne Weiteres möglich ist – Familie, Arbeitskollegen, Chefs –, empfiehlt es sich, sich eine dicke Haut zuzulegen und den Kontakt zu begrenzen, so gut es eben geht. Nehmen Sie sich vor, sich wie eine Teflonpfanne zu verhalten: Abperlen lassen, was man nicht ändern kann. Dass das ein wenig Übung braucht, gebe ich gerne zu. Doch was ist die Alternative: Magenschmerzen? Burnout? Irgendwann wird es bei einer Kleinigkeit eskalieren und Sie stehen vor unbeteiligten Dritten mit Ihrer aufgestauten Wut als Choleriker da. Wer die Teflonbeschichtung zu profan findet, kann sich ein Lotusblatt mit denselben Eigenschaften vorstellen. Hauptsache es macht bei Ihnen click und funktioniert.

Poco a paco oder presto presto

Den Ausspruch „poco a poco" kannte ich bis vor Kurzem nicht. Eine befreundete Professorin brachte ihn aus ihrem Forschungssemester in Costa Rica mit. Er bedeutet: Es hat noch genug Zeit. Mir kommt das italienische „presto, presto" mehr entgegen, nicht nur wegen meiner italienischen Vorfahren, sondern weil ich immer unter großem Zeitdruck arbeiten muss und musste, Deadlines zur Abgabe von Buchmanuskripten inklusive. Auch gilt:

Was du aufschiebst, kannst du vergessen. Mich lehrte zudem die Erfahrung, dass fast alles länger dauert als geplant, insbesondere wenn Dritte involviert sind und man keine Weisungsbefugnis hat oder diese an Grenzen stößt.

Wer viel in den Social Media unterwegs ist, weiß, dass zeitverzögerte Reaktionen eine von vielen Todsünden sind: Man hat schnell zu antworten, sonst ist das Interesse oder die Aufmerksamkeit weg und man gilt als unprofessionell oder old school. Ein ähnliches Tempo wurde bald nach deren Verbreitung bei E-Mails vorausgesetzt. Die Jüngeren können das gar nicht wissen: Selbst beim guten alten und nicht tot zu kriegenden Fax dachten die Absender, man säße neben dem Gerät und warte nur auf Eingänge. Wie oft kam der Anruf: „Ich habe Ihnen gerade ein Fax geschickt, was sagen Sie dazu?" Verfügbarkeit wurde damals schon vorausgesetzt.

Dass Tempo essenziell ist, suggerierte schon der Satz: „Die Schnellen fressen die Langsamen." Wer ihn erfunden hat, kann ich nicht mit Sicherheit sagen. Eberhard von Koerber, vormals BMW-Vorstand und Vize-Präsident von Asia Brown Boveri, Co-Präsident des Club of Rome, wurde 1995 damit in der ZEIT zitiert. Vielleicht ist der Urheber aber auch Eberhard von Kuenheim, ehemals Vorstandsvorsitzender und danach Aufsichtsratsvorsitzender von BMW, der sagte: „Wettbewerb ist mehr und mehr eine Frage richtiger Beherrschbarkeit von Zeit. Nicht die Großen fressen die Kleinen, sondern die Schnellen überholen die Langsamen."

 Tempo ist wichtig. Tempo kann aber auch sehr gefährlich sein, wenn wir nicht genau nachdenken oder ungesicherten Erkenntnissen vertrauen, weil es so bequem ist.

Vom Segen der Not-to-do-Liste

Seit einiger Zeit geistert die Not-to-do-Liste als Supertool herum. Zu Recht: Sie trifft genau den Punkt: Ich muss nicht nur wissen, was ich möchte. Ich sollte mir ebenso darüber klar sein, was ich nicht (mehr) will oder was verzichtbar ist. Löwen sind nur vier Stunden pro Tag aktiv. Das können sie sich nur leisten, weil sie fokussiert sind. Wenn sie etwas tun, tun sie es richtig. Hat das Rudel Hunger, wird mit aller Macht gejagt, denn ein bisschen Jagd funktioniert nicht. Sind die Bäuche gefüllt, wird gechillt, Siesta gehalten. Die vorbeihuschende Gazelle hat Glück und bleibt unbehelligt.

Delegieren oder eliminieren

Ich mag die Grundsatzfrage sehr: „Delegieren oder eliminieren?" Sie entschlackt jeden vollgepackten Tag, auch Ihren. Hauptsache, weg mit Dingen, die wenig bringen und womöglich keinen Spaß machen. Delegieren Sie im Unternehmen an Mitarbeiter. Wenn Sie keine haben, holen Sie sich Aushilfen oder Praktikanten, Dienstleister. Ansonsten fragen Sie Ihren Boss, die Chefin, wer im Team freie Kapazitäten hat oder welche Priorität Sie bei mehreren Aufgaben setzen sollen. Delegieren Sie Ihr Problem an den, der entscheiden kann.

Doch man muss auch delegieren wollen, das konsequent tun und dabei etwas erfinderisch sein. Ich biss mir kürzlich am Leiter einer IT-Abteilung bei einem Löwen-Strategie-Seminar beinahe die Zähne aus. Als er bekundete, dass mehrere Zeitmanagement-Seminare nichts gebracht hätten, schwante mir nichts Gutes. Seine Firma war sehr rasch gewachsen, nur die IT-Abteilung nicht, denn IT-Mitarbeiter sind kaum zu bekommen. Meine Idee, eine Assistentin oder einen Assistenten zu beschäftigen, wurde sofort abgelehnt: In diesen Unternehmen haben nur die Geschäftsführer Assistentinnen. Du meine Güte, dann bezeichne das Kind doch einfach anders, als Juniorberater, was auch immer. Zudem nahm der IT-Chef an, es müsse jemand mit IT-Kenntnissen sein, worauf ich nicht gekommen wäre, den klassischen Assistenzbegriff vor Augen. Nein, das muss es nicht. In jeder Fachabteilung gibt es Verwaltungs- und Organisationsaufgaben, die man delegieren oder zumindest vorbereiten lassen kann.

Der Groschen fiel bei ihm erst, als mir alle Seminarteilnehmer zustimmten und ein erfolgreicher Unternehmer anmerkte: „Es wird auf eine fachfremde Assistenzlösung hinauslaufen" und berichtete, wie glücklich er nach drei Fehlversuchen mit seiner Assistentin ist. Sie organisiert ihn. Ohnehin hat er sein Unternehmen mittlerweile so gut organisiert, dass ihm ein paar seiner Aufgaben fehlen. Bravo, bravissimo. Die Nein-es-geht-nicht-Nummer ist immer wieder eine Herausforderung.

Bankrotterklärungen

- Ich kenne keine Netzwerke.
- Ich treffe keine tollen Leute.
- Ich habe kein Geld.

Das sind schlicht Ausreden dafür, seine Hausaufgaben nicht gemacht zu haben. Es mag hart klingen, doch Wahrheit kann eben hart sein. Legen wir los mit dem Entkräften dieser Scheinargumente.

- ### Ich kenne keine Netzwerke

Besonders einfallslos ist die Ausrede: Ich kenne keine Netzwerke. Es wäre eine Bankrotterklärung, wenn dem so wäre. Doch das glaube ich nicht, denn irgendwie haben Sie ja auf dieser Welt überlebt. Vielleicht nennen Sie Ihre Kontakte und Beziehungen schlicht nicht Netzwerk. Gewiss haben Sie eines, auch wenn es wohl nicht optimal ist. Hermann Scherer sagte zu mir in einem Interview, Networking beginne an der Mutterbrust. Er hat recht. Gelingt es einem Baby nicht, Kontakt zur Mutter aufzubauen, ist eine seiner wichtigsten Beziehungen gefährdet, mit lebenslangen Folgen.

- **Ich treffe keine tollen Leute**

Woran machen Sie das fest? Tolle Leute gibt es überall. Okay, nicht in allzu großer Zahl. Mir sagte die Chefin einer Düsseldorfer Agentur, ich würde interessante Menschen sammeln. Ja, das tue ich – mit dem allergrößten Vergnügen. Doch nur wer mit anderen ein Gespräch beginnt, merkt, was sich hinter der Fassade verbirgt. Der beste Weg, interessante Menschen zu treffen, ist, selbst interessant zu sein.

Werden Sie interessant, dann kommen auch interessante Menschen auf Sie zu. Tun Sie etwas Verrücktes. Ich nutze jede Gelegenheit, etwas Verrücktes zu tun. So meldete ich mich, als der mir bis dato unbekannte Johannes Suhm, ein baden-württembergischer Schauspieler und Regisseur, über den Verein der Baden-Württemberger in Berlin Statisten suchte. Und was passierte? Ich erfahre ein Upgrade von der schweigend im Wartezimmer sitzenden Patientin zur Ärztin, die mehrere Sätze sagen darf. Wirklich aufregend – tolle Erfahrung. Unglaublich, wie lange es dauert, bis eine Szene im Kasten ist. Das Entree hatte mir nicht nur das Badisch-schwätze-Können verschafft, sondern meine Rednertätigkeit und meine damit verbundenen Masterclass-Besuche in New York City beim weltberühmten Lee Strasberg Institute und im Susan Bastian Studio.

Etwas Verrücktes tun ist eines, doch von einem besonderen Menschen gesagt zu bekommen, man mache ihn verrückt, ist spezieller. Also bringen Sie etwas Verrücktheit in Ihr Leben und das anderer. Das Leben ist zu kurz für Langeweile und Mittelmaß und jeden Preis wert. Der legendäre Schauspieler Curd Jürgens sang dereinst, man müsse nicht dem Leben mehr Jahre geben, sondern den Jahren mehr Leben. Tun Sie das? Wenn nicht, wird es Zeit, damit Sie nicht irgendwann bereuen, nicht gelebt und nicht geliebt zu haben. Wir dürfen nicht zum Opfer der eigenen Bequemlichkeit werden.

Als ich die Berliner Unternehmerin, Rallyefahrerin und Globetrotterin Heidi Hetzer 2007 interviewte, sagte sie mir, sie sei viel auf Events unterwegs. Es waren damals fünf bis sechs Abende pro Woche und sie war eine Lady von 70 Jahren, die man allerdings angesichts ihres Temperaments und ihrer Lebensfreude 15, 20 Jahre jünger schätzte. Meistens war sie in Begleitung eines gemeinsamen Freundes, Paolo Masaracchia, ein Dream-Team in Sachen Networking. Heidi Hetzer hatte Mut: Sie machte sich mit 77 Jahren und einem 84-jährigen Oldtimer auf, die Welt zweieinhalb Jahre zu erkunden – überwiegend ohne Beifahrer. Die meisten hielten ihr Pensum nicht aus. Ihren 80. Geburtstag feierten wir im „kleinen" Kreis von 200 Freunden aus aller Welt. Von Heidi konnte man lernen, was Aktivität und Einfallsreichtum ist. Geht nicht, gibt's nicht, nannte sie 2007 als Motto. Wir wollten nach ihrer Afrikareise mit einem jungen Oldtimer auf ihr altes Interview schauen. Doch dazu kam es nicht mehr.

Wenn jemand interessant war, dann Heidi Hetzer. Und noch etwas: Sie hat sich immer für andere interessiert. Darum hatte sie so viele Freunde. Ich glaube, es wird selten auf einer Trauerfeier so viel geweint und so viel gelacht wie bei ihrer angesichts der vielen Heidi-Anekdoten. Albert Darboven, der charmante Kaffeekönig, sagte 2007 im Interview, er sei auf allen großen Familienfesten im Freundes- und Bekanntenkreis dabei – auch bei weniger erfreulichen Anlässen wie Beerdigungen, gerade dann müsse man für seine Freunde da sein. So ist es.

- **Ich habe kein Geld**

Geld ist ein Faktor, der natürlich immer eine Rolle spielt. Wer nicht genug Geld hat, kann sich die Golfclubmitgliedschaft im feinsten Club der Stadt nicht leisten. Er oder sie wird nicht in den angesagtesten Gourmettempeln auf diesem Erdball Stammgast sein. Auch in der Lufthansa Lounge findet man nur die, die sich ausreichend teure Flüge leisten können oder von ihrer Firma bezahlt bekommen. Das alles ist schön, aber die meisten Menschen leben auch ohne vergleichbaren Luxus nicht schlecht. Schalten wir den Gang also herunter: Man kann sich auch beim Griechen, Italiener, Inder, Thai oder einer Kiezkneipe treffen und gute Gespräche führen. Die Mitgliedsbeiträge sind in vielen Vereinen für nahezu jeden erschwinglich. Jeder findet etwas, das zu ihm und seinem Geldbeutel passt.

Keith Ferrazzi beschreibt in seinem Buch *Never eat alone*, wie man eine tolle Party mit wenig Geld schmeißt. Sein Rat: Kauft ehrlichen Landwein für kleines Geld und haltet ihn am Fließen. Wer Alkohol meidet, kann auch Krüge mit Leitungswasser füllen, ein paar Scheiben Zitrone und Minzblätter hinzugeben. Die Menschen im Maghreb bezeichnen ihren köstlichen süßen Pfefferminztee auf Grün- oder Schwarzteebasis übrigens als Champagner. Trinkt man zu viel davon, berauscht er tatsächlich und man kann schon einmal Herzrasen bekommen – für Euch vor Jahren getestet von einem Freund. Drei Kännchen waren zu viel.

Kategorie: Fehlendes Selbstbewusstsein

- Ich habe nichts Interessantes vorzuweisen.
- Ich weiß nicht, was ich sagen soll.
- Ich bin noch Studentin, noch Berufsanfänger, nur Mitarbeiterin.

Fehlendes Selbstbewusstsein ist kein Networking-Problem. Es zieht sich durch alle Lebensbereiche – Job, Partnerschaft, Freund- und Bekanntschaften – und ist für Betroffene sehr belastend. Viele lähmt ihr mangelndes Selbstvertrauen. Tun Sie etwas, trainieren Sie Ihr Selbstwertgefühl, bauen Sie Ihre Fähigkeiten aus. Ich bin überzeugt, Sie haben mehr Großartiges im Rucksack, als Sie denken. Holen Sie sich Feedback. Lesen Sie viel. Bilden

Sie sich weiter, vor allem halten Sie sich von Leuten fern, die Sie kleinmachen und runterziehen. Die tun das nicht, weil Sie ein Loser sind. Nein, diese Menschen ziehen sich daran hoch, andere zu erniedrigen. Lassen Sie sich das nicht bieten. Egal ob Berufsanfänger oder „nur" Mitarbeiterin: Wir alle haben etwas zu sagen.

Mentalität ist kein Handicap, sondern eine Tatsache

- Ich bin schüchtern.
- Ich bin introvertiert.

Wo würden Sie sich einordnen: introvertiert, extroviert oder zentrovertiert, also ein Mischtyp? 50 Prozent der US-Amerikaner halten sich für schüchtern. Falls Sie zu dieser Gruppe gehören, sind Sie in bester Gesellschaft. Ehrlich gesagt nervt mich die Jammerei der Introvertierten, sie seien beim Netzwerken und auch sonst im Leben benachteiligt. Das ist meistens schlicht eine Ausrede. Doch ebenso nervt die Behauptung, Introvertierte seien die besseren Netzwerker. Introvertiert oder extrovertiert zu sein bedeutet lediglich, auf anderen Wegen zum Ziel zu kommen.

Sicher gibt es Unterschiede: Wahrscheinlich haben Extrovertierte größere Netzwerke, weil sie aktiver sind und schneller Bekanntschaften machen. Das heißt aber noch lange nicht, dass diese Kontakte tragfähig sind. Introvertierte werden mit ihren Kontakten schon deshalb sorgsam umgehen, um nicht akquirieren zu müssen, weil sie das nicht gerne tun. Das kann zu einer ganz anderen Intensität der Beziehung führen. Einiges spricht dafür, dass Introvertierten schriftliche Kommunikation leichter fällt, weil sie niemandem direkt in die Augen schauen müssen und einen zeitlichen Sicherheitsabstand bis zur Antwort auf ihre E-Mail, ihre Direktnachricht genießen. Doch wir sollten nicht unterschätzen: Manche Introvertierte müssen sich auch zur schriftlichen Kontaktaufnahme aufraffen.

 Schauen Sie sich bei YouTube den spannenden Ted Talk mit Susan Cain an, der Autorin des grandiosen Buches *Still* über Introvertiertheit. Wer nicht weiß, dass sie introvertiert ist, hält das kaum für möglich. Was Susan kann, können Sie auch.

Zum Trost für Introvertierte sei berichtet: Es gibt Extrovertierte, die ausgesprochen schlechte Netzwerker sind. Sie knüpfen zwar schnell Kontakt, stoßen jedoch rasch ab, weil sie nur an sich denken, Menschen mit ihren Wünschen und Anforderungen überfahren, arrogant sind oder eine Mischung aus allem. Dass Introvertierte andere aufdringlich angehen, ist wenig wahrscheinlich. Doch sie sind keine besseren Menschen. Auch unter ihnen gibt es egoistische oder unzuverlässige Leute, man merkt es eben nicht gleich.

Wie bei allen Persönlichkeitsmodellen gibt es Mischtypen. Es mag Sie erstaunen: Ich, die ich gerne auf der Bühne stehe, um Vorträge zu halten oder bei Podiumsdiskussionen mitzudiskutieren, gehöre zur Gruppe der sogenannten Zentrovertierten. Ich kann sehr gut alleine bzw. allein zu zweit sein. Ich habe bisweilen überhaupt keine Lust auf Events und schon gar nicht auf diktierten Ringelpiez mit Anfassen. Das war schon immer so – ich gehöre zu den wenigen, die schon mal sitzen bleiben, wenn aufgefordert wird, aufzustehen und irgendetwas zu tun. Letztens sollten wir den Sitznachbar umarmen und ihm oder ihr sagen, dass er/sie ein Geschenk sei. Der Sitznachbar zur Linken war morgens schon unfreundlich, als ich ihn grüßte, zudem hatte er vergessen, sich zu waschen oder ein Deo zu benutzen oder beides. Letzteres merkte man bereits nach einer halben Stunde in der überheizten Halle in Hamburg. Er ein Geschenk? Ich ihn anfassen? Aber hallo.

Falsches Networking-Verständnis

- Ich will nicht im Vordergrund stehen.
- Ich möchte andere nicht ausnutzen.

Klappern gehört zum Geschäft

Nicht im Vordergrund stehen zu wollen ehrt Sie vielleicht. Wer jedoch nicht wahrgenommen wird, der wird auch nicht bei der Vergabe von Jobs und Aufträgen berücksichtigt. Das müssen Sie wissen. Womöglich sind Sie ein geniales und zuverlässiges Fleißbienchen – welcher Vorgesetzte befördert so jemanden schon weg? Wir sind doch alle kleine Egoisten. Also raus aus der Bescheidenheitsfalle. So jedenfalls meine Empfehlung, wenn Sie sich nicht irgendwann darüber ärgern wollen, dass auch noch die letzte Trantüte an Ihnen vorbeizieht hin zu mehr Ehre, mehr Budget, spannenderen Aufgaben und mehr Geld.

Ausnutzen und ausgenutzt werden

Es gibt gibt eine Studie der Universität von Toronto, wonach berufliches Netzwerken das Gefühl von moralischer oder physischer Unreinheit auslösen kann. Menschen, die nicht altruistisch, sondern durch Eigeninteressen motiviert waren, bereitet das Gewissenskonflikte. Da ich die Studie nicht im Original kenne, bin ich vorsichtig. Doch eines weiß ich mit Sicherheit: Zum Ausnutzen gehören immer zwei: Einer, der es tut, und der andere, der es geschehen lässt. Das hat nichts mit Networking als solchem zu tun. Das sind ganz einfache Gesetzmäßigkeiten in zwischenmenschlichen Beziehungen jeder Art.

Wenn Sie nicht wollen, dass man Sie ausnutzt, dann ziehen Sie Grenzen. Lernen Sie, Nein zu sagen und konsequent dabei zu bleiben. Das ist nicht einfach und keiner nimmt Ihnen das ab. Wenn Sie das Nein-sagen zu sehr schmerzt, wenn Sie es nicht aushalten, dass andere Sie aufgrund dessen nicht mehr mögen oder nicht mehr so freundlich sind, dann ist das okay. Doch bitte beklagen Sie sich dann nicht. Andere loten aus, wie weit sie bei uns gehen können. Kinder und Haustiere sind Weltmeister darin. Ohnehin ist es nur Ihre Annahme, dass Sie weniger gemocht werden. Das ist Ihre Schere im Kopf. Lassen Sie es darauf ankommen.

Falls Sie ein weiteres Argument brauchen, kommt hier das passende Zitat von Top-Investor Warren Buffett: „Der Unterschied zwischen erfolgreichen Menschen und wirklich erfolgreichen Menschen ist, dass wirklich erfolgreiche Menschen zu fast allem Nein sagen." Und auch Steve Jobs stimmt zu: „People think focus means saying yes to the thing you've got to focus on. But that's not what it means at all. It means saying no to the hundred other good ideas that there are. You have to pick carefully. I'm actually as proud of the things we haven't done as the things I have done. Innovation is saying no to 1,000 things."

Leicht zu verbannen ist die Ausrede, nicht zu netzwerken, um andere nicht auszunutzen. Ich könnte jetzt etwas frech sagen: Dann tut das einfach nicht. Es ist jedoch viel eleganter, diese Botschaft mit einer Geschichte – genauer einem Gegenbeispiel – zu vermitteln. Networking führt bisweilen zu grandiosen Ergebnissen, die man sich nicht im Traum vorgestellt hätte, als man entschied, jemanden zu unterstützen. Die Amerikaner nennen das Serendipity: Du machst dich auf den Weg und plötzlich ergibt sich etwas ganz anderes, unerwartet und doch großartig. Ich bezeichne es als Chancenkompetenz, diese Inspirationen aufzugreifen. Es folgt ein Best-Practice-Beispiel von absichtslosem im Sinne von uneigennützigem Networking, denn am Anfang hatte keiner der Beteiligten ein Geschäftsmodell oder gar gierige Dollarzeichen in den Augen. Es geht um eine ungeplante Unternehmensgründung.

Networking-Lounge No. 1: Berlin, Berlin

Meine Lounge-Gäste könnten verschiedener nicht sein: Die Schweizer Internetpionierin Bea Knecht, Mit-Gründerin des Streamingdienstes Zattoo und Salonière mit luxuriösem Berliner Salon, trifft Axel Kaiser, der seit Jahrzehnten ein Lieblingsthema hat: Zähne und Zahngesundheit. Beide vereint der Wunsch, der Welt einen besonderen Nutzen zu geben. Bea Knecht etablierte ihren Salon, um Berlin etwas zurückgeben, weil die Stadt gut zu ihr war. Axel Kaiser revolutioniert die Welt der Zahnpflege. Mit zwei bereits erwähnten Berliner Netzwerkern der Extraklasse schließt sich der Kreis: Rallyefahrerin Heidi Hetzer und Hoteldirektor Paolo Masaracchia. Heidi Hetzer war nicht nur mit Paolo und mir befreundet, sondern schätzte auch Axel Kaiser.

Der Mann mit der Pille für die Zähne: Axel Kaiser

Persönliches

Eine Bekannte machte mich vor gut zehn Jahren mit Axel Kaiser, dem Geschäftsführer der DENTTABS innovative Zahnpflegegesellschaft, mit der Anmerkung bekannt, wir könnten uns gegenseitig nützlich sein. So ist es und befreundet sind wir mittlerweile auch. DENTTABS stellt Zahnputztabletten her. Für das Kennenlerngespräch war eine gute Stunde eingeplant, doch wir saßen den ganzen Spätnachmittag und Abend zusammen. Danach wusste ich gefühlt alles über Zähne und den Zusammenhang zwischen Zähnen und Krankheiten, auch solchen außerhalb des Mundraumes. Spannend.

Bei der Zahnpflege veränderten diese Zahnputztabletten mein Leben auf das Positivste: Ich kann so viel Schwarztee trinken, wie ich möchte, und habe trotzdem keine verfärbten Zähne. Gebohrt wird beim Zahnarzt auch nicht mehr. Mit meinen DENTTABS-gepflegten Zähnen bin ich die beste Botschafterin dieses innovativen Produkts, für das ich missioniere. 2016 interviewte ich Axel Kaiser für mein Löwen-Strategie-Buch zum Thema „Innovation". Sie finden ihn nun auch hier, denn die Geschichte seines Unternehmens ist das Ergebnis von feinstem Networking, beginnend mit der Gründung bis zur off- und online unterstützenden Community. Es gab zu Beginn keine kommerzielle Absicht. Axel Kaiser tat einfach einem Kunden einen Gefallen.

Zur Person

Axel Kaiser ist geschäftsführender Gesellschafter der DENTTABS® innovative Zahnpflegegesellschaft mbH, Berlin, und ein Unternehmer, dem die jetzige Tätigkeit nicht in die Wiege gelegt wurde: Er ist gelernter Automechaniker. Ab 1992 baute er gemeinsam mit seinem Bruder Matthias das Dentallabor proDentum Dentaltechnik GmbH auf. Über 250 Zahnarztpraxen zählen zu den Kunden. proDentum versorgt Menschen mit kostengünstigem, aber qualitativ gleichwertigem Zahnersatz, den zunächst der Bruder Christoph in Singapur produzierte. Der geschäftspolitische Ansatz „Qualität und trotzdem kostengünstig" war damals spektakulär und führte zu heftigen jahrelangen Anfeindungen in der Branche.

Mit der DENTTABS® innovative Zahnpflegegesellschaft entwickelt und vertreibt Axel Kaiser seit 2009 ausschließlich ein Produkt: die DENTTABS-Zahnputztabletten. Das Ziel, nein, die Vision ist, Zahnpflege mit einem Produkt zu revolutionieren, das wasserfrei ist und anders als die handelsüblichen Zahnpasten nur aus einem Minimum an Bestandteilen besteht. Dies ist letztlich die Konsequenz aus der Erkenntnis des Dentallabors:

Vieles an Zahnersatz könnten sich die Menschen mit dieser neuartigen Zahnpflege – konsequent angewandt – ersparen.

Mehr Informationen via www.denttabs.de

Lieber Herr Kaiser, viele Unternehmer erzählen, dass ihre Geschäftsidee sie förmlich zur Unternehmensgründung drängte. Das war bei Ihnen doch etwas anders?

Das stimmt. Wir hatten nicht die Idee, jetzt machen wir etwas Innovatives, jetzt entwickeln wir mal ein Zahnpflegeprodukt. Die Idee kam zu uns. Ich wollte lediglich dem Zahnarzt Dr. Henrik Eifler, einem Kunden unseres Dentallabors, einen Gefallen tun, indem ich ihn bei seiner Doktorarbeit unter Herrn Prof. Peter Gängler, dem damaligen Dekan der zahnmedizinischen Fakultät der privaten Universität Witten-Herdecke, unterstützte. Vorgegeben war, eine wasserfreie Zahnpflege zu erfinden, um auf viele chemische Hilfsstoffe, die in Zahnpasta stecken, verzichten zu können. Je weniger chemische Stoffe, desto niedriger ist das Risiko, im Körper ungewünschte Nebenwirkungen auszulösen. Herr Prof. Gängler wollte erforschen, ob ein solches Pflegemittel der Reinigungswirkung von Zahnpasten vergleichbar wäre. Wir fanden heraus: Die Reinigungswirkung ist keineswegs geringer. Spannend sind die Effekte, die sich bei konsequenter Nutzung herausgestellt haben und von denen uns Kunden immer wieder berichten.

Leider können wir uns derzeit keine groß angelegte Studie leisten, die belegt, dass Zahnpasta unter Umständen krank machen kann oder Krankheitsbilder verstärkt. Wir wissen jedoch von vielen Nutzern, dass Krankheiten verschwanden oder weniger ausgeprägt auftraten, nachdem die Zahnpflege auf DENTTABS umgestellt und ganz auf Zahnpasta verzichtet wurde. Um kein Missverständnis aufkommen zu lassen: DENTTABS-Zahnputztabletten sind – abgesehen davon, dass die fluoridhaltige Variante kleine Löcher im Zahn reparieren kann – kein Heilmittel. Die positive Wirkung resultiert daraus, dass sie eine andere Form der Zahnpflege sind.

Auch wenn das etwas vom Networking wegführt: Sind Sie und Ihr Unternehmen innovativ?

Ja und nein. Mittlerweile gibt es die DENTTABS-Zahnputztabletten komplett plastikfrei. Damit sind wir sehr innovativ. Die Tabletten enthielten ohnehin nie Plastik. Zudem haben wir Bambuszahnbürsten entwickelt. Die Borsten bestehen allerdings aus hygienischen Gründen aus Nylon, da es hier noch (!) keine Alternative gibt. Dass die DENTTABS-Verpackung plastikfrei ist, ist ein Netzwerkeffekt: Milena Glimbovski, die Gründerin von Original Unverpackt, drängte uns immer wieder, DENTTABS in größeren Gebinden anzubieten, damit sie sie in ihrem Unverpackt-Laden (Original Unverpackt in Berlin) lose verkaufen kann. Sie war der Anfang unserer „Karriere" in der stetig wachsenden Welt der Läden ohne Verpackung. Sie führte dazu, dass praktisch jeder dieser Läden in Deutschland und immer mehr Läden in inzwischen 40 Ländern DENTTABS führen.

Im nächsten Schritt kam bei uns die Idee auf, auch unsere regulären Plastikdosen durch etwas ersetzen, das zum Nachhaltigkeitsgedanken passt. Ein Mitarbeiter traf auf einen Anbieter einer zertifiziert kompostierbaren Folie, die nach diversen Anpassungen nun mit unseren Tabletten z. B. in jeder DM-Filiale im Regal hängt.

Ansonsten sind wir nach klassischem Verständnis nicht innovativ. Ich nenne mich selbst einen progressiven Konservativen. Ich kann Veränderungen nicht ausstehen, ich mag aber auch Stillstand nicht. Festhalten an Dingen, Abläufen und Ideen, die falsch sind, geht mir ernsthaft auf die Nerven. Unsere DENTTABS-Zahnputztabletten sind eigentlich ein fortschrittlicher Rückschritt nach dem Motto: Weniger ist mehr: Weniger Bestandteile als in den gängigen Zahnpasten, von denen einige schädlich sind oder sein können.

In diesem Rückschritt und der Reduktion auf wenige Bestandteile steckt jedoch gleichzeitig die Innovation. Zudem putzt man sich mit den DENTTABS die Zähne streng genommen nicht, sondern poliert sie. An polierten Zähnen können sich keine Beläge bilden. Keine Beläge = keine Karies. Wobei das Polieren z. B. mit einem Hölzchen wiederum eine uralte Technologie in der Zahnpflege ist, die von vielen Völkern noch heute angewandt wird.

Wenn ich mich und diejenigen betrachte, die über mich zu den DENTTABS-Zahnputztabletten kamen – angefangen bei meiner Mutter bis zu unserer Freundin Heidi Hetzer, die sie auf die Weltreise in ihrem Oldtimer mitnahm –, habe ich den Eindruck, wir sind eher eine Community als normale Kunden. Täusche ich mich?

Nein, das ist richtig und der Grund liegt auf der Hand: Wir verkaufen weniger ein Produkt als die Erkenntnis, dass plastikfrei möglich ist und Zahnpflege anders geht. Bevor wir im Februar 2019 ins Sortiment der dm-Drogeriemärkte aufgenommen wurden, hatten wir im Grunde nur Fans, die aus tiefer Überzeugung kauften, keine Kunden im klassischen Sinn. Erst jetzt gibt es anonymisierte Kundenbeziehungen größeren Umfangs. Spätestens im Herbst werden diese neuen Kunden Positives der Art zu berichten haben, dass ihr Zahnarzt ob des deutlich besseren Erscheinungsbildes irritiert war, dass es von Bekannten Komplimente gab, weil die Zähne neuerdings glänzen und heller sind.

Was würden Sie tun, wenn man Ihnen pro Woche zwei bis drei Stunden fürs Netzwerken schenkt?

Ich würde mich in eine Kneipe setzen, mit Leuten reden und sie kennenlernen. Es ist wichtig, nicht in der eigenen Blase zu enden.

Welches Motto treibt Sie an?

Immer das Richtige tun, egal wie groß der Widerstand ist, sonst macht man zu viele Kompromisse. Bei den DENTTABS zeigt sich jetzt nach vielen Jahren der Durststrecke und des Kämpfens, dass, wenn man das Richtige tut, einem der Erfolg recht gibt – auch in finanzieller Hinsicht.

Liebe Leser, wenn Sie die Sorge, auszunutzen oder ausgenutzt zu werden, vom Netzwerken abhielt, können Sie diesen Punkt getrost streichen.

Pionierin des Internetfernsehens und moderne Salonière: Bea Knecht

Persönliches

In der Business Vogue vom Oktober 2017 erschien ein Artikel über Bea Knecht mit dem Titel „Die Gastgeberin", den ich umgehend zur Sammlung „Interessante Menschen/Interview?" packte. Ausschlaggebend war, dass eine Digitalisierungsexpertin, die in Berlin höchst analog einen exklusiven Salon führt, perfekt zu meiner Überzeugung passt, man solle off- und online gut vernetzt sein. Den Kontakt knüpfte ich über LinkedIn und erwähnte, dass mich der Salon interessiert. Was für eine Freude, das Interview dort zu führen. Ein außergewöhnlicher Ort. Eine außergewöhnliche Gastgeberin. Eine außergewöhnliche Unternehmerin. Wir sprachen nicht nur über das Internetfernsehen, sondern auch über die Bedeutung und Qualität des öffentlich-rechtlichen Rundfunks. Der Blick aus dem Ausland auf unsere Institutionen war spannend. Doch das sei nur am Rande erwähnt.

Zur Person

Bea Knecht ist eine international bekannte, erfolgreiche Schweizer Unternehmerin und Verwaltungsrätin des Streaming-Dienstes Zattoo, den sie zusammen mit einem Professor 2005 in Ann Arbor, Michigan, USA gründete. Nach einem Austauschjahr in den USA hatte sie 1986 bis 1990 in Berkeley Informatik, danach 1995 Management am IMD in Lausanne studiert. Sie entwickelte Software für Banken und machte Karriere bei der Unternehmensberatung McKinsey in Zürich und Palo Alto, Kalifornien.

Bea Knecht lebt und arbeitet überwiegend in Zürich und in Berlin. Sie verschaffte Europäern in fünf Ländern ab 2007 Freiheit an der Fernsehfront: Zattoo macht das klassische TV Gerät überflüssig, da die Dienste portabel und nicht zeitgebunden sind. Es war erstmals möglich, überall, wo es Internetzugang gibt, fernzusehen. Zudem kann der Nutzer je nach Bezahlmodell aufzeichnen lassen und bis zu sieben Tage nach den Sendungen auf das Archiv zugreifen. Da der Dienst wie eine Bombe einschlug, gab es bei der Lancierung zur Fußballweltmeisterschaft 2006 sogar eine

Warteliste, was ganz im Sinn des Namens ist: Zattoo bedeutet eine große Menge Menschen auf Japanisch. Heute sind 20 Millionen Nutzer bei Zattoo registriert. Es werden an die 600 TV-Sender weitergeleitet.

Bea Knecht hatte die Idee schon 1990, doch die mobilen Endgeräte wie Laptops und Smartphones waren erst 2006 ausreichend leistungsfähig. Zattoo unterscheidet sich von YouTube und Netflix. Netflix setzt komplett auf Video on Demand und gibt pro Jahr rund 10 Mrd. Dollar für die Content-Produktion aus. Wie kann Zattoo da mithalten? Zattoo zeigt live Inhalte der großen Sender wie Talkshows, Sportereignisse wie Fußballweltmeisterschaften und lokale kulturelle Formate. Es ist ein symbiotisches Zusammenwirken: Die Sender profitieren davon, dass ihre Inhalte ortsungebunden genutzt werden können. Zattoo profitiert von Inhalten, in welche diese Sender pro Jahr ca. 20 bis 30 Mrd investieren. Das ist ein Wort.

Aufgewachsen ist Bea Knecht als Nachzügler in einem Unternehmerhaushalt mit fünf Kindern. Sie interessiert sich sehr für die gesellschaftspolitische Rolle der Frau und die Hintergründe weiblicher Karriereverläufe.

Mehr Informationen via www.zattoo.com.

Liebe Frau Knecht, wie kam es zur Salon-Idee für Berlin? Hatte Ihre Familie einen Salon?

Meine Eltern führten ein sehr gastfreundliches Haus. Einen Salon gab es nicht, jedoch eine Vorstufe davon: Bei uns war das Mittagessen Dreh- und Angelpunkt der Begegnung. Mein Vater, er war Transportunternehmer, brachte häufig zwei oder drei Geschäftspartner oder auch Politiker mit zum Mittagessen. Wir waren dann zu fünft oder sechst, seltener zu zwölft. Die Gespräche waren geschäftlich, verliefen jedoch auf freundschaftlicher Basis. Das Verhältnis von Geben und Nehmen stimmte.

Meine Mutter managte das alleine: Sie kochte selbst, es gab Hausmannskost, wenn möglich mit selbst gezogenem Gemüse aus dem Garten. In 90 Prozent der Fälle wusste sie nicht, mit wie vielen Gästen sie rechnen muss. Das hat sie sehr geärgert, denn Bewirtung will ja vorbereitet sein, allein schon der Mengen wegen.

Knüpften Sie bewusst an die Berliner Salon-Tradition einer Rahel Varnhagen an?

Nicht zu Beginn, das entwickelte sich. Ich brachte einfach interessante Menschen zusammen. Gäste wiesen mich später darauf hin. Der Salon soll Verbindungen zwischen den Gästen schaffen und dafür sorgen, dass Informationen ausgetauscht werden. Er ist immer „highly interactive" und „real time", sehr vertrauensvoll, ohne Gesprächsprotokolle. Man lernt Dinge kennen, die völlig neu oder subtil neu sind.

Der Salon findet drei- bis viermal pro Jahr statt mit 30 bis 35 Gästen. Die Gästeliste stelle ich immer individuell zusammen, es gibt keinen festen Verteiler. Meine Gäste stammen aus unterschiedlichen Bereichen. Es sind Wissenschaftler, Politiker, Geschäftsleute und Künstler.

Die nicht unerheblichen Kosten für das künstlerische Programm und das Catering trage ich bislang vollständig. Aber auch die Gäste tragen was bei: ihre Zeit. Sie ist die eigentliche Salonwährung. Die Gäste aus der Schweiz und dem sonstigen Ausland betreiben einen hohen Aufwand, um dabei zu sein: Sie fliegen nach Berlin, buchen Hotels, übernachten hier und bringen zudem noch Präsente mit. Sie investieren viel Zeit und beschenken mich damit.

Warum machen Sie das?

Weil es mir Freude macht. Berlin war zudem von Anfang an sehr gut zu mir. Ich wollte der Stadt etwas zurückgeben: Arbeitsplätze und den Salon. Seit 2015 verbringe ich ungefähr vier Monate im Jahr in Berlin.

Mitarbeiter in technischen Bereichen sind Mangelware. Wie akquirieren und halten Sie Mitarbeiter?

Wir finden die meisten neuen Mitarbeiter über unsere Mitarbeiter und ihre Netzwerke. Wir haben im Unternehmen 70 Personen in der Softwareentwicklung und 60 andere Beschäftigte. Sie sind Themenexperten (in Details von Streaming oder in der Lizenzierung von Senderechten), die man oft nicht am Markt fertig ausgebildet findet. Also bauen wir sie auf und bilden sie aus.

Zattoo bietet eine sinnvolle Aufgabe, bei der Mitarbeiter nicht nur die Skills mitbekommen, die sie gerade brauchen, sondern ebenso transferierbare Skills, die ihnen auch an einem anderen Arbeitsplatz nützen würden. Das heißt nicht, dass sie gehen, wenn sie sie erworben haben, aber sie sollen an ihrem Curriculum Vitae weiterbauen können. So will es der soziale Kontrakt. Es ist ein Geben und Nehmen.

Das klingt fast familiär?

Nicht ganz, das Unternehmen ist keine Ersatzfamilie. Wir sorgen dafür, dass für Familie und Freunde Zeit ist. Unsere 130 Mitarbeiter haben ca. 80 Kinder. Die sieht man bei Firmenfesten!

Viele Unternehmen kümmern sich zu wenig um den Wissenstransfer unter den Mitarbeitern. Das führt bei Kündigungen und Pensionierungen zu Wissensverlust. Wie ist das bei Zattoo?

Das Problem haben wir weniger als andere, unter anderem weil bei uns Wissen und Prozesse in der internen Wiki dokumentiert sind. Wenn wir etwas Neues entwickeln, beschreiben wir das „Was, Warum, Wie" ausführlich. Wenn jemand kündigt, können wir das in der Regel intern auffangen, bis Ersatz da ist.

Herzlichen Dank, liebe Frau Knecht, dass ich Sie in Ihrem Salon interviewen durfte.

Hotels sind seine Passion – Paolo Masaracchia

Persönliches

Paolo Masaracchia und ich kennen uns seit über zehn Jahren. Ich bin oft bei seinen Veranstaltungen im Hotel Mercure MOA und der größte Fan des Atriums, in dem er bis zu 1.500 Menschen bewirten kann. Kennengelernt haben wir uns über Heidi Hetzer bei einem ihrer Feste, das er organisiert hatte. Paolo ist für mich einer der umtriebigsten und kreativsten Hoteldirektoren. Er führt das Hotel MOA von einem Erfolg zum nächsten.

Im Mai 2017 fand im Atrium des Hotels die Buchpremiere meiner Löwen-Strategie mit über 140 Gästen statt. Die gesamte Veranstaltung war eine einzigartige Ansammlung von Netzwerkeffekten: Das Hotel Mercure MOA bot meinen Löwen und mir eine Bühne, mein Verein der Berliner Wirtschaftsgespräche und ich waren zusammen Veranstalter. Der Verein der Baden-Württemberger in Berlin hatte den Event beworben und dafür gesorgt, dass jede Menge Schwaben und Badener da waren. Auf dem Podium saßen meine Interviewpartner Frank Becker, CEO von Collonil (Marktführer in Sachen Schuh- und Lederpflege) und Chef der Berliner Wirtschaftsgespräche sowie Martin Spilker, Leiter des Kompetenzzentrums für Führung und Unternehmenskultur der Bertelsmann-Stiftung, und der Unternehmer Heinz Dürr, der mir erlaubt hatte, in der Löwen-Strategie aus seiner Rede über den ehrbaren Kaufmann zu zitieren. Mit von der Partie war der Geschäftsführer der Winzergenossenschaft Lauffener Weingärtner, der seinen neuen Rotwein *Lesestoff* verkostete. Was würde besser zu einer Buchvorstellung passen? Marian Kopp treffen Sie in der Networking-Lounge No. 4.

Zur Person

Paolo Masaracchia ist einer der bestvernetzten Männer in Berlin und seit 2011 Direktor des Hotel Mercure MOA, das sich auf Expansionskurs befindet, obwohl der Standort im Berliner Bezirk Alt Moabit als schwierig eingeschätzt wurde. Fläche um Fläche kommt dazu, sobald in dem weitläufigen Gebäudekomplex ein Mieterwechsel ansteht. Zuletzt weihten wir im Januar 2019 eine neue Eventfläche, 130 neue Zimmer und zehn Maisonette-Suiten, mit einem Besprechungsbereich für vier, fünf Personen ein. Paolo Masaracchia stammt aus Alt Moabit und ist dort nach vielen erfolgreichen Jahren an anderen Hotelstandorten „angekommen" – ein Berliner Junge mit italienischen Wurzeln, worauf gewiss sein Charme und die Lebensfreude zurückzuführen sind. Er fördert seinen Kiez mit unterschiedlichen Charity-Aktionen.

Mehr Informationen via www.hotel-moa-berlin.de

Lieber Paolo, als wir uns kennenlernten, hattest du bereits unglaublich viele „Adressen" im Adressbuch und es wurden immer mehr, die gerne in deinen Verteiler wollten. Wie konnte das Netzwerk so groß werden?

Ich habe das Privileg, zu vielen Events eingeladen zu werden. Da lernt man viele Leute kennen und tauscht sich aus. Ebenso veranstalten wir im Hotel Mercure MOA viele Netzwerk-Veranstaltungen und es kommen immer wieder neue Gäste hinzu.

Welche Rolle spielte Heidi Hetzer? Ihr wart als Dream-Team über Jahre gemeinsam unterwegs.

Heidi Hetzer bedeutet für mich viel. Sie spielte sowohl im privaten als auch im geschäftlichen Bereich eine große Rolle. Sie war mir eine sehr gute Freundin und wir tauschten uns viel aus, auch wenn sie auf Reisen war.

Hat sich dein Networking-Verhalten durch die Social Media verändert?

Nein, für mich hat sich das Networking-Verhalten durch die Social Media kaum verändert, da für mich nach wie vor der persönliche Kontakt am wichtigsten ist.

Wir vernetzen uns gerne mit Menschen außerhalb unseres Unternehmens, des Konzerns. Tun wir intern zu wenig?

Ich bin überzeugt, dass wir viel Networking aufgrund der vielfältigen Veranstaltungen im MOA betreiben. Ebenso sind wir innerhalb des Accor Konzerns gut miteinander vernetzt.

Immer wieder wird mir berichtet, dass Vorgesetzte nicht wollen, dass ihre Mitarbeiter Netzwerke aufbauen und sie sogar dabei behindern. Führst du Mitarbeiter bewusst in deine Netzwerke ein?

Bei uns gibt es kein Behindern, ganz im Gegenteil. Ich wünsche mir, dass innerhalb unserer Mitarbeiter immer mehr Networker hervorkommen, und wir fördern diese auch. Vom Azubi angefangen bis hin zum Abteilungsleiter hat jeder Mitarbeiter seine eigene Visitenkarte. Ich wünsche mir, dass sie ihre eigenen Netzwerke aufbauen, diese pflegen und auch nutzen.

Lieber Paolo, kurz und knackig mit viel Inhalt auf den Punkt – herzlichen Dank.

Benzin im Blut und das Herz auf dem rechten Fleck: Heidi Hetzer

Zur Erinnerung an eine großartige Frau und Freundin: Das Interview führte ich für die *Good News* am 6. August 2018.

Zur Person

Heidi Hetzer war Jahrzehnte eine der bekanntesten, interessantesten und beliebtesten Berliner Persönlichkeiten und erfolgreiche Autorallye-Fahrerin. Deutschlandweit und international kennt man sie aus den Medien. Ihre 80+ sah man ihr weder an noch taten sie ihrer Unternehmungslust Abbruch. Als ich Heidi Hetzer im Berliner Literaturhaus traf, war sie gut gelaunt und energiegeladen wie immer. Nach ihrer abenteuerlichen Weltreise von Juli 2014 bis März 2017 im wundervollen Hudson-Oldtimer – der schöne Hudo war damals 84, sie selbst 77 Jahre alt – stand die nächste große Reise an. Afrika war das Ziel. Es gab noch ein paar Flecken, die Frau Hetzer bei der Weltreise nicht bereisen konnte. Im November 2018 ging es los. Der schöne Hudo blieb allerdings zu Hause – er ist in Pension, da recht reparaturanfällig.

Die leidenschaftliche Autofahrerin und Oldtimer-Liebhaberin hatte nicht nur Benzin im Blut: Heidi Hetzer war auch eine Vollblutunternehmerin. Mit ihrem Autohaus Opel-Hetzer war sie so erfolgreich, dass sie sogar in die Young President Organisation aufgenommen wurde, die überaus strenge Kriterien nach Umsatz und Mitarbeiteranzahl hat und aus der man mit 49 automatisch ausscheidet. Da beide Kinder das Unternehmen wegen anderer beruflicher Neigungen nicht übernehmen wollten, verpachtete sie es 2012 an eine Berliner Autohaus-Gruppe.

Am 17. September 2018 stellte Heidi Hetzer vor über 1.200 Gäste im Hotel MOA Berlin ihre Biografie vor: „Ungebremst leben: Wie ich mit 77 Jahren die Freiheit suchte und einfach losfuhr." Es war unglaublich – eine gerührte Heidi, die viele Weggefährten der Weltreise wiedertraf und einen Ausblick auf die anstehende Afrikatour mit einem „jungen Alten", einem Toyota aus den 70er-Jahren, gab.

Persönliches

Mein erstes Interview mit Frau Hetzer führte ich im Februar 2007 für mein Erstlingswerk Was *Männer tun und Frauen wissen müssen – Erfolg durch Networking*. Damals hatte sie schon 150 Preise bei Autorallyes gewonnen und war zu Recht stolz darauf, dass nur wenige „Damen-Pokale" für die bloße Rennteilnahme darunter waren. Seitdem kamen noch etliche dazu. Zum Start ihrer Weltreise am Berliner Olympiastadion und der Verabschiedung vor dem Hotel Bristol war ich natürlich dabei. Einer meiner Lieblingskunden, Axel Kaiser, DENTTABS-Zahnputztabletten, hatte sie mit einem

Zweijahresvorrat an Zahnputztabletten und Zahnbürsten versorgt und war Mitsponsor der Reise – die DENTTABS sind perfekte Reisebegleiter: tolle Wirkung, wenig Gewicht, kaum Platzbedarf.

2017 hatte ich die Freude, den 80. Geburtstag von Heidi Hetzer mit ihr und ihrer Familie in der grandiosen Classic Remise zu feiern, im „kleinen" Kreis von 200 Freunden aus aller Welt. Es war schön zu sehen, wie sehr sie geschätzt wird.

Die größte Freude machte mir Frau Hetzer jedoch einst mit einer Ausfahrt zum Schloss Hubertushöhe in ihrem wunderschönen Hispano Suiza von 1921. Es gibt nur noch zwei seiner Art. Der zweite gehört Fürst Albert von Monaco. Ich durfte sie und den Hispano nicht einfach „buchen". Frau Hetzer beschenkte mich großzügig mit dieser Ausfahrt. Es war unser gemeinsames Geburtstagsgeschenk an meinen damaligen Lebensgefährten. Ein toller Coup und ein tolles Spektakel: Der Hispano machte schon vor der Abfahrt vor unserer Haustür schlapp, weshalb sich Frau Hetzer mitten auf der Konstanzer Straße im feinen roten Hosenanzug kurz entschlossen unter das Auto legte, um zu sehen, was ist. Der Hispano musste angeschleppt werden, doch dann ging's los. Ich fühlte mich wie eine Lady aus einer vergangenen Zeit im Fond thronend, während der Beschenkte auf der Fahrerbank neben Frau Hetzer den Fahrtwind genoss. Die Fahrt endete letztlich abends mit rauchendem Motor in Berlin und mündete in einen längeren „Krankenstand". Doch alles dazwischen war unglaublich schön – ein unvergesslicher Tag.

Was keineswegs selbstverständlich ist: Heidi Hetzer setzt sich als durch und durch emanzipierte Frau seit jeher für andere Frauen ein und macht ihnen Mut. Sie war die Erste, die Pannenkurse nur für Frauen anbot im sogenannten BAFF, dem von ihr gegründeten „Berliner Autoclub für Frauen". Für die Fassade des Berliner Stadtschlosses stiftete sie denn auch keinen Löwen, sondern eine Löwin. Für mich ist Heidi Hetzer ein Role Model für junge Frauen. Ich bewundere sie sehr für ihren Mut und ihren Pragmatismus.

Liebe Frau Hetzer, wie definieren Sie Glück?

Glück ist etwas, das man unbedingt im Leben braucht. Die besten Sachen können schiefgehen: Man ist am richtigen Ort zur richtigen Zeit und hat das richtige Produkt. Doch wenn eines nicht vorhanden ist, geht es schief: Das vierte ist Glück. Ein schönes Beispiel: Ich nahm in Afrika in der Etosha Pfanne (Namibia) an einem Game Drive teil. Wir beobachteten beim Sonnenuntergang die Tiere. Es wurden Getränke serviert. Ein sehr gepflegter Herr sprach mich an, er habe gehört, ich würde Rallyes fahren. Der Bruder seiner Großmutter habe die Rallye Peking–Paris anno 1908 gewonnen. Sein Vorfahr war Prinz Scipione Borghese. Der hatte das

Kunststück vollbracht, drei Wochen vor allen anderen anzukommen. Das war die erste Autorallye der Welt.

Worin bestehen die größten Chancen?

Das Alltägliche nicht nachzumachen. Neue Ideen entwickeln. Kreativ sein. Und es wie Luther halten: Dem Volk aufs Maul schauen und Chancen sofort ergreifen. Nicht wie so viele denken: Man könnte, sollte, hätte, müsste. Nein: machen. Dazu gehört auch, sich bemerkbar zu machen, um wahrgenommen zu werden.

Welche Innovation wünschen Sie sich?

Frieden, den die Menschen gern haben wollen.

Welches Motto treibt Sie an?

Neugierde. Spaß. Lebensfreude.

Danke, liebe Frau Hetzer, für alles.

 Liebe Leser, spätestens nach diesen Interviews sollte feststehen, dass Sie nur Ihr Wille oder Unwille vom erfolgreichen Netzwerken trennt.

Gut vernetzt länger und besser leben

Networking ist so alt wie die Welt – und die ist klein

Man mag es an manchen Tagen nicht glauben, doch der Mensch ist ein soziales Wesen. Wir brauchen einander, um zu überleben, auch wenn wir nicht mehr mit dem Faustkeil in der Hand dem körperlich überlegenen Säbelzahntiger gegenüberstehen. Doch letztlich ist auch das Business ein Dschungel und die Politik kein Paradiesgarten. Nicht umsonst hält sich seit Jahren das Bonmot der Beziehungen in Parteien in dieser Steigerungsabfolge: Freund – Feind – Parteifreund. Ich will keine Namen nennen, doch es gab 2019 ein Beispiel auf Bundesparteivorsitzebene dafür. Das alles ändert nichts an der Tatsache, die Studien belegen: Menschen mit einem starken Beziehungsgeflecht sind gesünder, zufriedener und leben länger.

„Wenn du zu dem glücklichsten ein Prozent der Menschheit gehörst, dann ist es deine Verpflichtung, auch an die anderen 99 Prozent der Menschheit zu denken." Das sind keine leeren Worte von Top-Investor Warren Buffet, denn 2010 haben er und Bill Gates einen Club gründet, dessen Mitglieder 50 Prozent ihres Vermögens spenden. Es sei ein Versuch, die reichsten Personen und Familien in Amerika einzuladen, um den Großteil ihres Reichtums der Philanthropie zu geben. Das Konzept wurde geändert: Es schlossen sich 204 Personen aus aller Welt dem „The Giving Pledge" an. Sie spenden 30 bis 90 Prozent ihres Vermögens.

Ich hoffe, keiner denkt nun, dass es „denen" nicht wehtut. Darum geht es nicht. Diese Menschen könnten das Geld auch horten oder sinnlos ausgeben. Es ist ihre freie Wahl. Offen gesagt ärgerte es mich sehr, dass die Großspender, die für den Wiederaufbau von Notre Dame dreistellige Millionenbeträge zusagten, angefeindet wurden, sie täten es nur wegen des Imagegewinns und des Steuervorteils. Manche finden in jeder Suppe ein Haar.

Die Welt ist klein

Kennen wir nicht alle den Satz: Die Welt ist klein? Wir treffen Fremde und stellen fest, wir haben gemeinsame Bekannte. Vor Jahren reparierte ein Handwerker bei uns ein Fenster und ich dachte, so wie er redet, muss er aus Baden-Württemberg kommen. Und was war? Er ist der Bruder eines damals sehr begehrten Typen, der mit einer Schulkameradin liiert war. In der Kleinstadt Rheinfelden, in der wir aufwuchsen, sind wir uns nie begegnet.

Dass wir über sechs Menschen mit allen Personen auf diesem Erdball verbunden sind, ist das „Small World-Prinzip". Doch es geht noch weiter: Nach dem Grundsatz der „strength of the weak ties" entfalten die sogenannten schwachen Verbindungen die stärksten Auswirkungen auf uns. Es sind die

Kontakte der Kontakte – oder schöner formuliert: die Netzwerke unserer Bekannten, Freunde und neuer Kontakte. Diese Erkenntnis ist den netzwerktheoretischen Untersuchungen des US-Soziologen Mark Granovetter von 1973 zu verdanken. Er unterscheidet zwei Netzwerktypen: Netzwerke aus Menschen in starken, weil engen Verbindungen wie sehr gute Freunde und Netzwerke aus Akteuren mit eher schwachen Bindungen, die sich nur oberflächlich kennen.

Für Menschen auf Arbeitssuche haben schwache Beziehungen eine weitaus größere Bedeutung als starke Verbindungen. Beste Freunde sind toll, aber nicht genug: Der beste Freund hat selten einen Job oder Auftrag für uns. Granovetter geht davon aus, dass die Stärke von Beziehungen von drei Komponenten abhängt: der Menge von Zeit, die zwei Menschen miteinander verbringen, der emotionalen Intensität der Beziehung sowie von gegenseitigen Diensten füreinander. Genau deshalb sind regelmäßige Begegnungen so wichtig. Meine Rede.

Die Welt ist ein Dorf: der Village-Effekt

US-Stahlunternehmer Jeffrey Himmel berichtete (s. Interview Networking-Lounge No. 7) von seiner Feststellung, dass seine Branche ein Dorf sei, in dem sich weltweit alle kennen. Das gelte auch für alle anderen Industrien, mit denen er zu tun habe. Wer kennt nicht den Satz: Die Welt ist ein Dorf. Die Entwicklungspsychologin und Journalistin Susan Pinker hat den sogenannten Village-Effekt untersucht. Er ist in etwa das, was Jeffrey Himmel geschäftlich beobachtete, im persönlichen Kontext. Pinker erforschte, weshalb Face-to-Face-Kontakte, die Kontakte von Angesicht zu Angesicht, so wichtig sind. Sie stellte globale Vereinsamungstendenzen fest, die sich negativ auf Gesundheit und Lebensdauer auswirken. Soziologen nennen die Verbindungen zu Freunden, Nachbarn, Kollegen und Coworkern etwas hölzern „soziales Kapital" oder „Sozialkapital". Es handelt sich um das Wissen und das gegenseitige Vertrauen in unseren Beziehungen.

Die sozialen Medien lassen die Welt klein erscheinen, doch das täuscht: Wir kennen in Hochhäusern nicht einmal die Nachbarn, die auf demselben Flur wohnen. Pinker besuchte u. a. auf Sardinien Dörfer mit überproportional vielen über 90- und 100-Jährigen. Sie erlebte dort auch das Phänomen, dass Männer ebenso alt werden wie Frauen, sehr erstaunlich, da ihre Lebenserwartung ansonsten fünf bis sieben Jahre niedriger liegt als die der Frauen. Das Ergebnis stark verkürzt: Je höher der Level des Sozialkapitals, desto geringer ist die Sterblichkeitsrate.

Susan Pinker schildert eindrucksvoll eine Situation im Leben des Rockmusikers John MacColgan, die tödlich hätte enden können. Er war oft pleite. Doch aufgrund seines Schulbubencharmes bekam er immer Hilfe von Freunden. Als er 2009 schnellstens eine Spenderniere brauchte, war die

Warteliste für Nieren lang. Doch vier Personen aus seinem Umfeld boten ihm an, eine Niere zu spenden. Seine Ex-Frau gehörte dazu, doch sie hatte früher Drogen genommen. Bei seiner Ex-Schwägerin erschien ihm das zu kompliziert: eine Tänzerin und Mutter mit drei Kindern. Eine alte Freundin schied letztlich als Spenderin aus, weil sie früher operationsfähig als John war. Er bekam schließlich eine Niere von einem alten Freund, mit dem er als Teenager Zappa und Hendrix hörte, den er jedoch 30 Jahre lang nur ein- oder zweimal pro Jahr gesehen hatte. Die Chance, dass jemand eine Niere anbietet, der nicht mit einem verwandt ist, ist sehr gering. Dass es zwei Menschen tun, ist noch unwahrscheinlicher. John hatte vier Menschen, die dazu bereit waren. Es waren seine starken persönlichen Verbindungen, die das ermöglichten.

Wofür treten wir an? Die Suche nach unserem Warum

Um Erfolg zu haben, müssen wir herausfinden, was unser Ziel ist bzw. welches von mehreren Zielen die höchste Priorität genießt und warum das so ist. Vielleicht orientieren Sie sich gerade neu, suchen einen neuen Job, spannendere Aufgaben in Ihrer Firma oder Sie wollen sich selbstständig machen, auswandern. Das bedeutet an vielen Stellen Unsicherheit, denn Sie verlassen die bisherige Komfortzone, deren positive und negative Seiten Sie gut kennen. Bei der Orientierung hilft Ihnen das Ikigai, nach dem Japaner streben. Dieses wird maßgeblich von Ihren Werten mitbestimmt.

Welche Werte sind Ihnen wichtig?

Für gute Beziehungen sind generell wichtig: Vertrauen und Gemeinsinn, gepaart mit Verantwortungsbewusstsein, Ehrlichkeit, Glaubwürdigkeit, Zuverlässigkeit, Offenheit. Und auch eine gewisse Kontinuität statt Sprunghaftigkeit ist von Vorteil. Einen Punkt greife ich heraus, die Loyalität.

Loyalität oder Augen zu und ab durch die Mitte?

Wie loyal sind Sie, wenn es darauf ankommt für eine andere Person, eine Idee oder Vision? Solange alles in ruhigem Fahrwasser verläuft, ist Loyalität nicht schwierig. Treten Probleme auf oder Anfeindungen, reicht es jedoch nicht mehr, still vor sich hin loyal zu sein. Dann braucht es ein klares Commitment. Dazu braucht es Mut und Rückgrat. Den Kleiderbügel im Anzug oder Kostüm zu lassen ersetzt kein Rückgrat, Hoodies haben nicht einmal welche. Sind wir bereit, persönliche Nachteile in Kauf zu nehmen für unsere Meinung, unser Team, das Unternehmen? Wie groß dürfen die Nachteile sein, wo hört es auf? Hier trennt sich die Spreu vom Weizen. Ist

Ihr Boss loyal, die Chefin? Sind Sie es ihnen gegenüber – falls nicht: Warum? Es kann an beiden liegen und sollte dann ein Anlass für ein klärendes Gespräch sein. Wer selbst der Boss ist, kann sich dieselben Fragen stellen.

Ikigai – Iki- was? Noch nie gehört? Dann wird's Zeit !

Ich stieß vor etwa einem Jahr über den Bestsellerautor und Wharton-Professor Adam Grant auf den Begriff. Bislang traf ich niemanden, der Ikigai kennt. Doch just im Mai 2019 überraschte mich eine Gymnasiastin einer 11. Klasse damit, dass sie ein Buch über Ikigai liest. Wow. Wie passend in einer Phase, in der sich junge Menschen überlegen, was sie werden wollen. Ich sollte den jungen Leute Bewerbungstipps geben und hielt es für wichtig, zunächst an die Wurzeln zu gehen und die Frage nach dem Lebenssinn zu stellen. Doch was ist das denn nun, das Ikigai?

Der typische Berliner redet gerne von „icke" und stellt sich an die erste Stelle. Der Rest der Welt ist nicht viel besser. Oft ist das Ego aufgeplustert, man hält sich für den Nabel der Welt und kreist um sich selbst. Ganz anders sieht das Lebenskonzept der vielen über 90 oder gar über 100 Jahre alten Japaner aus: Sie tun bis ins hohe Alter viel für die Gemeinschaft und hegen weit jenseits von Pensionsgrenzen den Wunsch, beschäftigt zu bleiben. Das sowie eine ausgewogene Ernährung mit viel frischem Fisch und Gemüse, zero Junk Food hält sie jung und gesund. Sie leben nach der japanischen Philosophie des Ikigai. Iki heißt Leben. Gai heißt Wert oder Bedeutung.

Ikigai bedeutet danach frei übersetzt, das Glück, immer beschäftigt zu sein. Klingt nicht sonderlich inspirierend. Die Einheimischen der Insel Okinawa, wo auf 100.000 Einwohner im Schnitt 24,55 Hundertjährige kommen – deutlich mehr als im weltweiten Vergleich –, beschreiben das Ikigai viel poetischer als das, wofür es sich lohnt, morgens aufzustehen. Was für ein schönes Bild: Morgens gut gelaunt und motiviert aufzustehen, um etwas zu tun, das uns erfüllt. Genau darum geht es beim Ikigai: um Selbsterfüllung und wie man sie erreicht.

Wie finde ich mein Ikigai?

Das Ikigai sorgt für Orientierung, indem es zentrale Themen identifiziert, mit denen wir uns auseinandersetzen sollten. Wir erfahren dabei viel über uns selbst und wie das Leben funktioniert. Es gibt für jeden Menschen vier relevante Sphären, die im Zusammenhang stehen bzw. zusammengebracht werden müssen, um das Ikigai zu erreichen:

- Was wir gut können.
- Was wir lieben.
- Was die Menschen brauchen.
- Wofür Menschen (gut) bezahlen.

Wo sich sämtliche Bereiche überschneiden, liegt unser Ikigai: Dann tun wir genau das, was wir können, mit Leidenschaft. Es gibt dafür echten Bedarf und zudem werden wir dafür gut bezahlt. Bei allen anderen Konstellationen fehlt etwas Wesentliches. Können wir etwas richtig gut, doch keiner bezahlt dafür, dann ist das entweder ein Hobby oder fatal, wenn wir meinen, damit unseren Lebensunterhalt bestreiten zu können. Letzterenfalls ist eine Korrektur vonnöten.

Der Weg, unser Ikigai auszumachen, ist einfach und doch sehr schwer. Wenn Sie mögen, bestimmen Sie Ihr Ikigai gleich jetzt oder vertagen Sie es auf später. Notieren Sie

- drei Dinge, die Sie gut können,
- drei Tätigkeiten, die Sie lieben,
- drei Dinge der Kategorie „Das braucht die Welt",
- drei gut bezahlte Tätigkeiten, die nicht außerhalb Ihrer Möglichkeiten liegen.

Auf dieser Basis schauen Sie nach Schnittmengen:

- Wenn Sie etwas richtig gut können und das liebend gerne tun, ist das Ihre Leidenschaft.
- Wo sich Bedarf und Lieblingsaktivitäten kreuzen, da liegt Ihre Mission.
- Was gut bezahlt wird und was Sie können, taugt zum Beruf.
- In der Schnittmenge dessen, was gut bezahlt wird und was Menschen brauchen, liegt Ihre Berufung.

Wo sich alle vier Bereiche überlappen, genau da liegt Ihr Ikigai. Nun wissen Sie, wo Sie stehen, und können überlegen: Wie komme ich dem Ikigai näher? Das ist ein Prozess und er fängt wie jeder Prozess damit an, dass wir uns mit einem Plan auf den Weg machen und uns Unterstützer suchen. Wenn Sie Ihr Igikai kennen, dann haben Sie auch einen Kompass für Ihre Networking-Aktivitäten.

Was Sie über Netzwerke wissen sollten

Folgende Erkenntnisse sind struktureller Art. Sie gelten immer und überall.

Netzwerke sind keine Hängematten zum Ausruhen

 Bereits im englischen Begriff Networking steckt work, also Arbeit, in deutschen Netzwerken steckt das Werk und werken.

Wer sich ausruhen möchte, kann das Netzwerken gleich lassen. Es ist unprofessionell, anzunehmen, dass Netzwerke all unsere Probleme lösen. Wir können nicht erwarten, dass andere allem voran unsere Problemstellung, die wir selbst nicht exakt definieren können, herausdestillieren, um sodann für unser Anliegen auf Expedition zu gehen und womöglich das Wissen einzusetzen, mit dem sie ihren Lebensunterhalt verdienen. Wenn kein besonders verpflichtender Grund besteht, hat kein erfolgreicher Manager, keine viel beschäftigte Unternehmerin und auch sonst niemand Zeit und Lust, darüber zu sinnieren, was Sie eigentlich wollen. Punkt. Ihr Anliegen fällt sofort durchs Raster. Also lassen Sie solche diffusen Hilfsgesuche lieber bleiben und machen Sie es schlauer.

Je präziser die Frage, desto eher kann postwendend eine Antwort erfolgen. Seien Sie nicht enttäuscht, wenn diese auch einmal lautet: Ich kann nicht helfen und mir fällt derzeit auch kein Ansprechpartner ein. Wenn Sie es geschickt angestellt haben, sprich das Thema interessant genug ist, ist jedoch bereits ein Kopfkino im Gange, das zeitversetzt ein Ergebnis hervorbringen kann. Also fassen Sie ruhig in angemessenem Zeitabstand nach. Was ist angemessen? Sie stellen Fragen! Das hängt vom Gesamtkontext ab. Ich werde mich hüten zu sagen: 14 Tagen oder vier Wochen. Sie werden ein Gefühl dafür entwickeln, ob Sie nicht schon drei Tage später anrufen sollten. Ob Sie das können, hängt auch davon ab, wie gut Sie Ihren Ansprechpartner kennen.

Netzwerke sind Festungen mit Ausschlussfunktion

Netzwerke sind ein geschützter Raum für die Mitglieder, von dem diese profitieren, und zugleich ein Bollwerk gegen alles und jeden, das nicht dazugehört oder zwar dazugehört, aber nicht dazu passt. Netzwerke haben mithin auch eine Ausschlussfunktion. Kein anderer Ausschluss ist knapper formuliert als das bayerische „Mia san mia". Wer nicht „mia" ist, ist außen vor. In der Literatur gibt es meines Erachtens keine poetischere Darstellung der Ausschlussfunktion von Netzwerken als in der Fabel *Die Möwe Jonathan* von Richard Bach, der Schauflieger, Fluglehrer und bis dato erfolgloser Autor war. Ich kannte bis vor Kurzem nur den Titel dieses Weltbestsellers und mit Möwen verband mich nur eines: Ich finde sie zauberhaft und glaube, sie lachen über uns. Auch habe ich viel Spaß, meine Nordseekrabbenbrötchen mit Möwen zu teilen und dabei ihre Flugkünste zu bewundern.

Doch Inspiration lauert überall – ganz besonders auf Twitter. Als Fan der Serie Vikings folge ich den Schauspielern hinter Lagertha, Ragnar und Rollo alias Clive Standen. Ich ahnte nicht, wie humorvoll und was für ein Poet Clive Standen ist. Man sieht ja nur die Schauspieler, nicht die Menschen. Als Rollo ist er der Krieger, der die meisten Toten verantwortet. Zugleich ist er ein sensibler Typ mit schwieriger Beziehung zu seinem ebenso inspirierenden Bruder König Ragnar, den er mehrfach verrät. Viele verzeihen Rollo den Vertrat nicht, doch andere können wie ich seinen Beweggrund verstehen. Wie auch immer: Das Buch „Jonathan Livingstone Seagul" veränderte das Leben von Clive Standen und ist der Grund, weshalb er niemals aufgibt. Wow! Danke Twitter, danke Clive!

Und darum geht es: Jonathan wird ausgegrenzt, denn er ist eine Möwe, die in kein Raster passt. Er ist anders, er ist suspekt: Er fliegt nicht, um Fischreste von Fischern zu ergattern. Jonathan ist ambitioniert. Er liebt das Fliegen als solches und versucht unermüdlich, es zur Perfektion zu bringen. Keiner versteht das. Nicht einmal seine Eltern. Nach einem ebenso spektakulären wie virulenten Flug zur Perfektionierung von Geschwindigkeit und Performance, bei dem der Möwenschwarm eher zufällig unversehrt blieb, wird Jonathan aus der Gemeinschaft verbannt. Verurteilt wegen skrupellosen Leichtsinns, mit dem er gegen die Würde und die Tradition der Möwensippe verstoßen habe. Obwohl keine Möwe der Ratsversammlung widersprechen darf, äußert sich Jonathan: „Meine Brüder, kann man mehr Verantwortungsbewusstsein beweisen als eine Möwe, die ein höheres Ziel erkannt hat, die dem Ruf folgt und den Sinn des Lebens findet? An die tausend Jahre sind wir nur mühselig hinter Fischabfällen her gewesen, jetzt aber hat unser Leben einen neuen Inhalt bekommen – zu lernen, zu forschen, frei zu sein! Gebt mir eine Chance, lasst mich euch zeigen, was ich gefunden habe." Abgelehnt. Verbannt. Auf ewig.

Doch Jonathan perfektioniert weiter seine Flugkunst und bereut trotz der Einsamkeit nie den Preis, den er zu zahlen hatte. Irgendwann kommt er in höhere Sphären mit Möwen wie er. Er trifft begnadete Lehrer und lernt. Zuletzt kehrt er mit sieben ebenso verbannten Flugschülern zu seinem alten Schwarm zurück, um dort das Ideal des Fliegens und der Freiheit zu lehren, obwohl kein Verbannter zurückkommen darf. Doch ein Schüler merkt sehr klug an: „Eigentlich brauchen wir dem Gesetz nicht mehr zu gehorchen, schließlich gehören wir dem Schwarm nicht mehr an." Richtig. Zuvor reifte die Überzeugung: Die anderen hätten nur sich selbst geschadet, als sie die Eigenbrötler verbannten, und würden das eines Tages einsehen. Jonathan forderte von einer ausgestoßenen Möwe: Vergib ihnen und hilf ihnen.

Der Schwarm ist wie erstarrt ob der Flugkünste und der Dreistigkeit der Verbannten, zurückzukehren. Die Ältesten befehlen: „Ignorieren. Wer mit einem Verbannten spricht, wird ausgestoßen. Jede Möwe, die eine Verbannte nur ansieht, bricht das Gesetz des Schwarms." Doch steter Tropfen höhlt den Stein: Die wochenlangen Flugtrainings der Verbannten machen neugierig. Immer mehr Möwen schleichen sich nachts heimlich heran, um Jonathan und seinen revolutionären Ideen zuzuhören. Schließlich bittet die erste Möwe um Aufnahme in die Lehrstunde. Als eine kranke Möwe Jonathan um Hilfe bittet und plötzlich trotz vermeintlich gelähmten Flügels fliegen kann, bricht der Bann. Schließlich überlässt Jonathan seinem besten Schüler die Betreuung des Schwarms und bricht auf, andere zu lehren, was Freiheit ist.

Was können wir von den Möwen lernen? Wir brauchen unterschiedliche Menschen in unseren Teams und sollten niemals vorschnell Mitarbeiter in eine Tüte stecken, schon gar nicht die Idiotentüte, wenn sie Dinge gänzlich anders angehen, als wir es bisher taten. Womöglich sind nicht sie, sondern wir auf dem Holzweg und es ist Zeit für Veränderung. Verbannen wir sie, vertun wir die Chance auf Disruption, zumindest auf Innovation. Lasst den Eigenbrötlern ihre Spielwiese, gebt ihnen ein Biotop mit einem ausreichenden finanziellen und zeitlichen Budget. Habt ein wenig Geduld und auch die Einsicht, dass womöglich nicht alles gelingt oder es zu einem völlig anderen Ergebnis kommt, als ursprünglich gedacht. Serendipity lässt grüßen.

Das neue Denken ist oft schon in den Unternehmen vorhanden. Wir würden es bemerken, wenn wir gezielt internes Talent Scouting betreiben würden und zwar nicht nur unter den jungen Mitarbeitern, sondern auch unter den alten Hasen, denen man vor Jahren den Schneid abkaufte, ihre Ideen zu äußern. Oft sind die Systemkritiker besonders wertvoll, die Einzelgänger mit viel Know-how, die unter schwachen Vorgesetzten leiden.

> **Exkurs:**
>
> Beim Strategie-Workshop eines Kunden lernte ich einen erschreckenden Begriff kennen: die Initiativbestrafung. Ich ließ mir das erklären. Macht einer einen Vorschlag, gibt es zwei Varianten, wie damit umgegangen wird: Im ersten Fall wird die Idee mit den gängigen Argumenten „geht nicht, haben wir noch nie so gemacht" etc. sofort kaputt gemacht. In anderen Fällen wird der Ball zurückgespielt: Der Mitarbeiter, der den Vorschlag machte, soll die Umsetzung übernehmen. Das klingt an sich positiv, wird jedoch als recht höhnisch empfunden von Leistungsträgern, deren Arbeitsbelastung ohnehin schon bis zum Anschlag reicht. Es gibt noch eine weitere Variante, wie ich aus einem Großkonzern hörte: Dort werden lästige Vorschläge von Mitarbeitern und nachrangigen Führungskräften in die „Projekt-endlos-Warteschleife geschoben.
>
> Wie wäre es, wenn wir, anstatt Ideen zu bestrafen, Vorschläge nach dem Motto „Versuche es doch einmal anders" zunächst unvoreingenommen betrachten, sie willkommen heißen, um dann gemeinsam zu überlegen, was daran gut ist und was nicht. Ist die Idee gut, sollten wir sie so stark machen, dass sie eine Chance auf Umsetzung hat. Ist sie nicht tragfähig, ist sie vielleicht die Brücke zu einem neuen, ganz anderen Ansatz. Nicht immer nur das Haar in der Suppe zu suchen wäre doch einen Versuch wert.
>
> Zu den sieben Todsünden gehört, Mitarbeiter mit den Floskeln „Das hatten wir schon. Das hat noch nie funktioniert" abzuspeisen. Mag ja sein, dass etwas irgendwann einmal nicht funktioniert hat. Das heißt noch lange nicht, dass es JETZT nicht plötzlich möglich ist. Es könnten sich

frühere technische oder finanzielle Hemmnisse in Luft aufgelöst haben oder Bedenkenträger nicht mehr in Amt und Würden sein. Die Überalterung der Führungscrews ist in vielen Unternehmen/Organisationen ein Problem. Dies und verkrustete Führungskulturen behindern Innovation.

 Machen Sie es als Führungskraft anders. Heben Sie den Schatz, der in Ihren Mitarbeitern schlummert.

Networking-Lounge No. 2: Wissen, Denken und Glaube

In dieser Lounge treffen wir zwei ehemalige Interviewpartner, den Soziologen Dr. Reinhard Kreissl sowie den emeritierten Abtprimas der Benediktiner Dr. Notker Wolf, die sich angeregt mit dem Publizisten Wolf Lotter austauschen. Frau Prof. Jutta Allmendinger schaut auch vorbei, doch angesichts der Aktivitäten rund um das 50-jährige Bestehen des Wissenschaftszentrums Berlin nur kurz.

Der vielseitig-tiefgründige Kosmopolit: Reinhard Kreissl

Persönliches

Den renommierten und international ausgezeichnet vernetzten Soziologen und Bestsellerautor Reinhard Kreissl hätte ich wohl nie kennengelernt, hätte mich nicht die ehemalige Berliner Wirtschaftssenatorin Juliane von Friesen 2005 auf sein grandioses Buch hingewiesen *Die ewige Zweite: Warum die Macht den Frauen immer eine Naselang voraus ist*. Ich lud ihn 2006 zu einem Vortrag in den Verein Berliner Kaufleute und Industrieller ein und interviewte ihn im Vorfeld des Events. Das Interview war großartig und zugleich die Vorbereitung für meine Moderation.

Seitdem sind wir befreundet. Ich schätze seine klaren Ansagen, den Weitblick und seinen Humor. Wie oft hat er meiner zu Beginn meiner Autorenkarriere noch etwas unbedarften Autorenseele mit Rat und Tat beigestanden? Es ist unglaublich wertvoll, mit Kollegen zu sprechen. Sind sie Profis dieses Kalibers, dann ist das Vergnügen und der Erkenntniszugewinn exorbitant. Reinhard Kreissl gewährte mir tiefe Einblicke in die Networking-Theorie, als ich damit noch am Anfang stand. Das ist Networking.

Zur Person

Reinhard Kreissl studierte Soziologie in München, San Diego, Berkeley und Frankfurt/Main. 1978 erwarb er an der Universität München den Titel Diplom-Soziologe, promovierte 1985 an der Universität Frankfurt am Main und habilitierte sich 1998 an der Uni Wuppertal. Er war in Forschung und Lehre an verschiedenen Universitäten in Deutschland, USA und Australien tätig. Zwischen 2012 und 2015 war er wissenschaftlicher Leiter des Instituts für Rechts- und Kriminalsoziologie in Wien (IRKS). 2015 gründete er das Vienna Centre for Societal Security (VICESSE), als dessen Direktor er fungiert.

Als Publizist schrieb er regelmäßig Beiträge im Feuilleton der Süddeutschen Zeitung und arbeitete als politischer Feuilletonist für das Deutschlandradio Kultur.

Reinhard Kreissl ist Mitglied des Vorstandes der Parteiakademie der Liste „Jetzt in Wien".

Weitere informationen via www.vicesse.eu.

Ich habe Reinhard Kreissl mit großem Vergnügen für mein erstes Buch interviewt. Hier ist seine Antwort zum Interviewcheck: „Liebe Frau Haas, ich glaube dem alten Interview ist nix hinzuzufügen, außer natürlich, dass Social Media eine problematische Rolle spielen... Sie verstopfen die Kommunikationskanäle und erzeugen viel ‚Noise'." Aus diesem Interview von 2006 zitiere ich vier Sequenzen:

Lieber Herr Dr. Kreissl, was halten Sie vom Netzwerken?

Vom Networking halte ich viel. Ich lebe und arbeite auch in Österreich. Dort geht ohne Netzwerke überhaupt nichts. Mit zunehmender Unübersichtlichkeit sind die Netzwerke wichtige Informationsfilter, die man verwenden kann, um Leute zu rekrutieren und an Informationen heranzukommen usw.

Ein Beispiel aus meiner eigenen Erfahrung (Hinweis: Reinhard Kreissl arbeitete damals als Senior Reseacher am Wiener Institut für Rechts- und Kriminalsoziologie): Wenn ich für ein Forschungsprojekt Mitarbeiter suche – sei es eine studentische Hilfskraft oder eine volle Stelle –, kann ich theoretisch das Arbeitsamt anrufen oder an der Universität einen Zettel aushängen. Einmal habe ich über das Arbeitsamt einen Soziologen mit empirischen Kenntnissen gesucht. Man hat mir 60 Bewerber geschickt, davon waren 50 von Haus aus tragische Fälle, kamen aber nicht infrage. Die anderen waren potenzielle Kandidaten. Da man sie nicht näher kennt, spielt man auf eine Art Gott und die Auswahl ist zudem mit großer Unsicherheit behaftet. Auch weiß ich aus der Praxis, dass vier von fünf Assessment-Verfahren zu falschen Ergebnissen führen. Die Verfahren sind zu schematisch und haben als Zielkorridor in der Regel ein Standardunternehmen.

Die Alternative ist, sich Empfehlungen aus seinem Netzwerk zu holen nach dem Motto: Ich kenne einen, der kennt einen, der einen kennt, und der sagt mir... Ich selbst akquiriere Mitarbeiter über Kollegen, auf deren

Einschätzung ich vertrauen kann. Man fragt ohnehin nur Leute, die etwas davon verstehen, was man braucht, und die den Typus von Arbeit oder Projekt kennen. Als Ersatz für das persönliche Kennen kommt das Netzwerk ins Spiel.

Ein Beispiel aus der Wirtschaft: Bei MAN München arbeiten in der Produktion überwiegend Türken, und das in der zweiten und dritten Generation. Das Unternehmen nutzt nicht nur die familiäre Empfehlung bei der Rekrutierung, sondern bei Schwierigkeiten mit Mitarbeitern auch die väterliche Autorität. Familiennetzwerke funktionieren.

Wann kann man mit ersten Erfolgen beim Netzwerken rechnen?

Das ist ziemlich unberechenbar, aber eines ist sicher: Es gibt mehr Erfolge über Networking als ohne. Gerade bei Bewerbungen sind Netzwerke hilfreich. Die Trefferquote bei Blindbewerbungen und Auswahlverfahren ist wesentlich geringer. Man kann schon fast sagen, es bewerben sich nur Leute, die kein Netzwerk haben. Ich bekam meine ersten Jobs über meine Netzwerke. Auch alle Projekte, die ich gemacht habe, haben einen starken Netzwerkanteil.

Was war Ihre schönster Networking-Erfahrung?

Als Student wohnte ich in München in einer Wohngemeinschaft. Einer meiner Mitbewohner arbeitete als Hilfskraft am Max-Planck-Institut in Starnberg. Er machte mich darauf aufmerksam, dass ein amerikanischer Topwissenschaftler, den ich sehr bewunderte, dort einen Vortrag halten würde. Es gelang mir, diesen Herrn nach seinem Vortrag anzusprechen. Ich nahm allen Mut zusammen und sagte ihm, dass ich gerne für ihn arbeiten würde. Er sagte spontan zu und es dauerte kein Vierteljahr und ich war als Postgraduate an der Universität San Diego. Von dort aus ging es nach Berkeley, wohin mich ein Freund meines Professors für ein halbes Jahr zu einem Arbeitsaufenthalt eingeladen hatte. Bei einer Gartenparty in Berkeley traf ich einen australischen Bekannten wieder, den ich aus Wuppertal kannte. Der wiederum holte mich einige Zeit später als „visiting professsor" nach Melbourne an die Universität.

Meiner Meinung nach war das nicht nur eine Verkettung von Zufällen. Es gab auch eine Systematik, nämlich die, dass ein Netzwerk nur eine minimale Dichte braucht.

Gibt es auch Rückschläge beim Netzwerken?

Ja, man lernt in Netzwerken sehr gut, wie Ausschlussmechanismen funktionieren. Man hat viele „Freunde", solange man erfolgreich ist. Als ich mich einige Zeit fast ganz aus dem wissenschaftlichen Bereich zurückzog, um mich mehr auf meine anderen Aktivitäten zu konzentrieren, merkte ich einen deutlichen Schwund an Kontakten, der sich leicht erklären lässt. Sobald ich nicht mehr mit der Vergabe von Fördermitteln betraut war,

war ich auch kein Türöffner mehr. Aber das sollte einen nicht weiter verwundern. Netzwerkmitglieder haben immer auch strategische Interessen.

Hier sind Reinhard Kreissls Antworten zu meinen aktuellen Fragen:

Was würden Sie in Sachen Networking tun, wenn man Ihnen wöchentlich zwei bis drei Stunden schenken würde?

Wenn ich zwei bis drei Stunden Zeit hätte, würde ich Personen, die mir wichtig sind, face-to-face treffen, ohne konkretes Thema einfach so, auf einen Schwatz (ich mache das mit emeritierten Kollegen unter dem Label „Rentnerbier" gelegentlich).

Wir vernetzen uns gerne mit Menschen außerhalb unseres Unternehmens, der Hochschule, der Institution. Tun Mitarbeiter und Führungskräfte intern zu wenig?

Interne Vernetzung ist wichtig, ich fördere das bei meinen Jungen: Treffen in der Küche, professionelle Espressomaschine dort, gelegentlich gehe ich mit der ganzen Bande (acht MA) zum Mittagessen und ansonsten gilt, dass sich jede/r mit jedem jederzeit zusammensetzen und Dinge besprechen kann. Netzwerke außerhalb sind wichtig und wir haben hier einmal die Woche ein informelles Treffen aller MA, wo alle berichten, was sie derzeit tun, wen sie getroffen haben, ob die Personen für unsere Projekte wichtig sind… Gerade im europäischen Forschungsbereich sind Kooperationsnetzwerke das A und O und gute Kontakte erleichtern die Arbeit ungemein.

Nutzen Sie die Kontakte Ihrer Mitarbeiter bewusst, um neue Mitarbeiter zu akquirieren?

Rekrutierung basiert stark auf Netzwerken (the strength of weak ties). Wenn neue Stellen zu besetzen sind, werden zuerst die Netzwerke der Mitarbeiter genutzt.

Dankeschön, lieber Herr Dr. Kreissl – wie immer ein großes Vergnügen!

Ich schließe das Kurzinterview mit Frau Prof. Jutta Allmendinger, Präsidentin des Wissenschaftszentrums Berlin (WZB), an, da ihre Antworten mit denen von Reinhard Kreissl korrespondieren. Wissenschaft scheint doch etwas anders zu funktionieren als Wirtschaft:

Liebe Frau Prof. Allmendinger, wir vernetzen uns gerne mit Menschen außerhalb unseres Unternehmens, der Hochschule, der Institution. Tun wir intern zu wenig? Falls ja, warum?

Ich sehe den Punkt nicht. Wir sind innerhalb der Institute funktional gut vernetzt – zumindest am WZB achte ich sehr darauf, dass Mitarbeiterinnen und Mitarbeiter horizontal stark vernetzt sind. So gibt es Treffen auf allen Ebenen – Promovierende, Gruppenleitungen, Post-Docs, aber auch studentische Mitarbeiterinnen und Mitarbeiter sowie die Assistentinnen und Assistenten des WZB treffen sich untereinander und arbeiten an gemeinsamen Anliegen.

Immer wieder wird mir berichtet, dass Vorgesetzte nicht wollen, dass ihre Mitarbeiter ein Netzwerk aufbauen. Mitarbeiter werden z. T. aktiv behindert. Woran liegt das?

In der Wissenschaft ist das meines Erachtens anders. Hier wird früh das Netzwerk der Promovierenden und Post-Docs unterstützt, auch weil es dadurch erst möglich wird, den eigenen „Nachwuchs" auf Professuren zu bringen.

Deutschlands bekanntester Mönch rockt mit und ohne Band jede Bühne: Dr. Notker Wolf

Persönliches

Notker Wolf, den emeritieren Abtprimas der Benediktiner, kenne ich seit 2008, als ich ihn in Rom im Kloster Sant' Anselmo interviewte. Über all die Jahre blieben der Abtprimas und ich in Kontakt. Ich schicke bisweilen einen Gruß und höre dann, wo der hohe Herr gerade in der Welt mit Vorträgen oder zur Unterstützung (früher: Leitung) seines Ordens herumreist. Ich habe ihn immer bewundert ob des Pensums, das er sich mit permanenten Reisen um den Globus zumutet. Doch das war letztlich Networking und Führung by travelling around, denn der Abtprimas der Benediktiner ist kein klassischer CEO mit Weisungsbefugnis. Networking by travelling around passt gut zur Philosophie von Managementguru Tom Peters, der MBWA empfiehlt: Management By Walking around. Immer in Bewegung bleiben

Das Interview mit Notker Wolf ist ein Lehrstück, wie man auch ohne Weisungsbefugnis zum Ziel kommt. Es war bislang nur auszugsweise veröffentlicht. Doch es ist viel zu interessant, um in der Versenkung zu verschwinden. Zudem finde ich es wichtig, über einen Bereich – das Mönchtum oder Klosterleben – zu berichten, mit dem viele nie etwas zu tun haben. Ich selbst habe einige Berührungspunkte. Schwester Barbara Offermann, eine Dominikanerin von Bethanien, lernte ich über Facebook kennen, Schwester Lea Ackermann von SOLWODI, eine bewundernswerte Kämpferin für Zwangsprostituierte, verschleppte Frauen etc., beim Global Summit of Women 2007. Den Zisterzienserinnen des Klosters Marienthal folge ich auf Twitter, weil ich es super finde, dass sie tweeten, und an den Fotos des schönen Klosters Freude habe.

Und noch etwas: Für das Kapitel „Werte" in meinem Buch D*ie Löwen-Strategie* hatte ich mich mit den Ordensregeln des Hl. Benedikt befasst und dabei viel über Führung und das Zusammenleben in großen Gemeinschaften gelernt. Meines Erachtens wäre er heute ein ebenso geschätzter Vordenker wie zu seiner Zeit, wahrscheinlich ein gefeierter Managementguru – jedoch ohne Plattitüden.

Zur Person

Dr. phil. Notker Wolf OSB trat 1961 in die Benediktinerabtei St. Ottilien ein. Nach der klösterlichen Ausbildung studierte er Philosophie an der Päpstlichen Benediktiner-Hochschule Sant' Anselmo in Rom, danach Theologie und Philosophie in München, zudem Zoologie, Anorganische Chemie und Astronomiegeschichte. Er wurde 1977 zum Erzabt gewählt. Von 2000 bis September 2016 war er als Abtprimas des Benediktinerordens mit Sitz in Rom der höchste Repräsentant von mehr als 800 Klöstern und Abteien weltweit. Dem Orden gehören derzeit rund 22.000 Mönchen und Nonnen an. Der hohe Herr ist dafür bekannt, dass er die Beziehungen zu den Klöstern und Abteien durch permanentes Reisen pflegt. Notker Wolf lebt seit 2016 wieder in St. Ottilien und führt den Titel Abt. Er ist Autor vieler Bestseller und ein erfolgreicher Musiker mit eigener Rockband.

Lieber Herr Abtprimas, was verstehen Sie unter Netzwerk und was halten Sie vom Netzwerken?

Netzwerken ist gerade für uns Benediktiner sehr wichtig, weil wir föderativ strukturiert und nicht zentralisiert sind. Je föderativer die Struktur ist, desto mehr muss die Zusammenarbeit an der Basis funktionieren. Das Problem, das dabei auftritt, ist, dass wir verschiedene Gruppen haben, die vernetzt werden sollen, und dass das Netzwerk gepflegt werden muss. Da muss ständig jemand hinterher sein. Das ist gar nicht so einfach. Wir können nicht in jedem Kloster jemanden dafür freistellen.

Wir haben zwei Beispiele, wo es gut funktioniert. Das eine ist der Atlas OSB (unter: www.aimintl.org) und eine Informationsplattform des Ordens St. Benedikt im Internet (www.osb.org). Damit es verständlich ist, muss ich etwas zur Struktur des Benediktinerordens sagen: Wir Benediktiner sind so strukturiert, dass jedes Kloster autonom und eigenverantwortlich ist. Die ganzen etwa 270 autonomen Männerklöster, an denen auch abhängige Klöster hängen, sind organisiert in 19 Kongregationen. Das sind lockere Verbände zur gegenseitigen Unterstützung mit einem Präses jeweils an der Spitze. Sie sind wiederum relativ selbstständig und haben ihre eigenen Konstitutionen. Sie sind ihrerseits zusammengebunden in der Benediktiner Konföderation (Confoederatio Benedictina). Wir Benediktiner sind daher kein Orden im eigentlichen Sinne. An der Spitze steht ein gewählter Abtprimas. Weitere Fälle von Networking sind unsere beiden Stiftungen, die unsere Hochschule fördern sollen. Wir haben eine für Europa und eine für die USA. Ansonsten ist ein Netzwerkknoten mein Computer. Das ist natürlich die andere Sache, dass ich persönlich versuche, die Benediktiner untereinander zu vernetzen. Seit einigen Jahren ist unsere internationale Hochschule San Anselmo in Rom mit mehreren Universitäten vernetzt.

Meine Aufgabe als Abtprimas war, die Einheit der Konföderation zu fördern. Ich war das „Missing Link" unter den Klöstern. Ich reise viel zu den regionalen und nationalen Äbteversammlungen.

Wie schafften und schaffen Sie das alles?

Eine Mutter mit zwei, drei kleinen Kindern hat auch keine Zeit, über so etwas nachzudenken. Ich knie mich hinein und dann kommt auch die entsprechende Resonanz. Das macht dann Freude. Ich habe immer gesagt: Noch nie in meinem Leben habe ich den Job getan, den ich haben wollte. Aber wenn ich dann die Verantwortung übernommen habe, dann hänge ich mich so hinein, dass es mir Freude macht und dass die Leute den Eindruck haben, der hat nie etwas anderes gewollt. Was ich bei Reisen immer brauche, sind die Sprachen. Ich habe mit sechs Sprachen zu tun: Fünf Korrespondenzsprachen und Latein. Ich habe auch Altgriechisch und Hebräisch gelernt. In Tansania habe ich die Festpredigt auf Kisuaheli gehalten. Mit dem Personal kann ich mich radebrechend durchschlagen.

Hatte es Ihr Nachfolger angesichts der doch sehr persönlichen Struktur der Netzwerke schwer bei Amtsantritt?

Die grundlegenden Netzwerke sind ja vorhanden, aber persönliche Kontakte muss man sich immer selbst erarbeiten. Ich habe einen relativ personalisierten Stil. Es ist der Job eines Abtprimas, Bindeglied zu sein. In den 90er-Jahren hat man nach einer Jobdescription für den Abtprimas gesucht. Heraus kam am Ende, dass das eigentlich ein unmöglicher Job ist, aber er ist notwendig und jeder Abtprimas wird von seinem Charakter und seinen Anlagen her die Aufgabe ganz persönlich gestalten. Ich hatte allerdings durch meinen Rat alle so in die Mitverantwortung eingebunden, dass kompetente Nachfolger da waren.

Ein Abtprimas hat weitere Aufgaben: In Rom ist er Großkanzler unserer Hochschule und Abt des Klosters Sant' Anselmo. Wir haben keine eigenen Mönche, sondern sind ständig auf der Suche nach Personal aus anderen Klöstern.

Damals, als ich als Abtprimas in Rom begonnen habe, habe ich mir für die Abtei rasch einen Rat zugelegt, den es vorher nicht gab. Er hat mich in wesentlichen Angelegenheiten der Abtei beraten. Der Rat besteht aus drei gewählten Äbten, die schon lange Zeit Äbte sind und viel Erfahrung haben, dazu kommen noch die Verantwortlichen von Sant' Anselmo: der

Rektor, der Prior, der Finanzmann und der Verwalter des Hauses. Wir trafen uns einmal im Monat. Da wurden die Finanzen kontrolliert, damit wir nicht plötzlich am Jahresende vor einem schwarzen Loch stehen. Es wurden Bauvorhaben reflektiert und diskutiert und natürlich auch die ganzen Personalfragen. Der Rat hat eigentlich keine Entscheidungsbefugnis, aber ich hätte nie etwas gegen den Rat der Äbte entschieden. Wenn ich aber einmal fest vom Gegenteil überzeugt war, musste ich Argumente finden. Wir haben viele internationale Netzwerke:

- DIM = Dialogue interreligieuse monastique, ein Netzwerk für den interreligiösen Dialog, so pflegen wir z. B. gute Kontakte zu Japan, zu den buddhistischen Zen-Klöstern und zu Muslimen.
- Benedictine Commision on China, das ist auch ein echtes Netzwerk, wo wir unsere Erfahrungen austauschen.
- Ganz wichtig, die CIB = Communio Internationalis Benedictinarum, das ist kein Verein, sondern eher eine geistliche Verbindung der weiblichen Benediktiner mit einer Koordinatorin an der Spitze. Wir haben rund 15.000 Frauen und 7.000 Männer im Orden. Die Benediktinerinnen gehören nicht zur Konföderation, sind aber mit ihr assoziiert. Sie haben andere Strukturen als die Benediktiner. Der deutlichste Unterschied besteht in der Unterteilung in Nonnen und Schwestern. Nonnen leben streng kontemplativ in Klausur, während die Schwestern in Krankenhäusern, Schulen etc. Dienst tun. Diese Trennung gibt es bei den Männern nicht. Auch die sonstige Organisationsstruktur ist anders. Es gibt die CIB seit 2001 als gemeinsames Dach, eine Art Netzwerk.

Welches war Ihre interessanteste oder wichtigste Netzwerkerfahrung?

Ich bin sehr froh, dass wir zu Beginn meiner Amtszeit als Abtprimas den vorhin beschriebenen Atlas OSB eingerichtet haben. Es freut mich, dass er so gut funktioniert und dass die einzelnen Kongregationen selbstständig daran mitarbeiten und aktualisieren können.

Wann wurde Ihnen bewusst, wie wichtig ein Netzwerk ist?

Das war mir von jeher ganz klar: Ich muss Leute fragen. Der Heilige Benedikt sagt so schön: Tue nichts ohne Rat, dann brauchst du hinterher nichts zu bereuen.

Wie pflegen Sie Ihre Beziehungen?

Durch die Reisen und die Veranstaltungen, aber da spielen auch ganz andere, nonverbale Elemente mit hinein wie die Musik. Ich habe natürlich immer die Querflöte mit dabei und die E-Gitarre. Und gerade in Schwesternklöstern muss ich dann am Abend irgendwann auf der Flöte spielen. Das ist eine gute Sache.

Wo und wie haben Sie internationale Kontakte aufgebaut?

Die Kontakte sind rund um den Globus, auch in China und Korea. Ich habe ja u. a. Krankenhäuser in China und Nordkorea gebaut und viele andere Projekte realisiert. Man muss eben selber hingehen und mit den Leuten reden. Ich werde immer wieder gefragt: „Wie hast du das geschafft?" Da gibt es einen guten schwäbischen Ausspruch: „Man muss mit den Leuten reden." Die schriftliche Kommunikation ist sehr wichtig, gerade die E-Mails, aber es geht nichts über die persönliche Präsenz. Die internationalen Kontakte habe ich nicht erst als Abtprimas aufgebaut, sondern schon als Erzabt von St. Ottilien, meinem Heimatkloster am Ammersee. St. Ottilien ist eine Missionsabtei. Ich war dort 2 Jahre lang Erzabt und damit zugleich kraft Amtes Präses einer Kongregation von Klöstern, die über vier Kontinente verteilt sind. Daher bin ich schon immer viel gereist und habe die ganze Dekadenz des Fliegens mitbekommen. Fliegen war ja früher ein Luxus.

Welche Fehler werden beim Networking begangen?

Die Netzwerke oder Kontakte nicht zu pflegen, sie veralten dann sehr rasch. Es besteht auch die Gefahr der Indiskretion bzw. der Verletzung des Datenschutzes. Ich halte z. B. Vorträge, bewahre aber aus Prinzip nie die Adressen der Teilnehmer auf. Man könnte zwar an dieser oder jener Ecke einmal nach einem Sponsor suchen, aber das mache ich nicht. Ich empfände das als unfair, wenn ich Leute weiter angehe. Das ist der Respekt vor dem Einzelnen und eine benediktinische Sache: Benedikt hat geschrieben: „Der Abt soll wissen, welche schwierige Aufgabe er übernommen hat, Menschen zu führen und den Eigenarten vieler zu dienen." (Benediktusregel 2,31). Und so kann ich auch keine Adressen weitergeben, weil ich keine habe.

Ihr Motto?

„Jubilate Deo". Jeder Abt hat ein Wappen und ein Lebensmotto, das man sich nach der Abtwahl wählt. Der Orden selbst hat den Grundsatz: Ora et labora – bete und arbeite. Ich war vier Jahre Chorleiter für die Gregorianik. Damals haben wir begonnen, geistliche Konzerte zu geben. Wenn die Leute geklatscht haben, haben wir zum Schluss als Zugabe immer eines der schönsten Stücke des gregorianischen Chorals gebracht: Jubilate Deo. Da kommt der Lobpreis Gottes zum Ausdruck für all das Gute, das er mir getan hat.

Besten Dank, lieber Herr Abtprimas für die interessanten Einblicke in Ihre Welt.

Der nächste Herr passt perfekt zu den beiden anderen Intellektuellen in dieser Lounge. Er ist ein anspruchsvoller Vordenker und eine von mir sehr geschätzte Twitter-Persönlichkeit. Ich folge ihm und umgekehrt.

Der Philosoph mit Hang zu klaren Worten: Wolf Lotter

Persönliches

Natürlich kannte ich Wolf Lotter von seinen *brand eins*-Beiträgen und folgte @wolflotter interessiert bei Twitter. Doch sein 2018 erschienenes Buch *Innovation – Streitschrift für Barrierefreies Denken* begeisterte mich restlos – ich hielt einen Schatz in Händen. Klingt überzogen? Das ist es nicht: 2017 hatte ich mein drittes Buch *Die Löwen-Strategie – Wie Sie in 4 Stunden mehr erreichen als andere am ganzen Tag* veröffentlicht und mich ausführlich mit dem Thema Innovation, basierend auf Chancen- und Risikokompetenz, beschäftigt. Kurz entschlossen schrieb ich dem Autor, das Einzige, was an seinem Buch misslungen sei, sei der Erscheinungstermin. Hätte er sein Buch eher geschrieben, hätte er mir viel Rechercheaufwand erspart. Ich fügte den Link zu meiner Kundenrezension für sein Buch bei amazon sowie zum Dank ein signiertes Exemplar *der Löwen-Strategie* bei. Im März 2019 erlebte ich Wolf Lotter im Telefonica Basecamp. Er referierte und diskutierte zum Thema – Sie ahnen es – Innovation und brachte auch da die Dinge auf den Punkt.

Zur Person

Wolf Lotter ist als deutsch-österreichischer Journalist und Publizist einer der profiliertesten Querdenker im deutschen Sprachraum. Er gehört zu den Gründern des Magazins *brand eins*, wo er seit 2000 die Leitartikel, die Prologe zu den Schwerpunktthemen verantwortet. Diese begründen mit seinen Büchern, Vorträgen und Kommentaren Wolf Lotters Ruf als einer der führenden Publizisten auf dem Gebiet der Beschreibung der Transformation von der alten Industrie- zur neuen Wissensgesellschaft. Wolf Lotter tritt für einen nüchtern optimistischen Umgang mit Zukunftsthemen und gegen zukunftspessimistische Szenarien ein. Er findet dabei erfrischend klare und deutliche Worte. Es verbinden sich Meinung und Rückgrat.

Er studierte kulturelles Management, Geschichte und Kommunikationswissenschaften in Wien und schrieb schon während des Studiums für die Stadtzeitung *Falter* (Wien) und die Wirtschaftsmagazine *Trend-Profil-Extra* und *Cash Flow*. 1992 war er Gründungsredakteur des Magazins *news*, danach Wirtschafts- und später Wissenschaftsredakteur des österreichischen Nachrichtenmagazins *Profil*, wo er mit Unterbrechungen bis 1999 tätig war.

Bibliografie und mehr via www.wolf-lotter.de

Lieber Herr Lotter, wie definieren Sie Netzwerk und Allianzen?

Ein Netzwerk ist eine Organisation zum stetigen Kommunikations- und Interessenaustausch. Eine Allianz sehe ich als klar umrissenes, zeitlich und inhaltlich definiertes Projekt. Ein Netzwerk ist „on demand" und wird von den unterschiedlichen Teilnehmern, Knoten, Menschen oder ihren Organisationen nach Bedarf genutzt, wobei sich immer neue Ziele und Perspektiven ergeben. Netzwerke sind experimenteller als Allianzen, bei denen die Sachgründe klar definiert sind.

Was verstehen Sie unter Beziehungswirtschaft und wie kam es zu diesem Begriff?

Im Zeitalter der Virtualisierung ist es wichtig, die durch die digitale Automation frei werdende Zeit und Energie in die Verstärkung der Frage zu stecken: Was braucht der Kunde, was könnte er brauchen? Beziehungswirtschaft konzentriert sich damit stärker auf die Frage, welche persönlichen Bedürfnisse vorliegen oder vorliegen könnten. Sie entspricht einer diversen, individuellen Ökonomie, wie sie für die Wissensgesellschaft typisch ist, bei der die Selbstverwirklichung und damit die Befriedigung persönlicher Bedürfnisse an erster Stelle steht. Man könnte auch sagen: Die Beziehungswirtschaft setzt mehr auf qualitatives denn auf quantitatives Wachstum, sie ist eher postindustriell, aber nicht zwingend postmateriell (eine häufige Verwechslung).

2010 lautete Ihre Prognose „Quickies & Wikis: Diese Welt wird allmählich erwachsen." Haben sich Wikis in Unternehmen aus Ihrer Sicht bewährt und die Menschen tatsächlich miteinander verbunden?

Nein, noch nicht ausreichend. Die nächsten Jahre und Jahrzehnte müssen wir vor allen Dingen in die Entwicklung von Zusammenhangswissen investieren, also in eine neue Allgemeinbildung, bei der die immer enger werdenden Grenzen des Fachidiotentums und der Spezialistenwirtschaft aufgelöst werden. Wir müssen uns wieder auf ein paar Basics einigen. Wenn wir Vielfalt wollen, brauchen wir eine Plattform für Vielheit in Einheit (in pluribus unum).

Sind die Menschen 2019 tatsächlich gut vernetzt oder sind Social Media überwiegend Zeitverschwendung und/oder Selbstdarstellungsplattformen?

Siehe oben – der Eindruck der Selbstdarstellung, was ja gut ist und nicht schlecht, entsteht natürlich auch, weil man sich nur noch optimiert präsentiert. „Hübsch" ist aber nicht gut genug. Und das gilt auch für hübsch oder originell gesagt.

Sind wir zu echten Beziehungen überhaupt noch fähig oder lassen sich viele lediglich von gruppendynamischen Prozessen treiben?

Gute Frage. In den Organisationen ist das Kollektiv und das kollektive Denken der blinde Fleck, der Blind Spot, an dem echte Unternehmens- und Organisationsentwicklung scheitert. Organisationen vergattern die Leute zu „Teams" und „Gruppen", also wollen einzelne individuelle Positionen nivellieren. Deshalb gibt es so viel Unmut, auch wenn die Leute, die nach New Work etc. schreien, oft gar nicht wissen, was genau sie stört. Es ist so, glaube ich, weil sie nicht gehört werden, sondern nur als Teil des Ganzen etwas zählen, nicht aber „als Mensch", wie man so schön sagt. ALS MENSCH zählen ist ja nichts anderes als „individuell" wahrgenommen werden.

Herzlichen Dank, lieber Herr Lotter.

Da ich Wolf Lotter nach der Definition von Allianzen gefragt hatte, möchte ich Ihnen ein Statement von Tony Blair, dem ehemaligen britischen Premierminister, zum Brexit nicht vorenthalten. Er mag als Person umstritten sein, hier hat er jedenfalls recht und nicht nur zum Brexit. In seinem Video-Interview bei *The Independent* erklärte Blair am 31. Mai 2019 letztlich den Nutzen von Netzwerken: „You need strong alliances to keep your influence strong and your interests protected." Das ist in Politik und Wirtschaft so: Wir brauchen starke Verbündete, um unseren Einfluss aufrechtzuerhalten und unsere Interessen zu schützen.

Wer, wie, was, wo?
Appetizer vom Ideenbuffet

Bitte kein Schubladendenken – Versuch einer Netzwerkertypologie

Häufig werde ich nach den Arten von Netzwerkern gefragt. Ich tue mich damit schwer. Jeder Mensch ist anders, doch es gibt viele Gemeinsamkeiten. Wenn wir Strukturen erkennen, können wir uns besser auf andere einstellen und anders auf sie zugehen – zu unserem und zu ihrem Vorteil. Nicht zuletzt spart es Zeit. Die einen machen Zahlen, Daten, Fakten, Studien und Excel-Tabellen glücklich. Bei anderen erhalten wir Aufmerksamkeit über Emotionen und interessante Geschichten. Es gibt keinen besten Weg. Es geht immer nur darum, dem Fisch den Wurm schmackhaft zu machen, ohne dass er dem Angler selbst schmecken müsste. Wir verbiegen uns weder noch manipulieren wir. Wir bedienen einfach die richtigen Knöpfe. Genau das haben erfolgreiche Menschen schon immer gemacht.

Viele versuchten, eine Netzwerktypologie zu entwickeln. Am besten gefällt mir die des bereits erwähnten Organisationspsychologen und Bestsellerautors Prof. Adam Grant, Wharton School, denn sie ist schlüssig und durch seine umfangreichen Studien belegt.

Geben, Nehmen, Tauschen als Grundmotivation

Adam Grant unterscheidet: Giver, Taker, Matcher. Wie immer bekommen wir es in der Übersetzung nicht so elegant hin. Gemeint sind Menschen, die eher geben oder nehmen, und die Tauscher. Diese Einteilung setzt am Mindset an und erscheint mir die ganzheitlichste Betrachtungsweise. Bei allen anderen Modellen geht es eher um das Wie des Networking oder die Kommunikationswege. Wer hat nun die Nase vorn? Wie immer gilt: Es kommt darauf an. Die Gruppe der Gebenden ist bei den besten und bei den schlechtesten Performern zu finden. Die Nehmer und Tauscher sind beide im Mittelfeld.

Auf den ersten oder zweiten Blick zu erkennen

Wir haben auf Events keine Gelegenheit, längere Studien zu betreiben. Daher finden Sie hier einige Kriterien, die unsere Einschätzung unterstützen, wenn wir Menschen zum ersten Mal oder selten begegnen.

Der Aktive, der Reaktive

Das ist wahrscheinlich die schlichteste Einteilung und von jedem mit bloßem Auge zu erkennen. Beim Reaktiven sollten wir die Initiative ergreifen.

Jäger und Farmer

Im Vertrieb unterscheidet man zwei Gruppen von Verkäufern/Vertretern: Jäger und Farmer. Die einen sind grandiose Akquisiteure, die Stärke der anderen ist, dass sie ihre Kunden pflegen, echte Beziehungen aufbauen. So sind auch die unterschiedlichen Netzwerker unterwegs. Allerdings ist beides gleichermaßen wichtig, wenn die Aufgaben nicht aufgeteilt werden können. Akquise ohne Betreuung und Service ist Folgegeschäften bzw. dem Beziehungsaufbau abträglich. Das ist ungeschickt, denn es ist leichter, mit einem bereits gewonnenen Kunden Folgegeschäfte zu machen als mit Unbekannten oder langjährig im Interessentenstatus Verharrenden.

Introvertierte, Extrovertierte, Mischtyp

Hierauf bin ich schon eingegangen. Man kann Menschen in drei Gruppen einteilen: Introvertierte (der Schreiberling, der Organisator), Extrovertierte (die Rampensau, der Eventhopper) und Zentrovertierte (mal so, mal so).

Kriterium Kommunikationsvorlieben – Off- und Online-Netzwerker

Menschen anhand ihres bevorzugten Kommunikationsmediums in Online- und Offline-Netzwerker einzuteilen wird meines Erachtens der tatsächlichen Sachlage nicht mehr gerecht. Wir haben längst keine abgeschotteten Welten mehr. Und selbstverständlich ist das Internet Teil des Real Life. Selbst die Generation 70+ erschließt sich die Online-Welt immer mehr, und sei es nur, um mit WhatsApp-Gruppen, mit der Familie und Freunden in Kontakt zu bleiben.

> Meine Mutter war von ihrem iPad, das sie vor einigen Jahren zu Weihnachten bekam, sie war damals schon leicht über 52, sofort begeistert. Doch ich hatte es auch schlau eingefädelt: Das iPad hatte ein Schutzcover in ihrer Lieblingsfarbe, Optik und Haptik sprachen zudem für sich – danke Steve Jobs. Vor allem hatte ich damit bereits Fotos von der sensationellen Weihnachtsdekoration im Foyer des Hotels Dreikönig in Basel aufgenommen: Riesige Christbaumkugeln in Rot, glänzend, matt zwischen Jugendstilkristalllüstern hängend. Wow. Das rockte und machte sie neugierig, selbst zu fotografieren – ein toller Einstieg. An Weihnachten wurde gemeinsam geübt und nach kürzester Zeit klappte es auch mit den E-Mails, dem Öffnen von Links. Großartig.

Umgekehrt kommt es auch bei Menschen, die bevorzugt im Web interagieren, irgendwann zum Schwur, nämlich zum persönlichen Austausch durch Sprachnachrichten, Direktnachrichten, persönliche Threads oder in Gruppen, die in vielen Fällen dazu führen, dass sich die Akteure früher oder später anrufen oder sich persönlich treffen.

Neu sind die Influencer im Web, oft vormals Nobodys oder B-Promis, die via Instagram & Co ihre Community stark beeinflussen und wie der Kardashian Clan richtig absahnen. Letztere launchen allerdings eigene Produkte.

Persönlichkeitsmodell der vier Farben

Ich lehre an der Beuth Hochschule für Technik im Fachbereich Veranstaltungsmanagement & Veranstaltungstechnik „Darstellen und Präsentieren". Wer darstellt und präsentiert, sollte sich mit unterschiedlichen Persönlichkeitstypen beschäftigen. Sich gut auszukennen ist wichtig für die adressatengerechte Kommunikation, denn wir brauchen Zugang zu anderen, um verstanden zu werden und unsere Ziele zu erreichen. Dabei spielt es keine Rolle, ob wir Kunden etwas verkaufen oder ein internes Budgets durchsetzen, eine Zustimmung für ein Projekt erhalten wollen. Professionell zu kommunizieren ist ein wesentlicher Erfolgsfaktor beim Netzwerken. Wer nicht verstanden wird, ist uninteressant und den Menschen selten eine Frage wert.

Nachdem ich das Vier-Farben-Modell des Amerikaners Bill J. Bonnstetter aus den 80er-Jahren vorgestellt hatte, führte ich eine interne Studie durch, indem ich die jungen Leute bat, jeweils zwei, drei Professoren bzw. Professorinnen oder wissenschaftlichen Mitarbeitern die Farben Blau, Gelb, Grün und Rot mit einer Begründung zuzuordnen. Zwei Gruppen arbeiteten jeweils an zwei Farben. Die Ergebnisse wurden im Plenum diskutiert. Keine einzige Zuordnung war strittig. Es gab vielmehr breite Zustimmung. Das Vier-Farben-Modell ist leicht und ohne Hilfsmittel anzuwenden.

Das verbirgt sich hinter den Farben:

Rot steht für Macher. Sie sind ungeduldig, spontan, wollen bestimmen und am liebsten sofort Ergebnisse. Sie sind ständig in Eile und kommen auch oft zu spät. Ihr Händedruck ist kurz und fest. Der rote Persönlichkeitstyp fällt außerdem durch seine aktive und ausladende Körpersprache auf. Bei Gesprächen neigt er dazu, andere zu unterbrechen oder gar andere Dinge während des Gesprächs zu erledigen. Vor Konflikten weicht der Rote nicht zurück. Manchmal sucht er diese sogar aktiv.

 Tipp, wenn der Rote ein Vorgesetzter ist: Fassen Sie sich kurz, bringen Sie die Dinge auf den Punkt: Sachverhalt, Problem, Lösungsvorschlag, so mag es der Macher.

Networking-Verhalten: Beim Netzwerken ergreift der Rote gerne die Initiative. Er verliert jedoch auch rasch das Interesse, wenn der Kontakt nicht schnell ergiebig zu sein erscheint. Sie erkennen ihn daran, dass er oder sie im Mittelpunkt steht. Der rote Persönlichkeitstyp liebt die Bühnen und möchte Nägel mit Köpfen machen. Achten Sie darauf, dass der Rote Sie zu Wort kommen lässt.

Grün symbolisiert den hilfsbereiten Menschenfreund, leicht zu erkennen an seiner sympathischen kommunikativen Art und der eher bequemen, unscheinbaren Kleidung. Sein Händedruck ist freundlich. Der grüne Persönlichkeitstyp arbeitet methodisch und organisiert. Mit Veränderungen tut er sich jedoch wegen seines hohen Sicherheitsbewusstseins eher schwer. Er vertraut dem Rat anderer. Die Beziehung ist ihm daher beim Kauf wichtiger als der Preis. Er kommt wieder, wenn er sich gut beraten fühlte.

Tipp, wenn der Grüne ein Vorgesetzter ist: Vermeiden Sie, Zeitdruck aufzubauen, sorgen Sie für eine entspannte, angenehme Atmosphäre und binden Sie den Grünen mit ein.

Networking-Verhalten: Der Grüne hört gut zu und ist an anderen interessiert, auch wenn sie ihn geschäftlich zunächst oder keinesfalls voranbringen. Erwarten Sie nicht, dass er sehr ambitionierte Ideen schnell gutheißt: Sie müssen erst durch einen ausgiebigen Sicherheitscheck.

Blau steht für den bedachten, analytischen Denker. Er will vollständige Informationen, vergleicht genau und hinterfragt mit Sachverstand. Der Blaue schätzt eine sachliche Argumentation, die mit Zahlen und Fakten gespickt ist. Konflikten geht er eher aus dem Weg. Der blaue Typ trägt meist konservative, zweckmäßige Kleidung und hat wenig Ausdruck in seiner Körpersprache. Er ist pünktlich und gut vorbereitet. Sein Büro ist ordentlich, aber etwas unpersönlich eingerichtet. Tests und Gutachten sind ihm wichtig.

Tipp, wenn der Blaue ein Vorgesetzter ist: Seien Sie bestens vorbereitet und pünktlich. Sorgen Sie dafür, alles belegen zu können.

Networking-Verhalten: Der Blaue legt Wert auf die Qualität seines Netzwerkes. Er erwartet daher einen professionellen und schlüssigen Elevator-Pitch von Ihnen. Small Talk beherrscht er, kommt jedoch gerne bald zum geschäftlichen Punkt. Schnellschüsse sind nicht seins, er wird Sie dabei nicht unterstützen.

Gelb ist den kontaktfreudigen Kreativen zugeordnet. Sie interessieren sich für Menschen, sind jedoch manchmal so hilfsbereit, dass sie nicht alles Versprochene halten können. Der gelbe Persönlichkeitstyp kann gut zuhören, solange ihn etwas interessiert. Er erzählt auch gerne. Daher hat er einen großen Bekanntenkreis, aber nur wenige enge Freunde. Details liegen ihm weniger, Termine hält er oft nicht ein oder belegt sie doppelt. Das Büro eines Gelben ist unorganisiert. Der gelbe Persönlichkeitstyp trägt gerne modische und manchmal übertriebene Kleidung.

Tipp, wenn der Gelbe ein Vorgesetzter ist: Nageln Sie den Gelben fest bzw. fassen sie nach, wenn er etwas zusagt.

Networking-Verhalten: Der Gelbe sprüht vor Ideen, die er auch für andere schnell und großzügig entwickelt. Sie sind nicht immer zu Ende gedacht.

Es ist Ihr Job, seine vielen Ideen auf Umsetzbarkeit zu checken. Nutzen Sie die Inspiration und Begeisterung des Gelben und bleiben Sie an ihm dran, da er bei all seinen Aktivitäten bisweilen den Überblick verliert. Nutzen Sie den großen Bekanntenkreis.

Erkennen Sie den einen oder anderen Bekannten, Freunde, Vorgesetzte, eine Mitarbeiterin oder Kundin wieder? Mit Sicherheit. Es wird Sie jedoch nicht wundern, dass es Mischtypen gibt. Meine Studierenden haben mich übrigens der Kategorie der Roten, der Macher, zugeordnet. Ich nehme es als Kompliment und bin heilfroh, dass die Studies mein Büro nicht sehen, wenn ich wie jetzt an Büchern arbeite – es ist nicht nur gelb gestrichen, es herrscht das kreative Chaos der Gelben mit viel Papier in Form von Notizbüchern, Büchern, Zeitungsartikeln, Magazinen auf und neben dem Schreitisch, auf dem Besprechungstisch. Auch ohne meine Füller und Tintenfässchen geht gar nichts.

 Menschenkenntnis kann man trainieren, indem man sich mit Menschen beschäftigt und ein guter Beobachter wird. Es lohnt sich.

Wo sind Ihre Fische?

Schielen wir nicht alle nach sensationellen Kontakten für perfekte Beziehungen, aus denen sich rasch ein Geschäft entwickelt als Quelle steten Reichtums oder der nächste Job? Die Hoffnung stirbt zuletzt, doch tot ist sie dann trotzdem. Ich wiederhole gerne: „Jeder Kontakt ist ein Kontrakt" funktioniert nicht. Und es gibt auch keine Zauberformel. Hätte ich ein Geheimrezept, wie man die wertvollen Kontakte sofort und ohne Irrtümer erkennt, ich ließe es patentieren. Das Leben ist eben komplex. Doch ich kann Ihnen Kriterien an die Hand geben, welche die Suche und das Einordnen erleichtern. Testen Sie sie. Letztlich gilt wie überall: Trial and Error. Davor sind auch die Besten unter uns nicht gefeit.

Perfekte Beziehungen

Wie erkennt man die richtigen oder lohnendsten Netzwerkpartner? Falsche Frage! Viel zu pauschal! Wir haben zwar alle nur begrenzt Zeit und sollten gut überlegen, mit wem wir sie sinnvoll verbringen. Doch was sinnvoll ist, ist für jeden etwas anderes. Unbestritten ist der Vorteil, sich mit Menschen zu umgeben, die weiter sind als man selbst, die da sind, wohin man kommen möchte. Das spornt an. Jeder Mensch soll ein Abbild dessen sein, was der Durchschnitt der fünf Personen ergibt, mit denen er in engstem Kontakt ist. Das wird stimmen, denn auch der Volksmund weiß: Sag mir, mit dem du gehst, und ich sage dir, wer du bist. Warren Buffet ist der Meinung, dass sich unser Benehmen positiv verändert, wenn wir mit Menschen zu tun haben, die ein eindeutig besseres Benehmen haben als wir. Das ist sehr zu begrüßen.

Ich glaube, jeder mit etwas Lebenserfahrung hat ein untrügliches Gefühl dafür, wer vor ihm steht: Anfänger, Schaumschläger, Könner oder Hochkaräter. Gleichwohl sitzen wir manchmal Blendern auf. Das ist nicht schön, doch auch hier gilt: Scheitern ist ein Teil des Prozesses, aus dem wir viel lernen.

So finden und erkennen Sie die richtigen 10 Prozent der Kontakte

Erfolgreiche Leute netzwerken mit den richtigen Leuten auf Augenhöhe, zielgerichtet und dort, wo sich viele Hochkaräter aufhalten. Das können spezielle Branchentreffs sein, exklusive Empfänge auf Messen und Kongressen, kleine, feine Essen im Privatissimum. Gleich und gleich gesellt sich gern. Erfolgreiche wollen in der Regel das Beste. Das gilt auch für Kontakte. Sie haben nicht gefühlt, sondern tatsächlich keine Zeit, unstrukturiert zu netzwerken.

Ihre zentrale Frage ist: Wo finden Sie die für Sie richtigen und wichtigen Persönlichkeiten, die Ihre Beziehungen wertvoll und Ihr Netzwerk erfolgreich machen? Events, aber auch Social-Media-Mitgliedschaften kann man in unterschiedlichen Varianten buchen. Schon früher gab es im Theater oder an der Rennbahn Logenplätze. Das ist eine Form, sein Image zu pflegen.

Heutzutage können Sie für kleines Geld Fortbildungsevents besuchen, häufig Massenveranstaltungen mit mehreren Tausend Personen. Doch es macht einen großen Unterschied, ob Sie ein Upgrade haben oder in einer der letzten Reihen sitzen und den Akteur auf der Bühne schon nicht mehr erkennen können. Sie sehen ihn zwar auch auf den Großleinwänden. Der springende Punkt ist jedoch, wer links und rechts von Ihnen sitzt. Erfolgreiche gönnen sich eine der Premiumvarianten oder gleich den VIP-Status mit Zugang zum Redner/Künstler in der Pause, bevorzugtem Einlass, besonderen Zusatzleistungen etc. Der Preis selektiert, das mag man gut oder schlecht finden. So ist jedoch der Markt.

Denken Sie über den Satz nach: „Das bin ich mir wert", wenn Sie ein Event buchen. Mein Vater hatte bei allem einen hohen Qualitätsanspruch und vertrat die Auffassung: „Lieber ein Stück weniger, dafür ein gutes." Noch krasser formulierte es der Vater eines Freundes. „Wir sind zu arm, um uns schlechte Qualität zu erlauben." Wir zahlen einen Preis für Qualitätsabstriche: Dinge dauern länger, sind nicht so gut, Wichtiges fehlt. Das muss man wissen.

Manches gibt es im Web kostenlos, doch mit eingeschränkten Funktionen. Und wirklich kostenlos ist es auch nicht: Wir bezahlen mit unseren Daten. Bisweilen tritt ein Imageverlust ein. Sie werden von anderen nicht als Profi eingeschätzt, wenn Sie bei XING, LinkedIn oder auch beim Expertenportal Brainguide die kostenlose Basisvariante haben. Die monatlichen Beiträge oder die Jahresgebühr sind bezahlbar, nicht zu vergleichen mit einer Mitgliedschaft in einem noblen Golf- oder renommierten Business-Club. Diesen kleinen Luxus sollten Sie sich gönnen, denn die Qualität der Kontakte steigt sprunghaft und Sie haben viel mehr Optionen auf der Plattform.

Masse oder Klasse

Für viele gibt es nur eines – Masse oder Klasse. Es kommt darauf an, was Sie erreichen möchten. Manche trachten nach großer Reichweite, andere bevorzugen kleine, feine Zirkel mit intensiveren Beziehungen. Wieder andere wie ich halten zwar den Kreis derer, die sie als Freunde und Inner Circle bezeichnen, eng und sind jedoch auf den Social-Media-Plattformen sehr aktiv. Ich treibe gerade den Ausbau meines LinkedIn-Netzwerkes voran. Von 2009 bis Herbst 2018 hatte ich 800 Kontakte angesammelt, ohne mich wirklich zu bemühen. Nun, da ich mehr Zeit aufwende, um Content zu liefern, wächst das Netzwerk. Im August 2019 sind es bereits 2.800 Follower.

Die Super Hubs

Manche Menschen sind in so hoher Funktion, dass sie allein schon deshalb hochkarätig vernetzt sind. Sie sind begehrte Redner und Diskutanten, werden gebeten, Aufsichtsräte oder Beiräte zu werden. Sie sind in vielen formellen und informellen Netzwerken und begegnen sich bei elitären Events wie dem jährlichen Weltwirtschaftsforum in Davos. Sandra Navidi hat in ihrem Buch *Super Hubs: Wie die Finanzelite und ihre Netzwerke die Welt regieren*" festgehalten, wie sich die Akteure dieser Kreise bewegen, welche Querverbindungen und welche Macht sie haben. Auch Sandra Navidi ist der Meinung: „Heute mehr als jemals zuvor haben diejenigen die größte Macht, die über die besten Beziehungen verfügen und diese am besten zu nutzen wissen. Netzwerkstärke verleiht Netzwerk-Macht." Dem ist nur hinzuzufügen, dass das in jedem Mikrokosmos so ist. Dazu passt das Bonmot, dass der Wert unseres Netzwerks unser Nettowert ist.

Gute Beobachter punkten doppelt

Gute Beobachter sind fokussiert: Sie schenken den Dingen und den Menschen ihre volle Aufmerksamkeit, jedenfalls so lange, bis sie wissen, was sie erfahren wollten. Wer ständig nach WhatsApp-Nachrichten oder aus sonstigen Gründen auf das Smartphone schielt, wird dazu kaum in der Lage sein. Ein geschultes Auge erkennt sofort, wo sich in einem Raum die wichtigsten Personen aufhalten: Sie stehen selten allein herum, sondern sind meistens von mehreren umgeben, die geschäftig nicken und ihnen die volle Aufmerksamkeit zuwenden. Sie sind an Statussymbolen zu erkennen, auch wenn es gerade bei Jüngeren vielleicht nicht mehr die sind, die noch vor zehn Jahren sofort ins Auge sprangen. Die Prioritäten ändern sich. Mancher zieht die Apple Watch einem edlen Schweizer Chronometer mit Handaufzug vor. Das ist eine Generationen- und auch Branchenfrage.

Eine gute Beobachtungsgabe sollten wir auch dafür entwickeln, was erfolgreiche Menschen beim Networking machen. Wie gehen Profi-Netzwerker auf andere zu? Welche Themen haben sie? Manches können wir übernehmen. Probieren Sie, wandeln Sie Formulierungen so ab, dass sie zu Ihnen passen. Sie brauchen das Rad nicht ständig neu zu erfinden: Mit einem kleinen Repertoire bewährter Gesprächseinstiege und einem halben Dutzend guter Geschichten aus Ihrem Berufsalltag werden sie 90 Prozent aller Situationen gut meistern. Genau genommen wiederholen oder ähneln sich doch die Konstellationen, in denen wir Menschen begegnen.

Was Ihnen keiner abnimmt, ist, herauszufinden, was gut ankommt, daran zu feilen und das Repertoire kontinuierlich zu ergänzen. Es ist nicht anders als beim Laufenlernen: Jeder weitere Schritt verleiht mehr Sicherheit, es geht leichter und schneller.

Wenn dir das Leben Zitronen reicht, dann mache daraus Limonade. Fast jeder kennt diesen viel zitierten Satz, doch das mindert nicht die wertvolle Botschaft. Wir haben die Wahl: Wir können über Zitronen jammern oder etwas Sinnvolles mit ihnen veranstalten. Und das ist weitaus mehr als Zitronenlimonade. Mir fällt die wunderbare „Tarte au Citron" ein, die Zitronentorte mit Baiser, Zitroneneis, Zitronenlikör und nicht zuletzt heiße Zitrone mit Honig bei Erkältungen. So ist es auch beim Netzwerken. Bei genauerem Hinsehen entpuppt sich mancher vermeintlich langweilige Gesprächspartner als hochgebildeter Experte, als weit gereiste Autorin, perfekter „Schrauber", was auch immer. Doch wir erfahren das erst, wenn wir die Zitronen ausgepresst oder die Nuss geknackt haben, nämlich Zugang gefunden haben. Das geschieht am besten durch interessante Fragen.

Verbündete sind mehr als gute Bekannte

Paulo Coehlo spricht mir aus der Seele, wenn er in seinem Buch *Der Weg des Bogens* im Kapitel „Die Verbündeten" die Bedeutung von Verbündeten wie folgt beschreibt: „Suche dir Verbündete – Menschen, die sich für das interessieren, was du tust. Ich sage nicht andere Menschen. Ich sage: Suche Menschen mit anderen Fähigkeiten, denn der Weg des Bogens ist wie jeder andere Weg, der mit Begeisterung gegangen wird. <…> Es sind Menschen, die keine Angst davor haben, sich zu irren, und es daher auch tun. Aus diesem Grund wird ihre Arbeit nicht immer anerkannt. Aber gerade diese Menschen verändern die Welt. Nach viel

Irrtümern schaffen sie etwas, das äußerst wichtig ist für ihre Gemeinschaft. <…> Die besten Verbündeten sind diejenigen, die nicht wie die anderen denken. <…> Tue dich mit denen zusammen, die etwas ausprobieren, etwas riskieren. <…> Tue dich mit allen zusammen, die ihre Arbeit voller Begeisterung tun."

Mach dir Multiplikatoren und Türöffner zum Freund

Sind wir in unseren Netzwerken als geschätztes Mitglied angekommen, fällt vieles leichter: Andere fungieren als Türöffner für uns und sind wunderbare Multiplikatoren für unsere Themen, Produkte oder Dienstleistungen. Es finden Brainstormings mit Branchenfremden auf hohem Niveau statt. Wir bekommen ein Feedback, das uns weder Vorgesetzte noch Kollegen so geben könnten oder geben würden. Und nicht zuletzt werden gemeinsame Projekte, gemeinsame Unternehmen aus der Taufe gehoben.

Es gibt Menschen mit Zugang zu denen, die für uns interessant sind. Torwächter sind oft zugleich auch Türöffner. Wer an ihnen nicht vorbeikommt, sollte sich hüten, einem Torwächter mit Arroganz zu begegnen. Sie haben schlicht sehr viel Macht. Zuvorkommendes Verhalten hilft auch hier. Wer die Torhüter umgehen kann, sollte das tun. Sekretärinnen und Assistenten bekommen einen großen Teil ihres Gehalts dafür, die Spreu vom Weizen zu trennen, was in der Praxis heißt, andere vom Boss oder der Chefin fernzuhalten. Jedoch ist es in 90 Prozent der Fälle auch so: Wie man in den Wald hineinruft, so hallt es heraus. Oft ist es über die sozialen Netzwerke möglich, Assistenten zu überspringen. Bei LinkedIn finden Sie die Big Player, gerade die internationalen.

Introvertierte sollten besonders bemüht sein, Türöffner zu ihren Bekannten oder Freunden zu zählen, denn sie nehmen ihnen viel Arbeit ab, sich selbst einen Zugang zu erschließen und dabei Klimmzüge zu machen. Von jemandem vorgestellt zu werden oder per E-Mail avisiert zu werden bedeutet, eine große Hürde genommen zu haben, weil man eben nicht mehr irgendwer ist, sondern der oder die Bekannte, Kollege etc. von jemandem, den der begehrte Kontakt kennt. Darin liegt ein großer Vertrauensvorschuss.

Alle, die Sie nicht brauchen

Meine Schulklasse war – anders als die Parallelklasse – kein Herz und eine Seele. Ähnlich ging es einer nahestehenden Person. Er sagte mir nach Rückkehr von einem Klassentreffen: „Ich habe 27 Leute getroffen, die ich freiwillig im Leben nicht mehr sehen möchte!" Keiner hätte es schöner sagen können. Mir hat ein einziges Klassentreffen auf ewig gereicht. Schulkameradschaften sind entweder die stabilsten Beziehungen, die wir haben, oder sie sind überflüssig wie ein Kropf, weil es eben keine Kameradschaft war, sondern eine schlichte Zwangsgemeinschaft.

Networking-Lounge No. 3: Die Medien-Profis

Hier treffen Sie zwei Herren, Netzwerker durch und durch. Das passt sehr gut, denn die beiden kennen sich. Den Verleger und Unternehmer Julien Backhaus und Top-Verkaufstrainer Dirk Kreuter treffen Sie auf jedem Parkett, denn beide sind off- und online sehr aktiv, jeder auf seine Weise. Ich finde beide Social-Media-Ansätze spannend.

Gehören Sie auch zu denen, die Verkäufern voreingenommen gegenüberstehen? Das kommt nicht von ungefähr: Uns sind Kaltakquiseanrufe ungenehm, weil sie ungefragt, zur Unzeit und häufig dilettantisch daherkommen. Jeder kennt „nervige" Versicherungsvertreter und „schlitzohrige" Immobilienmakler zumindest vom Hörensagen. Doch es gibt eine zweite Seite der Medaille. Mal ehrlich: Hegen wir nicht alle ein gewisses Unbehagen vor der Akquise? Das ist schlecht, denn wir verkaufen ständig – im Job wie privat. Auch Networking ist eine Form von Akquise: Wir erschließen uns Kontakte und sollten dabei Bella Figura machen, um einen Anker für das Interesse anderer zu setzen. Sonst bleiben wir Mauerblümchen.

Verkauf und Akquise sind genau sein Ding: Dirk Kreuter

Persönliches

Als 2015 bei einer Fortbildung Dirk Kreuter Teil des Programms war, dachte ich: Warum ein Verkaufstrainer? Doch ich war sofort von ihm begeistert: Dirk Kreuter redet Klartext und ist ungemein pragmatisch. Er nimmt Menschen die Angst vor dem Verkaufen, gibt eine Vielzahl gut funktionierender Tools an die Hand und schafft so ein neues Mindset. 2018 bestand ich den Härtetest – meine erste Massenveranstaltung mit 3.500 Menschen bei Dirk Kreuters Vertriebsoffensive in Berlin. Die Atmosphäre war unglaublich – eine echte Community. Wir erlebten zwei Tage ein Feuerwerk an Ideen und Best-Practice-Beispielen. Und es blieb nicht beim Zuhören: Ich kreierte anschließend u. a. das Image-Profil „8 gute Gründe, Martina Haas als Speaker zu buchen" und ein anregendes Pausengespräch mit Silvia Puhani, der Innenrevisonsleiterin einer Bank, führte zu drei Beiträgen über meine „Löwen-Strategie" bei ihrem Podcast für Revisoren. Sie gingen durch die Decke. Networking vom Feinsten.

Zur Person

Dirk Kreuter ist ein CSP – ein Certified Speaking Professional – und gilt als einer der einflussreichsten Vordenker zu den Themen Vertrieb, Verkauf und Akquise – sowohl online wie offline. Der Autor von über 50 Büchern & Hörbüchern ist Gastdozent an mehreren deutschen Hochschulen. Er lebt in Dubai. Dirk Kreuter wurde mehrfach ausgezeichnet: Er ist Top-Consultant 2013/14/15, Speaker of the year 2011 und Trainer des Jahres 2010 und hält den Weltrekord für das größte Verkaufstraining (Guinness Buch der Rekorde 2018). Sein Buch *Umsatz Extrem* steht auf der Bestsellerliste des *manager magazins*. Dirk Kreuter wurde mit über 40.000 Anmeldungen für seinem Event „Vertriebsoffensive" 2018 Marktführer in Europa.

Mehr Informationen via www.dirkkreuter.com.

Lieber Dirk, du willst bis 2020 eine Million Menschen zu besseren Verkäufern machen. Ist das „nur" ein PR-Gag oder gibt es eine Vision?

Beides. Erstens: PR ist wichtig, damit du mit deiner Idee überhaupt in die Sichtbarkeit kommst. Was bringt dir das beste Produkt, wenn keiner weiß, dass es das Produkt überhaupt gibt.

Zweitens: Ja, es steckt eine Vision dahinter, denn wie du im Einleitungstext schon geschrieben hast: „Wir alle erinnern uns an die Verkäufer, die nicht gut sind." Wir alle verdienen es, von guten Verkäufern im Service zu profitieren. Und deshalb will ich nicht nur den Verkäufern, die sich selbst im Weg stehen, das Leben erleichtern, sondern auch den Kunden. Denn wir alle kaufen unglaublich gern, aber lassen uns nur sehr ungern etwas verkaufen. Ein guter Verkäufer gestaltet den Kundenkontakt so angenehm, dass wir nicht das Gefühl haben, dass uns etwas verkauft wird, sondern dass wir etwas gekauft haben.

Wie soll das funktionieren? Dafür reicht doch das übliche Networking kaum?

Das ist richtig. Mit meinen Seminaren erreiche ich pro Jahr etwa 40.000 Teilnehmer, damit erreiche ich die Million nie. Doch mittlerweile hat der YouTube Kanal fast 10.000.000 Aufrufe, der Podcast hat 10.000.000 Downloads, von meinem Buch *Entscheidung: Erfolg* wurden fast 200.000 Exemplare verkauft. Wenn ich das alles einmal zusammenrechne, dann ist die eine Million absolut realistisch.

Du bist sehr strukturiert und effizient unterwegs, arbeitest im Flugzeug, nutzt jede Minute. Was würdest du tun, wenn dir eine gute Fee pro Woche zwei bis drei Stunden fürs Netzwerken schenkt?

Ich netzwerke gar nicht so viel, ich habe das sehr stark an meine Mitarbeiter delegiert. Die Erstkontaktaufnahme läuft zu 95 Prozent über einen Mitarbeiter. Wenn ich zwei bis drei Stunden freie Zeit fürs Netzwerken hätte, würde ich mich mit meinen Freunden treffen, weil dabei meistens sehr gute neue Ideen entstehen.

Wo oder wie funktioniert Networking für dich am besten?

Am besten an Orten, wo Menschen sind, die in Teilbereichen weiter sind als ich. Teilbereiche, die für mich wertvoll sind. Meistens sind das Seminare oder Konferenzen. Dort treffe ich mich mit diesen Menschen und komme so ungezwungen ins Gespräch. Die zweite Variante: Wenn ich an jemanden direkt dran will, dann wähle ich entweder den Weg der Direktansprache oder ich überlege, wer ihn kennt, und nutze dann mein Netzwerk.

Du lebst seit einiger Zeit im Ausland, zunächst in der Karibik, jetzt in Dubai. Wie bleibst du in Kontakt? Wie ist es mit Offline-Networking?

Es geht nicht um die Frequenz, sondern um die Qualität. Über WhatsApp und Treffen auf einstündigen Veranstaltungen bleibe ich im Kontakt. Davon abgesehen, ich habe das Gefühl, dass so gut wie jeder mindestens einmal im Jahr nach Dubai kommt. Von daher ist es für mich sehr praktisch. Die meisten Kontakte, die ich pflegen möchte, kommen zu mir.

Wie nutzt du die Kontakte von Mitarbeitern, Kunden und Kooperationspartnern?

Wie schon erwähnt, spiele ich gerne über Bande. Wenn ich jemanden erreichen will, dann nutze ich durchaus die bestehenden Kontakte von Mitarbeitern, Kooperationspartnern und Kunden.

Herzlichen Dank, Dirk, und viel Erfolg beim neuen Rekord.

Mit Erfolg dem Erfolg auf der Spur: Julien D. Backhaus

Persönliches

Julien Backhaus lernte ich vor einigen Jahren über die Social Media kennen, genauer gesagt Facebook, wir folgen uns jedoch auch auf LinkedIn und Twitter. Ich schätze seine klaren und nicht selten provokanten Statements zu Wirtschaftsthemen und vor allem zu seinem Spezialgebiet Erfolg sehr. Zu meiner großen Freude konnte ich mein Buch Die Löwen-Strategie im Newsletter des ERFOLG Magazin vorstellen.

Zur Person

Julien Backhaus ist deutscher Medienunternehmer, Verleger und Lobbyist. Mit 24 galt er als jüngster Zeitschriftenverleger in Deutschland und fungiert als Herausgeber diverser Magazine, u. a. das bekannte ERFOLG Magazin. Zu seiner Holding gehören diverse Medienunternehmen. Außerdem ist er Vorsitzender eines Bundesverbandes in Berlin. Er spricht regelmäßig mit den erfolgreichsten Menschen der Republik über Erfolg. Im Berliner Quatsch Comedy Club wurde ihm der Change Award verliehen. Sein Buch ERFOLG – Was Sie von den Super-Erfolgreichen lernen können rangierte unter den Bestsellern in Deutschland.

Mehr Informationen via www.backhausverlag.de.

Zeit ist ein knappes Gut – wo oder wie funktioniert Networking für dich am besten?

Networking funktioniert für mich am besten, wenn ich Zeit in ein Gespräch investieren kann. Denn dort kann man beginnen, eine Beziehung aufzubauen, und wirklich erfahren, was das Gegenüber bewegt. Handshakes sind hingegen überall möglich. Ich lerne Menschen im Flieger, auf Messen oder auf Kongressen kennen. Daraus entstehen zuerst einmal „warme Kontakte". Eine tatsächliche Beziehung kann aber erst bei einem Espresso – am liebsten in der Hotellobby – entstehen.

Was würdest du mehr tun, wenn man dir pro Woche zwei bis drei Stunden fürs Netzwerken schenkt?

Ich würde mich länger mit Leuten unterhalten und eine Beziehung aufbauen. Ich interessiere mich für die Geschichte der Menschen. So können später auch „fruchtbare" Beziehungen entstehen, in denen man sich gegenseitig voranbringt.

Wer oder was funktioniert für dich als Türöffner?

Zum einen hilft es mir, wenn bestehende Kontakte mir andere vorstellen. Das passiert mir häufig auf Konferenzen und Messen. Wenn ich einen Geschäftsfreund treffe und er mir einen Menschen vorstellt, mit dem er bereits eine Beziehung pflegt. Daraus entsteht direkt ein stärkeres Band und man ist oft bereits von Anfang an beim Du. Man geht auch automatisch von einem höheren Vertrauensvorschuss aus, weil der gemeinsame Geschäftsfreund beide bereits kennt. Auf der anderen Seite funktionieren auch die sozialen Netzwerke hervorragend als Türöffner. Ich bahne ständig Kontakte auf LinkedIn oder XING, aber auch auf Instagram und Facebook an. Wenn ich merke, dass man bestimmte Interessen teilt, will ich denjenigen so bald wie möglich mal persönlich sehen.

Wie bleibst du in Kontakt?

Ich nutze keine klassischen Werkzeuge. Ich schreibe keine Karten, keine Ostergrüße und rufe auch niemanden an, um „Hallo zu sagen". Wenn ich in der Nähe bin, frage ich, ob Zeit für einen Espresso ist. Wenn ich auf einer Veranstaltung wie einer Messe bin, erkundige ich mich, ob man sich dort sieht. Da ich in den sozialen Netzwerken sehr aktiv bin, weiß mein Netzwerk auch ständig, wo ich mich derzeit aufhalte, und kann seinerseits nach einem Treffen fragen. Oft sieht man sich einmal im Jahr auf üblichen Branchenveranstaltungen und wechselt ein paar Worte.

Wie nutzt du die Kontakte von Kunden und Kooperationspartnern?

Ich frage nicht aktiv danach. Aber ich werde aktiv weiterempfohlen, weil sich der Kontakt zu mir in der Regel sehr lohnt bzw. Menschen meine Nähe suchen.

Du bist in den Social Media sehr präsent – wie steht es mit Offline-Networking?

Ich pflege meine Kontakte am liebsten persönlich. Aber die sozialen Netzwerke sind ein wunderbarer Türöffner, um daraus später persönliche Kontakte zu machen. Natürlich erlebe ich im Internet auch das andere Extrem, dass gefühlt jeder mein Freund sein will. Von 95 Prozent halte ich lieber Abstand und suche nicht aktiv den Kontakt. Ich möchte mir auch nicht im klassischen Sinne eine Community aufbauen. Ich schätze es sehr, dass mir rund 20.000 Leute aktiv folgen und mich schätzungsweise 200.000 Menschen beobachten. Aber ich will nicht das Gefühl vermitteln, dass ich jeden davon kennenlernen will, geschweige denn eine Beziehung aufbauen will.

Powertools für den Erstkontakt

Interessante Menschen zu entdecken ist eines. Wir müssen sie jedoch auch ansprechen oder es hinbekommen, dass sie auf uns aufmerksam werden.

Aufmerksamkeitsanker setzen, um angesprochen zu werden

Wer schüchtern ist, könnte einen Anker setzen, um vom anderen angesprochen zu werden. Heidi Hetzer war alles andere als schüchtern, doch ihre Handtaschen sind ein wundervolles Beispiel dafür, wie leicht es ist, in ein Gespräch verwickelt zu werden: In zig Farben hatte sie passend zum Outfit Handtaschen in Form eines Autos – super für die erste Opel-Händlerin ever in Deutschland und Oldtimer-Liebhaberin. Zum 80. Geburtstag trug sie zudem flotte Schuhe, die ein Auto symbolisierten. Wie schön ist das denn. Einfach speziell und lustig, man hat sofort etwas zum Reden – selbst Ungeübte.

Ein Berliner Coach, der Bohnenzähler, trägt stets einen Ansteckbutton, der Staunen oder Zweifel anzeigt. Wann was angezeigt wird, führt zu interessanten Gesprächen: Ob man das sieht, was einen eher beschäftigt, oder ob es vom Blickwinkel abhängt oder ob die Begriffe wechseln, weil er sich bewegt. Manche tragen rote Schuhe oder Sneaker. Dirk Kreuter empfiehlt gar, sich ein T-Shirt mit seinem Anliegen bedrucken zu lassen. Der Fantasie sind keine Grenze gesetzt oder nur die der eigenen Traute. Seidenschals und Cashmereumhängetücher sind mein Markenzeichen und man erkennt mich auch daran, dass ich meistens etwas Gelbes trage. Unterwegs sind die gelben Lamyfüller dabei und im Büro macht der gelbe Füller von Aurora Freude, eine Limited Edition, ein in jeder Hinsicht wertvolles Geschenk.

Auch Messestände sind großartige Anker. Bei der erwähnten net'swork kam ich mit dem IT-Profi Marcin Pankowski und einem Kollegen an ihrem

Messestand ins Gespräch. Daraus entstand ein freundschaftlicher Kontakt. Und seitdem Marcin rettet mich bei EDV-Problemen. Das ist unbezahlbar. Ehrlich gesagt verstehe ich diese IT- und EDV-Männer nicht gänzlich, doch das spielt keine Rolle: Ich vertraue ihnen, denn sie lösen meine Technikprobleme und lassen mich nicht wie einen Technikdepp aussehen.

Hilf dir selbst!

Sei attraktiv

Sie mögen es ungerecht finden, doch Studien belegen: Attraktive Menschen sind erfolgreicher und verdienen mehr als unattraktive. Bereits bei Babys bekommen die hübscheren mehr Aufmerksamkeit. Es sagt viel darüber aus, wie wir Menschen ticken. Dass diese Beobachtung richtig ist, belegt auch das Bonmot vor Unternehmensverkäufen oder Fusionen, man müsse die Braut noch hübsch machen.

Doch was hübsch oder attraktiv ist, liegt stets im Auge des Betrachters. Denkt man an die sogenannte Sozialakquise, worum es sich bei der Partnersuche letztlich handelt, geht es selten um bloße Schönheit. Schönheit ohne Ecken und Kanten ist ohnehin meistens langweilig. Denkt man oder frau an längerfristige Beziehungen, kommt es den meisten auf die Substanz hinter der Fassade an. Gleichwohl kommt keiner, der reüssieren will, darum herum, Vorzüge zu betonen, Schwächen zu kaschieren, um insgesamt eine gute Figur zu machen. Dazu gehört auch das, was wir sagen, schreiben, posten oder tweeten. Durch unser Agieren bei persönlichen Begegnungen, im Unternehmen, in Projekten, im Ehrenamt, aber auch im Web via Social Media entsteht ein komplexer Gesamteindruck von uns, den man vor 10, 15 Jahren so nicht hatte. Sind wir im Web nicht präsent, sagt auch das etwas aus und wird von anderen bewertet als unprofessionell oder gar antiquiert.

Wie treten wir auf: Arrogant oder freundlich-hilfsbereit, kompetent mit eigener Meinung oder anderen nachplappernd? Liefern wir Inhalte, neudeutsch: Content oder Plattitüden? Sind wir gehässig, neidvoll oder können wir auch gönnen? Natürlich erzeugen manche Bilder von sich, die mit der Realität wenig zu tun haben. Und dabei meine ich nicht nur Photoshop, das aus Ruinen Traumschlösser zaubert, und Fake News. Wir posten selbstverständlich nur unsere Erfolge, manche blähen dabei die Mücke zu Elefanten auf. Das Negative, das uns allen widerfährt, wird ausgeblendet.

Denke nicht zu kompliziert, sag was

Vielen graut es vor dem Netzwerken, weil sie nicht wissen, was sie sagen sollen oder sich für langweilig halten. Es gibt eine gute Botschaft: Sie müssen keinen geistigen Höhenflug unternehmen, wenn Sie auf andere zugehen und ein Gespräch anfangen. Gute Beobachter und Zuhörer leiten den Gesprächseinstieg aus dem Kontext und der Situation ab. Was leicht wirkt, setzt etwas Übung voraus. Doch viel wichtiger ist Offenheit.

Augenkontakt und Lächeln

Weltweit funktioniert ein Lächeln, um mit jemandem in Kontakt zu treten. Ein freundliches Lächeln genauer gesagt, denn ein Lächeln kann auch anzüglich sein oder abschätzig. Augenkontakt geht häufig mit einem Lächeln einher und ist in unserem christlich-abendländischen Kulturkreis unverzichtbar. Andere Kulturen vermeiden den Augenkontakt oder differenzieren nach Geschlechtern.

Bei jedem Augenkontakt fängt das Gehirn den üblichen Check an, der in Bruchteilen von Sekunden abläuft: Mimik, Gestik, Haltung, Optik, Geruch – die Entscheidung fällt: Freund oder Feind. Wird ein potenzieller Freund ausgemacht, kommt es häufig zum Händedruck – auch hier können wir scheitern. Viele, und dazu gehöre auch ich, stranden mit ihrer Hand ungern in einer pudding- oder marshmallowähnlichen Masse. Ein zu kräftiger Händedruck ist auch nicht wünschenswert, was alle wissen, die einen oder mehrere Ringe tragen. Ein leicht verdrehter Schmuckstein bohrt sich bei zu festem Druck leicht in die empfindliche Fingerinnenseite. Kein guter Start. Wie immer macht die Dosis das Gift.

Wie Sie einen Gesprächspartner für sich einnehmen

Ein wunderbarer Türöffner ist Hilfsbereitschaft: tatsächlich die Tür aufhalten, wenn der Paketbote oder eine Kollegin schwer schleppt. Das gilt auch für den Small Talk.

Wegbereiter für alles: Small Talk

Ein LinkedIn-Kontakt postete: „Wenn ich einen Menschen aus einem anderen Kontinent kennenlernen will, dann will ich keinen oberflächlichen Small Talk halten, sondern wissen, was ihn bewegt und wie er tickt. Das geht nur übers Herz." Er hat nur eingeschränkt recht, wie aus meiner Kommentierung des Posts folgt: „Wie wahr, doch Small Talk – von vielen gehasst oder von wenigen geliebt – ist überall der Türöffner, der erste Schritt für den nächsten Sympathietest nach dem ersten Eindruck."

Ob wir überhaupt die Chance haben, mit anderen in Kontakt zu treten und daraus eine Beziehung zu entwickeln, entscheidet meistens schon der erste Eindruck. Sie kennen den Satz: „Man bekommt keine zweite Chance für den ersten Eindruck." Das stimmt leider in 98 Prozent der Fälle. Jedenfalls ist es sehr schwer, einen missglückten ersten Eindruck zu korrigieren – oft scheitert das schon daran, dass man wichtigen Personen nie mehr begegnen wird.

In den wenigen Sekunden der ersten Begegnung klärt jeder der Beteiligten zwei Dinge: „Freund – Feind" und „sympathisch – unsympathisch". Als unsere Vorfahren noch als Jäger und Sammler unterwegs waren, mussten sie jedes Rascheln im Gebüsch schnell einordnen. War es ein Kaninchen – wunderbar, Nahrung für die Gruppe, wenn man es erwischt. War es jedoch ein Dinosaurier oder der viel beschworene Säbelzahntiger, dann blieb nur: fliehen oder kämpfen.

Haben wir auf den ersten Blick keinen erkennbaren Feind vor uns, checkt unser Hirn genauer, ob wir solche Menschen wie das Gegenüber schon einmal getroffen haben: Der Sympathiecheck geht los, das Kopfkino im Hinterkopf läuft von uns unbemerkt. Die Erfahrungen, die wir früher gemacht haben mit ähnlichen Typen, aber auch unsere Glaubenssätze, wie etwas zu sein hat oder meistens ist, poppen auf und sind – wir sind ja mit uns selbst ganz unter uns – nicht sonderlich politisch korrekt: Da tönt es aus den Untiefen: „Dicke sind bequem, Rothaarigen kannst du nicht trauen, Glatzköpfe sind die Potentesten (wovon Hannelore, eine Bekannte, fest überzeugt ist), Polen klauen." Sie können die Liste der Vorurteile beliebig ergänzen. Das ist nicht schön, aber menschlich und hat den im Grunde löblichen Zweck, uns vor Schaden zu bewahren.

Als halbwegs offene, gut ausgebildete Menschen, die so manche Schulung durchlaufen haben, sind wir in der Lage, dieses Kopfkino zu unterbrechen. Das sollten wir auch, denn wer sich nicht auf Menschen einlässt, vergibt Chancen. Das heißt nicht, dass wir naiv auf alles einsteigen und sämtliche Ideen und Pläne offenlegen. Es geht nur darum, so viel zu zeigen, dass wir interessant genug sind, ein Gespräch zu vertiefen. Ein Freund spricht gerne vom Bikiniprinzip: nicht alles zeigen. Ja, wir müssen geschäftlich wie privat den Anlässen entsprechend Köder auswerfen für den Gesprächseinstieg.

Die Macht der Komplimente

Kürzlich war ich bei Jo Malone, einem meiner Lieblingsparfumeure, im KaDeWe eingeladen, die Sommer-Neuheiten zu testen. Dass eine der Damen eine wunderschöne Blüte im Haar hatte, war natürlich der Anlass für ein Kompliment. Prompt erfuhr ich, die Blüte heißt Frangipani und sei wichtiger Bestandteil von Parfums. Sehr schön, ich hatte etwas dazugelernt. Zudem bekam ich eine Blüte geschenkt, obwohl ich nichts kaufte.

Komplimente funktionieren auch im Business, wenn Sie eine Präsentation gelungen finden in den Varianten: wunderbar kurz und knackig, verständlich aufbereitetes Zahlenmaterial statt wüster Zahlenfriedhöfe in Ameisenschrift, was für ein tolles Zitat, den Gedanken werde ich für meinen Beitrag übernehmen.

Zaubersätze

Es gibt Sätze, die andere dazu bringen, nachzudenken oder aktiv zu werden. Vor allem signalisieren sie unser Interesse an anderen:

- Kann ich noch etwas für Sie tun? Wie kann ich helfen?
- Was denken Sie? Was würden Sie tun?
- Können Sie mir jemanden empfehlen, der sich mit XY auskennt?

Ihr Freund der Elevator Pitch

Eine vertiefte Form des Small Talk im Business ist der Elevator Pitch Es ist immer wieder erstaunlich, wie unangenehm es Menschen ist, sich vorzustellen. Manche eiern regelrecht herum. In meinen Workshops erlebe ich, wie man Menschen ihre Highlights, also das, was sie für andere interessant macht, regelrecht aus der Nase ziehen muss. Sie erkennen sich sich selbst kaum wieder. Es geht nicht darum, anzugeben oder anderen Lügen aufzutischen. Es geht schlicht darum, herauszuarbeiten, was wir auf dem Kasten haben und welcher Nutzen für andere entstehen kann. Es geht um unsere Expertise. Was macht uns beruflich und als Gesprächspartner attraktiv?

Zwei Elevator Pitches, bei denen jeder weiß, was Sache ist, machen das deutlich. Die Büroleiterin eines Oberbürgermeisters im Ruhrgebiet beschrieb ihre Tätigkeit mit einem Satz: Ich organisiere meinen Chef. Noch Fragen? Nach meiner Teilnahme an der ersten Hamburger Speakers Night von tv Hamburg1 gönnte ich mir in einem meiner Lieblingshotels, dem Hamburger Hotel Vierjahreszeiten, eine Massage. Ich erfuhr von der Masseurin, dass sie Architektin ist, jedoch umsattelte, weil sie zu Berufsbeginn keine guten Chancen am Arbeitsmarkt hatte. Ihr Elevator Pitch lautet sinngemäß: „Ich bin gelernte Architektin. Es geht in meinem Leben um Baustellen. Früher beschäftigte ich mich mit Hochbau, nun arbeite ich als Masseurin an Baustellen am ganzen Körper, betreibe Sanierung und gehe dabei auch in die Tiefe." Wie griffig ist Ihr Elevator Pitch?

 Ich kann nur immer wieder betonen: Wir haben selten eine zweite Chance, einen guten ersten Eindruck zu machen.

Powertool Fragen stellen und aktiv zuhören

Es reicht nicht, ein guter Beobachter zu sein. Irgendwann kommt es zum Schwur und Sie sollten aktiv werden, damit Sie bei einem Event oder Meeting nicht ganz leer ausgehen. Es gibt ein Erfolgsquartett: Fragen stellen – aktiv zuhören – ausreden lassen – nachfragen und ggf. das Gehörte hinterfragen.

Kleine Kinder können einem Löcher in den Bauch fragen und einen an den Rand des Wahnsinns treiben, wenn auf jede Antwort ein weiteres Warum folgt. Britische Wissenschaftler sollen herausgefunden haben, dass Kinder 300 bis 400 Fragen am Tag stellen. Nur Ärzte und Krankenschwestern sollen es auf eine ähnlich hohe Anzahl bringen. Leider gibt es keinen Hinweis auf die primäre Quelle, doch ich halte das für möglich. Sicher ist, dass manche deutlich mehr fragen als andere.

Menschen sind selten glücklicher als in den Momenten, in denen sie von sich, ihren Ideen, Projekten, Erfolgen oder Interessen erzählen können. Also bieten Sie ihnen die Gelegenheit dazu, stellen Sie Fragen. Aktiv zuzuhören bedeutet nicht nur, einfach mal den Mund zu halten und dem anderen die volle Aufmerksamkeit zu schenken, sondern auch das Lesen zwischen den Zeilen. Das entgeht denen, die ständig auf das Smartphone starren. Es ist zudem unhöflich.

Das heißt in der Konsequenz: Nehmen Sie sich zurück. Hören Sie zu. Gönnen Sie dem Gegenüber zwei Drittel der Redezeit in ihrem gemeinsamen Zeitfenster. Sie werden wunderbare Gespräche führen. Das entspricht zudem der alten Verkäuferweisheit: Lass den Kunden reden… Bieten Sie ungefragt keine Lösungen, vor allem nicht, ohne das Problem zu kennen. Sie erfahren so unglaublich viel, um Ihren Businessansatz gezielt unterzubringen, ohne aufdringlich zu werden.

Ich behaupte, dass wir jeden knacken können, wenn wir die Eitelkeit bedienen. Drücken Sie also die richtigen Knöpfe. Das meine ich nicht abwertend: Bekunden Sie Interesse am anderen, echte Begeisterung für sein Tun und setzen Sie sich mit mit seinen Themen auseinander. Und schon haben Sie ein gutes Entree. Schier unwiderstehlich sind Gemeinsamkeiten, denn sie verbinden. Wenn sich z. B. Heuschnüpfler wie ich treffen, führen wir ohne Jammerei wunderbare Gespräche, wie wir konstruktiv mit der Allergie umgehen. Das tut gut und ist auch eine Basis für geschäftliche Aktivitäten, weil wir trotz Allergie Business können. Golfer unter Golfern erleben das auch, Jazz- oder Oldtimerbegeisterten geht es ebenso.

Powertool: Adressatengerechte Kommunikation

Um das geht es letztlich beim Netzwerken: Zielführende Kommunikation, um Beziehungen anzubahnen und anschließend mit Leben zu füllen und für alle Beteiligten Sinnvolles zu generieren. Doch leider sind wir in Sachen Kommunikation häufig dilettantisch unterwegs. Selbst bei mir, die ich mich beruflich damit beschäftige, gibt es Potenzial, noch klarer, verständlicher, einfacher zu kommunizieren. Sie stehen also nicht allein da. Unzureichende Kommunikation ist der Anfang fast aller Übel. Sie führt durch die daraus resultierenden Fehler, Verzögerungen und schlechten Ergebnisse zu Milliardenschäden in der Wirtschaft – Frust und Motivationsverlust bei allen Beteiligten nicht zu vergessen. Jeder muss täglich aufs Neue bei sich anfangen, besser zu kommunizieren.

Gut gebrüllt, Löwe! Oder mal wieder am Team vorbeigeschwafelt?

Ich werde oft zu den Erfolgsfaktoren guter Kommunikation im Team befragt. Gute Kommunikation basiert auf dem richtigen Mindset. Sie wird durch eine Unternehmenskultur unterstützt, die vertrauensvoll und offen ist und konstruktiv mit Fehlern umgeht. Der äußere Rahmen beeinflusst die Kommunikation der Mitarbeiter wesentlich und was sie sich zu sagen trauen. Ein Grundübel ist, dass wir häufig zu viele Vorkenntnisse voraussetzen anstatt uns an den Adressaten zu orientieren.

Supertool: Vermeiden des täglichen Kommunikationsgaus

Networking findet auch institutionalisiert am Arbeitsplatz statt, wo uns fremde Pläne und Agenden zusammenwürfeln mit Menschen, die wir mögen oder auch nicht, die konstruktiv sind oder eine Belastung. Wir vertun tagtäglich Chancen, uns und unsere Mitmenschen voranzubringen, die Welt womöglich zu einer besseren zu machen. Wir hören Phrasendreschern zu oder sind womöglich selbst Teil dieser Zunft. Wir stehlen Kollegen, Mitarbeitern, Dienstleistern und Kooperationspartnern durch ausufernde, schlecht aufgesetzte Meetings mit zu vielen Teilnehmern, die unvorbereitet sind oder nichts beizutragen haben, kostbare Lebenszeit. Wir muten anderen Präsentationen zu, die als Lehrstück dafür dienen könnten, wie man es nicht macht. Das alles sorgt für Frust statt für Innovation, die unter anderen Bedingungen befeuert würde. Wir können das vermeiden, indem wir auf solche Dinge achten und im Rahmen unserer Möglichkeiten solche Menschen auf Distanz halten, die in die Kategorie Zeiträuber fallen. Das ist ein Frage des Mindset und der Disziplin.

Fachchinesisch und Firmensprecher

Wir reden Fachchinesisch, sind mit „Firmensprech" unterwegs, also dem typischen Sprachgebrauch und den typischen Redewendungen im Unternehmen oder der Behörde, der Organisation, in der wir arbeiten. Wir setzen zudem bei den anderen zu viel Vorwissen voraus. Jede Menge Hindernisse auf dem Weg zu einem Austausch, zur Interaktion, die alle Beteiligten bereichert – sei es durch Inspiration, neue Erkenntnisse oder gar konkrete Handlungsempfehlungen.

Noch einen Tick anders ist die Jugendsprache, bei der die Erwachsenen zwar Worte hören, doch nicht verstehen, was gemeint ist. So ist das in jeder Generation. Doch wenn in Unternehmen vier Generationen arbeiten, kann das schon zu Verständnisproblemen und bewusster Ausgrenzung führen.

Reden oder schreiben

Telefonieren ist nach der persönlichen Begegnung die beste Form des Austausches, weil die Reaktionen unmittelbar erfolgen. Telefonieren ist jedoch für viele eine Hürde. Es läuft das Kopfkino: Ob Herr Müller überhaupt da ist? Störe ich Frau Meier bei etwas Wichtigem? Fällt mir das Richtige ein? Okay. Wenn Herr Müller nicht da ist, werden Sie es merken durch den Anrufbeantworter, eine Rufumleitung ins Sekretariat oder zu Kollegen. Stören wir, wird uns Frau Meier das sagen. Hoffentlich gleich zu Beginn und nicht, nachdem wir unser Anliegen ausführlich dargestellt haben und uns dann blöd vorkommen, wenn es heißt: „Ich bin im Meeting." Oder auch apart: „Ich bin ohne Freispracheinrichtung auf der Autobahn." Wie fahrlässig.

Es gibt auch Extrovertierte, die Telefonate hassen, obwohl sie bei Begegnungen genial auftreten. Jeder ist eben anders und vieles ist eine Frage des Kontexts, der Tagesform und nicht zu vergessen: des Gegenübers. Sympathischen Menschen begegnen wir auf jedem Kommunikationskanal lieber als den super Wichtigen, den stets Gestressten oder solchen, die sich am liebsten selbst reden hören. Allein, wir können das nicht aussuchen und sollten Profi genug sein, eine Arbeitsebene zu finden, mit der beide zurechtkommen. Zudem gilt wie schon immer: Wer will was von wem? Danach richtet sich, wer sich mehr anstrengen bzw. mehr zurücknehmen sollte, um ans Ziel zu gelangen. Es klingt so einfach und ist zugleich schwer.

Powertools für die Beziehungspflege – Stay in touch

Wer seine Kontakte nicht pflegt, kann sich die Mühe des Kontaktknüpfens sparen – das ist in dem Fall reine Zeitverschwendung. Wie viele Karteileichen haben Sie in der Kartei? Davon können Sie 90 Prozent vergessen. Um die interessanten restlichen 10 Prozent sollten Sie sich kümmern. Heben Sie den Schatz! Doch wie bekommen Sie das hin? Als Erstes sollten Sie sich von dem Glaubenssatz trennen, Beziehungspflege sei etwas, was beim Netzwerken on top kommt. Falsch, sie ist ein zentrales Element des Networking-Prozesses: Einer von sieben miteinander verknüpften Schritten zu starken Netzwerken und ein wesentlicher Teil Ihrer Arbeit, der ebenso geplant werden will wie die regelmäßige Inspektion Ihres Dienstwagens oder turnusmäßige Mitarbeitergespräche.

Bringen Sie Menschen zusammen

Seien Sie ein Hub: Stellen Sie für andere Verbindungen her

Zurückweisung: Nimm nichts persönlich

Es ging irgendwie daneben, das Gespräch. Es hilft uns, zu wissen: Zurückgewiesen wird selten die Person, sondern vielmehr ihr Anliegen. Und das kann viele Gründe haben: Unser Gesprächspartner hat gerade den Kopf nicht frei, sitzt im Meeting oder ist auf dem Sprung zum Termin. Topverkäufer betrachten zudem ein Nein stets als Aufforderung zur Verhandlung. Es gilt, Einwände zu behandeln, von denen wir die meisten ohnehin kennen. Es kann zudem heißen: Nicht jetzt. Was Sache ist, erfahren wir nur, wenn wir fragen, wann es am besten passt.

Die Macht einer Entschuldigung

Ich weiß, man kann sich nicht entschuldigen, nur darum bitten, dass der andere unser Verhalten entschuldigt. Was für eine feinsinnige Abgrenzung. Doch ob wir nun sprachlich-grammatikalisch korrekt formulieren oder nicht – das Wichtigste ist doch das Eingeständnis, Mist gebaut zu haben und das zu bedauern. Es rettet Beziehungen.

Kontaktpflege: Fantasie schlägt Kapital

Am besten wäre es, wenn Sie die Kontaktpflege so verinnerlichen, dass sie auch spontan stattfindet. Das ist der Fall, wenn Sie Ihre Kunden, Mitarbeiter, Kollegen etc. unterschwellig immer auf dem Schirm oder im Hinterkopf haben und daher sofort reagieren, wenn Ihnen etwas über den Weg läuft, das diesen nützlich sein könnte. Das wiederum setzt voraus, dass Sie sich für Ihre Mitmenschen interessieren und nicht nur ans Geschäft oder die Lösung eigener Fragen denken. Dieses Interesse haben Sie entweder schon oder Sie legen es sich zu. Es funktioniert. Es sind häufig die vermeintlich kleinen Dinge, die den großen Unterschied machen und nichts kosten.

Ich kann viele Geschichten davon erzählen, wie gut es ankommt und was sich daraus entwickelt, jemanden mit einem Hinweis auf eine interessante Tagung, einen tollen Vortrag, ein spannendes Buch oder einem inhaltlichen Zuruf zu seinen Themen zu überraschen. Das Beste ist, der Aufwand hält sich in Grenzen. Ein kurzer Anruf, Sie wissen, ich bin ein großer Freund des Telefonierens, einen Link per E-Mail verschicken – das kostet keine fünf Minuten. Wer die nicht hat, macht ohnehin etwas falsch.

Kontaktpflege beginnt mit dem Follow-up

Und genau daran scheitern die meisten: am fehlenden oder viel zu späten Follow-up, der Nachbereitung oder dem Nachfassen nach einem Treffen. Sie tun leider nichts nach einer interessanten Begegnung und hoffen, der andere werde sich schon melden. Ein gekonnter Follow-up-Prozess ist der erste Schritt zu einer Beziehung, geschäftlich wie privat. Das Mindeste ist eine kurze E-Mail mit einem Dankeschön für das gute Gespräch, verbunden mit dem Wunsch, man möge sich bald wieder einmal bei einem Event treffen. Oder man greift in den nächsten ein, zwei Tagen zum Telefonhörer, solange die Erinnerung noch frisch ist. Sie kennen das ja: aus den Augen, aus dem Sinn.

Never eat alone und kleine Geschenke erhalten die Freundschaft

Jemanden zum Essen einzuladen oder zu beschenken gehört zum sozialen Leben seit jeher dazu. Beides trägt dazu bei, Beziehungen aufzubauen, zu vertiefen und am Laufen zu halten. Das gilt privat ebenso wie im Business. Keith Ferrazzi wählte aus gutem Grund als Titel seines Networking-Bestsellers *Never eat alone*, *Iss niemals alleine* (wovon der deutsche Buchtitel *Gehe nie alleine essen* abweicht). Wer Zeitmangel vorgibt, lügt sich in die Tasche: Er oder sie hat lediglich keine Lust, die Mittagspause mit anderen zu verbringen. Okay, die habe ich auch nicht immer. Doch es geht ja auch nicht darum, es jeden Tag zu tun, da widerspreche ich dem geschätzten Keith und auch Warren Buffett. Zwei oder drei Mal pro Woche wäre schon ein guter Anfang.

Unser Müsli oder einen Burger herunterzuschlingen, sich einen Smoothie zu machen und zu trinken, das dauert maximal 15 Minuten. Für den kleinen Business Lunch beim gut organisierten Italiener oder in der Sushi-Bar gegenüber brauchen Sie eine gute halbe Stunde – mit dem großen Vorteil, rauszukommen aus dem Büro, der Werkstatt oder dem Forschungslabor. Das Gehirn und die Seele sind dankbar für Ortswechsel und beflügeln die Kreativität.

Und mal ehrlich: 15 oder 30 zusätzliche Minuten machen den Kohl im Tageszeitbudget nun wahrlich nicht fett und sind irrelevant im Verhältnis dazu, was ein konstruktiver Austausch beim Mittagessen mit Kollegen, Kunden oder anderen interessanten Menschen bewirken kann. Habe ich schon erwähnt, dass ich es nicht mehr hören mag, dieses „Ich habe keine Zeit"? Ein bisschen investieren muss man schon, um mittel- und langfristig zu profitieren.

Viele haben immer noch nicht verstanden: Was wir über Networking erreichen, sind andere und qualitativ bessere Ergebnisse, die Inspiration, Dinge zu tun, auf die wir selbst nie gekommen wären, nicht zu vergessen. Was ist eine Zeitersparnis von einer halben Stunde, wenn eine Information, die wir beim Netzwerken erhalten, über Erfolg und Misserfolg eines Projektes entscheidet? Wir sollten Äpfel nicht mit Birnen vergleichen.

Andere Länder, andere Sitten – Geschäftsessen vom Feinsten

Ich bin an der Schweizer Grenze bei Basel geboren. Basel ist eine meiner Lieblingsstädte mit Blick auf Architektur, Kunst, Kultur und Esskultur. Ich kann mich nicht sattsehen an den gepflegten alten Häusern, den Palästen der Seidenfabrikanten, den Lädchen am steilen Spalenberg. Der Blick auf den Rhein vom Restaurant des Hotels Dreikönig ist unbeschreiblich. Jeder Baselbesuch beginnt oder endet mit einem Restaurantbesuch, denn lukullisch ist die Schweiz ein einziges Highlight. Und so tafelt der Schweizer Entscheider denn auch sehr kultiviert mit seinen Geschäftspartnern, u. a. en détail nachzulesen im großartigen Roman *Der letzte Weynfeldt* und vielen Business-Class-Geschichten von Martin Suter.

Folgende Geschichte verdanke ich einem Schweizer Kunden, Künstler und Freigeist, der einst als hochrangiger Bankmanager sehr vermögende Menschen, die sogenannten UHNWIs (Ultra High Net Worth Individuals) bei internationalen Finanztransaktionen beraten hat. Er beschrieb fast poetisch, wie zurückhaltend und mit welcher Eleganz Schweizer, aber auch Franzosen und Italiener bei geschäftlichen Einladungen vorgehen, ohne das Geschäft aus den Augen zu verlieren. Im Vorfeld wird gefragt, welche Küche bevorzugt werde, ob es ein Lieblingsrestaurant gebe oder ob man mit einer besonderen Location überraschen dürfe, für die eine etwas längere Anfahrt erforderlich sei. Der Schwenk zum Geschäft erfolgt nicht schon bei der Vorspeise. Nein, man unterhält sich beim Fünf-Gänge-Menu kultiviert über Gott und die Welt und bringt erst beim Espresso das Geschäftliche ins Spiel. Geduld wird im Leben meistens belohnt.

Nicht jeder bewegt sich in diesen luxuriösen Sphären. Das Prinzip gilt jedoch auch beim dem zweigängigen Lunch für 20 Euro: Man wartet bis zum Espresso, um zum Geschäftlichen zu kommen. Es sei denn, es handelt sich um ein Arbeitsessen.

Never eat alone im Web – virtuelle Tischgemeinschaft und viel Fake

Der Deutschlandfunk Kultur interviewte am 8. Juni 2019 den Ernährungssoziologen Daniel Kofahl zum sogenannten Foodporn, der Mode, Essen im Web zu posten mit dem Hashtag #foodporn. Manches möchte ich gar nicht sehen, denn nicht alles, was schmeckt, sieht auch gut aus. Kofahl sagt: „Essen ist schon immer etwas gewesen, womit man sich vergemeinschaftet." Das klingt technokratisch, trifft jedoch zu, denken wir nur an Lagerfeuer und das beliebte Grillen. Allerdings ist die Behauptung sehr weit hergeholt: „Wer sein Essen im Internet postet, holt die anderen an die Tischgemeinschaften mit ran." Zwar wird geliked, kommentiert, bestenfalls das Rezept erbeten. Doch wir erleben nichts zusammen. Essen und Trinken ist weitaus mehr als ein optischer Eindruck. Es spricht alle Sinne an: Geschmacks- und Geruchsinn, selbst das Gehör, wenn wir in einen knackigen Apfel beißen oder Weinkenner Wein schlürfend probieren. Vor allem ist gemeinsames Essen Austausch. Auch ich poste bisweilen schicke Törtchen von Lenôtre im KaDeWe – eine schlichte Momentaufnahme, null Interaktion.

Viele übersehen, dass gerade bei Influencern jedes Foto eine vollständig inszenierte Illusion ist, perfekt gestylt, mit Photoshop und Filtern zurechtgetrimmt, aus Hunderten Fotos wurde das EINE ausgewählt. Wenn man zudem weiß, wie Profis Speisen fotografieren – mit haltbarem Rasierschaum statt Sahne, Kork zwischen den Burgerscheiben, damit der Burger lockerer wirkt, das Sahnehäubchen auf der Suppe unsichtbar unterlegt –, dann bekommt das noch einmal eine andere Dimension. Das echte Leben ist anders. Gewiss holen sich Menschen durch Foodporn Anregungen, doch ob sie darob „ihr eigenes Leben reflektieren", wie Kofahl meint, bezweifle ich.

Hören Sie auf, jede Mahlzeit in die Welt hinauszuposaunen, um vermeintlich Nähe herzustellen. Das ist reine Zeitverschwendung für Führungskräfte, Experten oder Selbstständige, die nicht in der Food- oder Eventbranche sind. Weit jenseits vom Kerngeschäft bringt es mit Sicherheit keinen Auftrag und kann nur als „emotionaler" Sprengsel im geschäftlichen Auftritt gelten, etwas Socializing ist wichtig. Treffen Sie stattdessen interessante Leute zum Essen oder auf einen Kaffee, legen Sie die Smartphones weg und tun Sie das, was Sie wirklich voranbringt: Beschäftigen Sie sich mit der Person und den Ideen Ihres Gegenübers. Sprechen Sie über ein tolles Buch, diskutieren Sie ein Businessvorhaben, stoßen Sie Projekte an und haben Sie Spaß. Ein, zwei Stunden pro Woche sollten Sie dafür zusätzlich zu den Business-Lunches einplanen.

Ein Loblied auf Newsletter

Bei LinkedIn war kürzlich jemand stolz darauf, alle Newsletter abbestellt zu haben, um Ablenkung zu vermeiden. Newsletter können tatsächlich Störfaktoren und Zeitfresser sein, wenn man nicht schlau mit ihnen umgeht. Ich liebe Newsletter und habe Tonnen davon abonniert, doch ich lese sie nur quer und selten gleich. Ich checke sie unter zwei Blickwinkeln: Was ist für mich interessant, was für Kunden, Freunde und befreundete Kunden? Kürzlich erlebte ich etwas Wunderbares. Die Galerie Bastian, London, wies auf eine Ausstellungseröffnung hin: CY TWOMBLY, NATURAL HISTORY, 26. APRIL – 15. JUNI 2019. Da eine tolle Grafik abgebildet war, leitete ich den Newsletter sofort an Lorenz Spring weiter, einen befreundeten Schweizer Künstler. Sein Werk ist von Cy Twombly beeinflusst. Und was ist: Lorenz schickt ein Foto zurück aus seinem Wohnzimmer mit eben diesem Werk und der Anmerkung, sich riesig gefreut zu haben. Wie schön ist das denn?! Die Aktion kostete mich keine zwei Minuten. So einfach geht „Stay in touch".

Newsletter sind für Unternehmen, Selbstständige, Künstler, Autoren und viele andere eine großartige Möglichkeit, mit vielem Menschen ohne großen Aufwand in Kontakt zu bleiben. Mein Newsletter enthält nur Positives und heißt daher: Good News. Vielleicht sind so die gigantischen Öffnungsraten zu erklären und dass die Good News noch Wochen nach Erscheinen gelesen werden. Ich lade Sie herzlich ein, die Good News via https://www.martinahaas.com/good-news/ zu abonnieren.

Killt Compliance Networking?

Bisweilen behaupten Zuhörer meiner Networking-Vorträge, man könne niemanden mehr einladen und keine Geschenke mehr machen. Das wäre fatal, denn beides hält Geschäftsbeziehungen am Laufen oder hilft bei der Geschäftsanbahnung. Grund genug, sich mit der Frage eingehend zu beschäftigen.

Das Thema der Korruption ist ein weites Feld. Wer neben Karl Mays Winnetou-Geschichten auch die über Kara Ben Nemsi Effendi im Orient kennt, der weiß, dass in manchen Teilen der Welt Bestechung zum Geschäftsalltag gehört. Ohne Bestechung kein Geschäft. Bei Karl May öffnete Backschisch die Türen. Es ist noch nicht lange her, da waren an Geschäftspartner im Ausland gezahlte Bestechungsgelder steuerlich als Betriebsausgaben absetzbar (bis zum 1. September 2002). Prof. Johann Graf Lambsdorff entwickelte 1995 den „Corruption Perceptions Index", frei übersetzt „Korruptionswahrnehmungsindex". Grundlage des Index sind Befragungen von Geschäftsleuten und Analysten sowie Untersuchungen unabhängiger Institutionen. Deutschland stand 2018 nur auf Platz 11 von 179 Ländern. Transparency International veröffentlicht den Index jährlich.

Der ehrbare Kaufmann war gestern, Compliance ist heute

Ich schätze die Philosophie und Handlungsgrundsätze des „Ehrbaren Kaufmanns" sehr. Sie enthalten alles Wesentliche, was es für ein gedeihliches Miteinander im Geschäftsleben braucht. Vielleicht ist es der zunehmenden Regulierfreude geschuldet, dass wir mehr über Compliance-Richtlinien als den ehrbaren Kaufmann sprechen, dabei sind es dieselben Grundgedanken.

Der Begriff Compliance kommt ursprünglich aus der US-Finanzbranche mit Fokus auf Bereiche mit hohem Risiko von Insidergeschäften und Interessenkonflikten. In Deutschland entwickelten sich Compliance-Strukturen seit den 1990er-Jahren. Das deutsche Gesellschaftsrecht (AktG, GmbHG, Recht der Personengesellschaften und das Genossenschaftsgesetz) kennt den Ausdruck Compliance jedoch nicht. Der Deutscher Corporate Governance Kodex (DCGK), der von einer Regierungskommission entwickelt wurde und Empfehlungen ausspricht, definiert Compliance als „Gesamtheit aller zumutbaren Maßnahmen, um das regelkonforme Verhalten eines Unternehmens, seiner Organisationsmitglieder und seiner Mitarbeiter im Blick auf alle gesetzlichen Ge- und Verbote zu gewährleisten." Es geht um Transparenz und nicht primär um Verbote oder Verzicht.

In den meisten Konzernen ist die Implementierung eines Compliance-Programms nebst Compliance-Abteilung zur Vorbeugung und Entdeckung von Straftaten selbstverständlich. Doch auch andere Unternehmen haben Compliance-Richtlinien oder einen Verhaltenskodex, eine Art von Betriebsverfassung, den Code of Conduct. Compliance bedeutet auf den Punkt gebracht Regeltreue oder Regelkonformität. Es geht um integres Geschäftsgebaren und dabei sowohl um die Einhaltung gesetzlicher Vorschriften (hard law) als auch um die Beachtung interner Richtlinien und Kodizes (soft law), die das ethische Selbstverständnis des Unternehmens und die Unternehmenskultur widerspiegeln.

Das Compliance-Programm von Thyssen Schulte umfasst beispielsweise drei Elemente: Informieren & Beraten, Identifizieren sowie Berichten & Handeln. Es ist eng mit dem Risikomanagement sowie dem internen Kontrollsystem verzahnt. Viessmann stützt Compliance auf fünf Säulen: Information und Verantwortung der Mitarbeiter, Schulung der Führungskräfte, Informationsaustausch mit Compliance-Officer, Kontrolle durch die Revision und Konsequenzen bei Verstößen.

Compliance-Richtlinien legen fest, wie sich die Mitarbeiter eines Unternehmens intern untereinander und extern gegenüber Kunden und Geschäftspartnern verhalten sollen. U.a. regeln sie, inwiefern Einladungen und Geschenke möglich sind. Sie schaffen für das Unternehmen wie die Mitarbeiter Klarheit, in welchem Rahmen sie sich bewegen können. Es geht um langfristige Wettbewerbsfähigkeit angesichts zunehmender ethischer Anforderungen an Unternehmen.

Wichtig ist die Regelung der Informationspflicht für Mitarbeiter. Sie müssen sich über die in ihrem Verantwortungsbereich geltenden EU-Richtlinien, Gesetze, Vorschriften und internen Anweisungen informieren. In Zweifelsfällen ist Rat bei der Rechtsabteilung, der zuständigen Fachabteilung oder im jeweiligen Land tätigen Juristen einzuholen. Das schafft Klarheit und Sicherheit.

 Ich kann Ihnen nur empfehlen, sich an Compliance-Richtlinien zu halten. In Zweifelsfällen sollten Sie zunächst mit Ihrem Vorgesetzten oder der zuständigen Fachabteilung sprechen und für den Fall, dass Zweifel bleiben, den Compliance-Beauftragten um eine Einschätzung zu bitten. So vermeiden Sie Fehler und machen sich nicht angreifbar. Halten Sie die Reihenfolge ein. Vorgesetzte mögen es nicht, übergangen zu werden. Allerdings regeln die Compliance-Richtlinien der Viessmann Group, dass der Compliance Officer jederzeit direkt angesprochen werden kann – auf Wunsch auch vertraulich und anonym. Das ist wichtig, wenn man Dinge anders einschätzt als Vorgesetzte. Das Regelwerk von Viessmann finden Sie im Web kompakt auf elf Seiten.

Compliance außerhalb von Konzernen

Um Compliance ist es in vielen Unternehmen und gerade im Mittelstand eher schlecht bestellt. Noch sind nicht alle Führungskräfte mit dem Begriff und seiner Umsetzung im Unternehmensalltag ausreichend vertraut. Wenige Mittelständler „leisten" sich eine Compliance-Abteilung. Meist deckt der Geschäftsführer das Thema nebenbei mit ab. Doch das Bewusstsein für den Handlungsbedarf wächst.

Ein Vorreiter im Mittelstand war die KNAUER Wissenschaftliche Geräte GmbH, Berlin, die bereits 2011 einen Code of Conduct aufstellte. Mitgeschäftsführer Dr. Alexander Bünz betonte in einem Interview den Imagegewinn für das Unternehmen: „Wir haben jetzt einen offiziellen Leitfaden, der allen deutlich macht, dass wir ein vorbildliches und verantwortungsbewusstes Unternehmen sind." Als ich das bei der Recherche las, sah ich erneut bestätigt: Es gibt keine Zufälle, denn ich bin seit Jahren der Inhaberin von KNAUER, Alexandra Knauer, freundschaftlich verbunden. Was lag näher, als sie zu interviewen?

> **Liebe Alexandra, wie regelt Knauer Einladungen und Geschenke?**
>
> Wir richten uns nach unseren Compliance-Prinzipien, d. h. zum Beispiel, dass der Umgang mit Geschenken arbeitsvertraglich geregelt ist. Darüber hinaus gibt es eine Richtlinie zum Umgang mit Einladungen, Geschenken und Spenden. Jedem Mitarbeiter ist die Annahme von Geschenken/Vergünstigungen jedweder Art, z. B. von Lieferanten oder Kunden, untersagt. Meine Mitarbeiter sind verpflichtet, jeden Versuch unverzüglich zu melden. Ausgenommen sind Geschenke mit einem Wert von bis zu 40 Euro, da der Austausch kleiner Geschenke zum üblichen Geschäftsgebaren gehört.
>
> Bei Einladungen schauen wir genau hin, denn sie sollten nicht unangemessen sein. Als unangemessen gelten bei uns zum Beispiel Einladungen zu Bundesliga-, National-, Europa- oder Weltmeisterspielen, Einladungen zu Veranstaltungen im Ausland ohne konkreten Bezug zu Auslandsgeschäften oder in unangemessen teure Restaurants bzw. Veranstaltungsorte. KNAUER selbst verteilt in der Regel Werbegeschenke bis 10 Euro und kommt bei teureren Geschenken an Geschäftspartner aus steuerlichen Gründen seiner Aufzeichnungspflicht nach. Wir behandeln diese Themen sehr sensibel.

Um Sie nicht länger auf die Folter zu spannen: Compliance ist nicht dazu da, Networking zu killen. Erforderlich ist jedoch eine sorgfältige Abwägung hinsichtlich der Angemessenheit des Verhaltens. Hier gibt Compliance-Expertin Britta Niemeyer Einschätzungen zu zwei zentralen Fragen im Networking-Kontext. Das komplette Interview finden Sie in der Networking-Lounge No. 5.

> **Liebe Frau Niemeyer, behindern Compliance-Richtlinien Mitarbeiter beim Netzwerken?**
>
> Netzwerken bedeutet Austausch zwischen Menschen. Das ist wichtig für Aufbau und Pflege vertrauensvoller Arbeitsbeziehungen. Compliance-Richtlinien behindern dies nicht. Sie unterstützen dabei, verantwortlich zu handeln. Eine Umsetzung effektiver Compliance-Maßnahmen im Unternehmen setzt voraus, dass wirksame Kommunikation und ein Zusammenspiel von Führung und Fachabteilungen funktioniert. Erst wenn dies gelingt, kann ein Unternehmen auch nach außen überzeugen – gegenüber Kunden, Investoren und Behörden.

Gibt es eine griffige Faustformel, wann z. B. Einladungen und Geschenke okay sind – egal ob gegeben oder angenommen wird?

Die Gewährung und die Annahme solcher Zuwendungen sind unbedenklich, wenn sie moderat und angemessen sind. Maßgeblich für die Beurteilung ist die Sicht des Empfängers: sein Lebensstandard, Ort und seine berufliche Stellung. Zudem dürfen Zuwendungen nicht mit der Absicht gegeben oder angenommen werden, für das Unternehmen oder den betroffenen Mitarbeiter einen unzulässigen Vorteil zu erlangen. Hilfreich ist der „Titelseitentest": Wenn auf der Titelseite einer bekannten Zeitung stehen würde, dass ich die Zuwendung gemacht oder angenommen habe – wäre das für mich ein Problem?

Feste feiern, wie sie fallen, aber ohne Verstöße

Die Auswirkungen von Compliance auf Firmenevents sind einschneidend, die Compliance-Richtlinien wurden über die Jahre verschärft. Gab es früher bei Bewirtung, Unterbringung und dem Unterhaltungsprogramm kaum Einschränkungen, ist nach diversen Skandalen bei VW, aber auch in der Versicherungsbranche ein Wandel eingetreten, um jeden Verdacht der Vorteilsnahme auszuschließen. So bekundet Markus Struppler, CFO der Proske GmbH, in seinem Beitrag „Compliance: Herausforderungen für Firmenveranstaltungen", 2018 in *Chefbüro*, dass klassische Incentivreisen und Belohnungsveranstaltungen praktisch abgeschafft sind. Eine Zukunft könnten Incentives nur bei sachlichem Bezug zu den Themen oder Produkten des einladenden Unternehmens haben. Bei Bildungsveranstaltungen stehe die Wissensvermittlung inzwischen vor Unterhaltung und Spaßeffekten.

 Gerne ergänze ich den Hinweis, dass Wissensvermittlung nicht knochentrocken sein muss, wie u. a. die Ted Talks von Wissenschaftlern belegen. Das darf sie auch nicht: Wenn sich Menschen gut unterhalten fühlen, nehmen sie Wissen und Informationen besser auf. Langweilige Reden gehören zu den sieben Todsünden!

Die Compliance-Richtlinien der Viessmann Group regeln das Verhalten im Bereich Veranstaltungen wie folgt: Die Teilnahme und Durchführung von Fachveranstaltungen ist gewünscht. Auch Einladungen zu und Teilnahme an sozialen, gesellschaftlichen und Freizeitevents sind im geschäftlichen Umfeld zulässig, sofern sich alles im angemessenen Rahmen bewegt. Es darf keinesfalls auch nur der Eindruck erweckt werden, dem fairen Wettbewerb zu schaden oder Interessen zu vermischen.

Die Unsicherheit darüber, was erlaubt ist, führt in manchen Unternehmen zu einer Null-Toleranz-Regelung und der pauschalen Ablehnung von Veranstaltungsaktivitäten. Ein derart undifferenziertes Verbot bringt den Eingeladenen und damit auch das Unternehmen um den möglichen Nutzen von Events mit Netzwerkcharakter. Das killt Networking tatsächlich.

Compliance, Feigenblatt oder gelebte Verantwortung?

Wie Compliance im Unternehmensalltag gelebt wird, hängt davon ab, ob das Chefsache ist oder ein lästiges Übel. Nicht selten erlebt man in anderem Kontext, dass ein „Beauftragter für XY" eine Feigenblattfunktion hat und weder inhaltlich noch personell fähig ist, diese Position auszufüllen. Hier bewegen sich Unternehmen auf glattem Parkett. Beim Thema Innovation betone ich stets, dass diese keine exklusive Aufgabe der Abteilung „Forschung & Entwicklung" ist, sondern die sämtlicher Mitarbeiter und Führungskräfte. Ähnlich ist das bei Compliance. Compliance-Expertin Niemeyer hält Compliance für eine Führungsaufgabe, die nicht an eine Compliance-Abteilung delegiert werden kann.

Networking-Lounge No. 4: Women talk Business

In dieser Lounge treffen Sie drei erfolgreiche Businessfrauen: Die Familienunternehmerin Alexandra Knauer, Compliance-Expertin Britta Niemeyer und die Deutschland Marketing-Chefin der Reederei Cunard Line Anja Tabarelli. Sie sprechen darüber, wie Networking am besten funktioniert. Ich verrate Ihnen: Das Thema Compliance kommt auch hier zur Sprache.

Die Compliance-Expertin: Britta Niemeyer

Persönliches

Dass Britta Niemeyer und ich uns kennenlernten, ist ihrem Vater zu verdanken, der seiner Tochter 2007 mein Erstlingswerk schenkte *Was Männer tun und Frauen wissen müssen – Erfolg durch Networking*. Was für ein Networking-Effekt, über so viele Jahre, Kontakt zu halten. Wir trafen uns 2008 erstmals auf der Women Power in Hannover, wo ich einen Networking-Workshop abhielt und eine Podiumsdiskussion bestritt. Jedes unserer Treffen war bislang spontan vereinbart und in knappe Zeitfenster gepresst. Zeitverknappung erhöht die Intensität und Qualität von Begegnungen, weil man Überflüssiges weglässt. Das ist sehr okay für flexible Leute. Als mich die Frage beschäftigte, wie sich Compliance auf Networking auswirkt, hatte ich eine ausgewiesene Expertin im Bekanntenkreis.

Zur Person

Britta Niemeyer ist Gründerin der Do Purpose GmbH, einer Unternehmensberatung mit dem Fokus auf Integrität und Compliance. Sie berät Führungsverantwortliche bei Aufbau, Weiterentwicklung und Beurteilung effektiver, praxistauglicher Compliance-Programme. Zuvor hat Britta Niemeyer das Thema 15 Jahre in internationalen Konzernen erfolgreich als Chief Compliance Officer global verantwortet. Sie hat regelmäßig gegenüber internationalen Staatsanwaltschaften in USA, Brasilien und Europa für Unternehmen über den Fortschritt der Compliance-Bemühungen berichtet.

Mehr Informationen via www.do-purpose.com

Liebe Frau Niemeyer, welche Bedeutung hat Compliance bei der Beauftragung von Freunden, Bekannten oder Familienmitgliedern?

Hier geht es um das Thema Interessenkonflikte: Diese entstehen, wenn die Eigeninteressen einer Person den geschäftlichen Interessen des Unternehmens entgegenstehen – tatsächlich oder nur dem Anschein nach. Es ist wichtig, Urteilsvermögen und professionelle Unabhängigkeit zu behalten. Dies ist naturgemäß schwierig, wenn es um Familie und Freunde geht.

Welche Eigenschaften sollte ein Compliance-Beauftragter haben, um seinen Job gut machen zu können? Gehört Networking-Kompetenz dazu?

Ein Compliance-Beauftragter sollte Menschen mögen, denn sein Thema ist menschliches Verhalten. Überzeugung und Überzeugungskraft sind wichtig. Das gilt auch für innere Unabhängigkeit. Diese hilft, eigenen Prinzipien treu zu bleiben. Compliance-Arbeit ist immer interdisziplinär und kein Thema für Fachabteilungen, sondern Führungsthema. Networking-Kompetenz ist unabdingbar.

Mitarbeiter der internen Revision werden qua Funktion meistens mehr gefürchtet als geliebt. Wie ist das mit den Compliance-Beauftragten?

Compliance-Beauftragte sind keine Polizisten, die die Einhaltung von Regeln durch Kontrolle sicherstellen. Sie sind auch keine Blitzanlagen, die leuchten, wenn etwas schiefgeht. Compliance-Beauftragte haben ein Bewusstsein und die Kenntnis, wie Menschen mit Regeln umgehen. Sie kennen die Herausforderungen im unternehmerischen Alltag und unterstützen ihre Kollegen dabei, diese erfolgreich und im Einklang mit geltenden Prinzipien zu meistern. Kann man da unbeliebt sein?

Was würden Sie tun, wenn man Ihnen pro Woche zwei bis drei Stunden fürs Netzwerken schenkt?

Ich würde die Zeit in einen persönlichen Austausch mit Menschen investieren und mehr Fragen stellen.

Herzlichen Dank, liebe Frau Niemeyer.

Freuen Sie sich nun auf eine Profi-Netzwerkerin aus dem Mittelstand:

Die Preisgekrönte: Familienunternehmerin Alexandra Knauer

Persönliches

Alexandra Knauer ist eine der bekanntesten und erfolgreichsten Berliner Unternehmerinnen. 2004 lernten wir uns bei der Preisverleihung „Berliner Unternehmerin des Jahres" kennen, wo sie den ersten Platz belegte. Es folgte u. a. der begehrte Preis von Veuve Clicquot Deutschland „Unternehmerin des Jahres", was mich begeisterte, denn die „alte Witwe" war eine herausragende Unternehmerin und ihrer Zeit in jeder Hinsicht weit voraus. Als ich die Eltern von Alexandra Knauer kennenlernte, stellte ich einmal mehr fest, wie viele Berliner aus meiner baden-württembergischen Heimat stammen.

Alexandra Knauer übernahm die Geschäftsführung des elterlichen Unternehmens, als es nach der Wende durch plötzliche Konkurrenz in schwierigem Fahrwasser war. Sie sprang ins kalte Wasser und führte das Unternehmen mit ebenso mutigen wie einschneidenden Maßnahmen wieder zum Erfolg, ohne das technische Know-how ihres Vater Herbert Knauer zu besitzen. Dieser hatte 1962 ein Temperaturmessgerät entwickelt, das bis auf ein Tausendstel Grad genau maß, eine Weltsensation. Zusammen mit seiner Frau Roswitha gründete er seine Firma. KNAUER-Geräte können beispielsweise den Koffeingehalt im Kaffee bestimmen oder Pestizide in Babynahrung nachweisen. Ein Kunde aus den Arabischen Emiraten wollte den Urin von Rennkamelen auf Doping untersuchen. Auch das geht.

Zur Person

Alexandra Knauer ist Geschäftsführerin und Eigentümerin der KNAUER Wissenschaftliche Geräte GmbH in Berlin. Die dort entwickelten Hightech-Labormessgeräte (Chromatografiesysteme und Osmometer) werden in über 70 Länder exportiert. Alexandra Knauer hat an der FU Berlin Betriebswirtschaft studiert. Sie legt großen Wert auf unternehmerische Verantwortung und vertrauensbasierte Führung. Sie ist ehrenamtlich sehr aktiv in vielen Gremien wie dem Beirat Analytical Sciences der Bundesanstalt für Materialforschung und Kuratorien wie dem der Beuth Hochschule in Berlin. Alexandra Knauer ist wie das Unternehmen selbst vielfach preisgekrönt.

Mehr Informationen via www.knauer.net.

Liebe Alexandra, wo oder wie funktioniert Networking für dich am besten?

Networking macht mir Spaß und ist bei vielen Gelegenheiten möglich. In meinem Unternehmen produzieren und verkaufen wir weltweit

High-Tech-Labormessgeräte und ich gehe gerne auf passende Messen und Kongresse, um mit interessanten Partnern ins Gespräch zu kommen. Ich bin zudem ehrenamtlich in Berlin sehr engagiert und Mitglied verschiedener Kuratorien, Beiräte und Aufsichtsräte. Ich sage meine Teilnahme zu, wenn ich die Institution gut finde und ich auch hier neue Kontakte knüpfen kann. Seit einer Weile bin ich auf LinkedIn aktiv und halte dieses Netzwerk auch für hilfreich. Nebenbei besuche ich Veranstaltungen von Netzwerken, die mir Freude machen wie das Unternehmerinnen-Netzwerk Connecting Women, dessen Schirmherrin ich bin, oder beim VBKI, dem Verein Berliner Kaufleute und Industrieller.

Was würdest tun, wenn man dir pro Woche zwei bis drei Stunden fürs Netzwerken schenkt?

Ich könnte vielleicht die eine oder andere Veranstaltung zusätzlich besuchen, denn das persönliche Kennenlernen und miteinander Sprechen verbindet. Es kommt vor, dass es aus Zeitgründen schwierig ist, zeitnah das Follow-up für solche neuen interessanten Kontakte zu schaffen, also z. B. E-Mails zu verschicken, um angedachte Ideen und Vorhaben anzuschieben.

Nutzt du die Kontakte von Mitarbeitern und vernetzt du sie, wenn es möglich ist? Mit welchen Maβnahmen stärkst du die interne Vernetzung?

In meinem Unternehmen arbeiten 140 Mitarbeiter. Da kennt jeder die Kollegen aus dem gleichen Bereich gut, aber nicht automatisch die aus anderen Etagen. Ich versuche, das Kennenlernen zu fördern, z. B. bei gemeinsamen Firmensport-Angeboten, Festen oder Pausen im Garten, beim gegenseitigen Kinderbetreuen (bei Bedarf) oder abteilungsübergreifenden Projekten. Wir haben auch gefilmte Interviews auf unserem „KNAUER Insight"-Portal, bei denen die Mitarbeiter über sich sprechen, z. B. was sie machen und mögen.

Bei KNAUER weiβ man zudem, wie verbindend gemeinsames Kochen und Essen ist. Mehr hierzu finden Sie bei „Never eat alone".

Netzwerken im Urlaub und auf Geschäftsreise

Networking geht überall. Doch es gibt Orte, wo man mit Sicherheit interessante Leute trifft – ohne jeden Zusatzaufwand, man ist ohnehin schon dort. Ich meine Hotelaufenthalte bei Geschäftsreisen und Urlaub auf einem Kreuzfahrtschiff. Wir haben Zeit, womöglich langweilen wir uns nach Besprechungsterminen, haben null Bock, die Wände unsers Hotelzimmers anzustarren. Ich empfehle – ob Sie nun Alkohol mögen oder nicht – die Hotelbar, da mixt man Ihnen auch schicke alkoholfreie Cocktails. Bei einer Atlantiküberfahrt kommen Sie nicht vom Schiff herunter. Also nutzen Sie die vielen Möglichkeiten, um neue Leute kennenzulernen.

Beim Animationsprogramm, bei den sensationellen Essen, beim Flanieren an Deck, am Pool. Ein Kreuzfahrtschiff ist lebendiger als so manche Kleinstadt. Wer ohne neue Kontakte nach Hause kommt, der braucht ein Privatcoaching von mir.

Der nächste Lounge-Gast ist wie Hoteldirektor Masaracchia ein Netzwerk-Profi im Tourismus – beide tun das, weil es ihnen im Blut liegt und sie so viel Freude daran haben, mit Menschen umzugehen und deren Wünsche bestmöglich zu erfüllen.

Die Botschafterin des Hamburger Hafens und Kreuzfahrtpersönlichkeit: Anja Tabarelli

Persönliches

Als ich im Mai 2018 wieder einmal im schönen Hotel Atlantic in Hamburg übernachtete, kam ich auf dem Weg zum Frühstück an aufgereihten Magazinen vorbei, von denen mich ein attraktiver Mann gleich mehrfach anlächelte. Es war *The Queens*, das Kundenmagazin der Kreuzfahrtlinie Cunard Line, mit dem Chief Engineer der Queen Elizabeth, Ian Gillone, auf dem Cover. Bei näherem Hinsehen entdeckte ich einen Löwen im Wappen seiner Offiziersmütze, was mich als Autorin der *Löwen-Strategie* natürlich neugierig machte. Das Magazin gefiel mir so gut, dass ich Anja Tabarelli, Chefredakteurin und zugleich Deutschland-Chefin von Cunard Line, anrief, um ihr ein Kompliment zu machen. Das Gespräch war so interessant, dass ich spontan um ein Interview bat und ihr die Löwen-Strategie schickte. So kam es im Februar 2019 zu einem wunderbaren Interview im Büro von Cunard Line in der Hamburger Hafencity. Zwei Profi-Netzwerkerinnen hatten sich gesucht und gefunden, wobei Frau Tabarelli den Begriff für sich nie verwenden würde.

Zur Person

Anja Tabarelli ist Deutschland-Chefin der renommierten britischen Kreuzfahrtlinie Cunard Line. Die offizielle Bezeichnung der gelernten Reiseverkehrskauffrau lautet Director Sales & Marketing. Ihr ist es zu verdanken, dass der Hype um die Queen Mary 2, dem Lieblingsschiff der Hamburger, entstehen konnte. Ursprünglich sollte das neue Flaggschiff von Cunard Line Hamburg in der Jungfernsaison 2004 nicht anlaufen. Doch so erlebten 400.000 Menschen das damals größte Schiff der Welt. 2005 waren es mehr als 500.000 Menschen, sie brachten den Straßenverkehr zum Erliegen, Hotels und Barkassen waren restlos ausgebucht. Diese Begeisterung begleitet bis heute jeden Schiffsanlauf. Ein doppelter Erfolg: Cunard Line verfünffachte die Zahl der deutschsprachigen Gäste binnen zehn Jahren und Hamburg wurde zum wichtigsten deutschen Kreuzfahrthafen. Bis heute werden ausgewählte Anläufe der Cunard Queens mit begleitenden Events von vielen Schaulustigen entlang der Elbe gefeiert.

Die Stadt Hamburg ehrte Anja Tabarelli 2011 mit dem Titel „Botschafterin des Hamburger Hafens", zugleich wurde sie zur Kreuzfahrtpersönlichkeit des Jahres ernannt. Diese Auszeichnung wurde von Hamburg Tourismus, Hamburg Cruise Center und dem Kreuzfahrtguide verliehen.

Die gebürtige Kielerin hatte sich rasch in einer Branche durchgesetzt, die bei ihrem Start vor 28 Jahren noch eine Männerdomäne war. Mittlerweile arbeiten 18 Mitarbeiter im Hamburger Büro. Die Chefin setzt auf soziale Kompetenzen und lebt diese vor. Für sechs Mitarbeiterinnen schuf sie nach der Elternzeit Halbtagsjobs: „Ich möchte junge Mütter wieder eingliedern und nicht auf ihr Wissen und ihre Erfahrung verzichten, auch wenn sie nicht Vollzeit arbeiten können."

Mehr Informationen via www.cunard.com/de-de.

Liebe Frau Tabarelli, Zeit ist ein knappes Gut – wo oder wie funktioniert Networking für Sie am besten?

Das Wort Networking wird extrem viel gebraucht, fast zu viel. Früher sagte man: Wir setzen uns zusammen. Für mich sind Branchenevents sehr effizient, denn man trifft konzentriert an einem Ort und in einem begrenzten Zeitraum viele bekannte Gesichter, aber auch neue. Ich achte sehr darauf, mich darin nicht zu verlieren, und muss auch nicht um jeden Preis teilnehmen. Mir ist wichtig, auch Abende für mich zu haben.

Von Unternehmensseite haben wir ein jährliches hochkarätiges Event für unsere Top-Vertriebspartner, den Inner Circle: eine zweitägige Schiffsreise, bei der wir unser ganzes Können zeigen und unsere Gäste verwöhnen, um zu vermitteln: Ihr seid etwas Besonderes. Sie sollen den Teamspirit spüren, den vom Team und den, der uns mit ihnen verbindet. Es sind rund 30 Teilnehmer. Die Mischung aus Inhalt und ausgefallenen Freizeitaktivitäten kommt sehr gut an. Wir lassen uns immer etwas einfallen, wie kürzlich eine Schulungsstunde mit einem professionellen Croquet Trainer in einem exklusiven Resort im New Forest, die allen viel Freude machte.

Ich halte viel von dem Grundsatz: Stay in touch, um zu zeigen, wir denken an euch. Wir vom Standort Hamburg gratulieren Vertriebspartnern mit handgeschriebenen Karten zum Geburtstag. Mir ist diese persönliche Note wichtig. Top-Partner bekommen Geschenke zu Weihnachten und zu Ostern. Kleine Geschenke erhalten die Freundschaft, z. B. unser Cunard Kochbuch. (Anmerkung: Ich bekam zu meiner großen Freude ein Kochbuch – ein Augenschmaus mit tollen Rezepten.)

Wir unterhalten natürlich auch auf unterschiedliche Weise gute Beziehungen zum Headquarter in Southampton. Ich bin regelmäßig vor Ort und spreche dann mit möglichst vielen. Auch das ist Networking.

Was würden Sie tun, wenn man Ihnen pro Woche zwei, drei Stunden fürs Netzwerken schenken würde?

Ich würde mir mehr Zeit für Freunde wünschen, nicht unbedingt für mehr Events. Im Grunde netzwerkt man ohnehin den ganzen Tag mit jedem Telefonat, jeder E-Mail, jedem Meeting.

Was funktioniert immer, wenn Sie auf Unbekannte zugehen?

Ein Lächeln funktioniert immer. Es stellt eine erste Verbindung her. Daran schließt sich passender Small Talk an, kein Blablabla. Beim schriftlichen Erstkontakt muss das Entree der Situation angemessen sein. Werde ich angeschrieben, antworte ich locker und vor allem zeitnah, möglichst innerhalb von 24 Stunden. Am besten funktioniert Networking auf einer Ebene, die von Sympathie getragen ist.

Wie bleiben Sie in Kontakt?

Am liebsten halte ich persönlich Kontakt, an zweiter Stelle steht das Telefon. Wenn etwas Herausforderndes ansteht, kann man nicht hin- und herschreiben.

Nutzen Sie die Kontakte von Kunden und Kooperationspartnern systematisch?

Wir haben ein gut funktionierendes CRM-Tool, das datenschutzkonform ist. Wir bleiben auch persönlich in Kontakt. Ein sympathisches Tool ist unser Kundenmagazin *The Queens*, das Kunden automatisch für eine bestimmten Zeitraum erhalten. Interessenten wie Sie können es bestellen. Wir bekommen dafür viel positive Resonanz. Es liegt auf den Schiffen und bei Kooperationspartnern wie dem Hotel Louis C. Jacob aus, mit dem Cunard seit 15 Jahren eng zusammenarbeitet, und der erwähnten Hotellegende Kempinski Atlantic.

Wir haben auf den Schiffen Besprechungsräume für Tagungen, die ConneXions heißen. Dort hatten wir vor einiger Zeit eine Netzwerkveranstaltung für Kooperationspartner und die Presse, die sich um einen historischen Vortrag über die Cunard Line rankte. Nicht zuletzt ist jede Kreuzfahrt eine tolle Möglichkeit, neue Menschen kennenzulernen oder Zeit mit Freunden zu verbringen.

Gemeinsam sind wir stärker

Neuer Zusammenhalt

Die Kapitelüberschrift ist einem Buchtitel von Reiner App, Mitgeschäftsführer des PRAGMA Instituts für empirische Strategieberatung, entliehen: 2014 veröffentlichte er mit Martin Messingschlager *Der neue Zusammenhalt – Warum wir keine Egoisten mehr sind*. Die Herren untersuchten gesellschaftspolitisch und wirtschaftlich relevante Bereiche und sprachen mir damals aus der Seele. Doch m.E. driftet seit ein, zwei Jahren einiges auseinander. Leben und leben lassen, ein bewährtes Prinzip, mit Unterschiedlichkeit umzugehen, wird kaum noch beachtet.

Wir haben nicht nur in den Social Media mittlerweile viel Schubladendenken und schulmeisterliche Belehrung bis hin zu Aggression und unverhohlenem Hass. Unsere Diskussionskultur droht verloren zu gehen, wenn wir nicht aufpassen. Man ist Freund oder Feind, und wer nicht für mich ist, ist gegen mich. Neben den Kategorien schwarz oder weiß gibt es kaum mehr Grauschattierungen, die uns die Freiheit zur Individualität lassen. Dafür findet immer mehr Grüppchenbildung mit Tendenz zum Sektierertum statt. Es geht so weit, dass wissenschaftliche Erkenntnisse ignoriert werden, um Themen klientelgerecht zu forcieren, ohne weitreichende Konsequenzen zu bedenken. Widersprüche werden ignoriert, anstatt den Dingen ergebnisoffen auf den Grund zu gehen. Framing bei öffentlich-rechtlichen Rundfunk- und Fernsehanstalten und gefälschte Berichte wie im Relotius-Fall beim Spiegel erschüttern unser Vertrauen in die wichtige Arbeit der Medien.

Was ist los mit uns? Die Ausschlussfunktion von Netzwerken wird allzu deutlich. Insofern lässt die Möwe Jonathan grüßen. Orwells 1984 ebenso. Ich kann beide Bücher nur sehr empfehlen.

Umweltschutz und Klimawandel – Zusammenhalt oder Spaltung der Gesellschaft?

Umweltschutz ist wichtig. Die Frage ist, wie wir ihn angehen. Dabei sollten wir nicht vergessen, wie klein unser Land ist und wie gering die globalen Auswirkungen sind, selbst wenn wir hier alles richtig machen. Manche Themen lassen sich nur global lösen, was nicht heißt, dass nicht jeder vor seiner Haustür kehren sollte. Und so ist es nur folgerichtig, dass die Friday for Future-Bewegung, die von der Schülerin Greta Thunberg ausgelöst wurde, polarisiert. Für die einen ist Thunberg beinahe eine Heilige, für andere ein personifiziertes Ärgernis. Ich betrachte Friday for Future hier nur unter Networking-Aspekten. Wie immer man zu Thunberg, der Aktion und den Reaktionen darauf stehen mag: Thunberg hat Zehntausende von Schülern dazu gebracht, sich weltweit zusammenzutun. Das ist Networking. Und dann ist da noch sehr viel PR und manch einer, der auf den Zug aufspringt.

Die Wirtschaft entdeckt das Wir

Die Wirtschaft entdeckt das Gemeinschaftsgefühl als Powertool und Kreativitätsförderer: Die Sharing-Economy dehnt sich auf immer mehr Bereiche aus. Coworking wird von Coworking mit Coliving getoppt und explodiert förmlich am Markt. Viele Mitarbeiter wollen vernetzt sein, mehr Community jenseits von Team- und Abteilungseinheiten. Crowd-Funding und -Investing boomen. Die Mikrokreditidee von Prof. Muhammad Yunus ist weltweit etabliert. Crowd-Lending, Konsumentenkredite von Privaten an Private, entwickelt sich. Grund genug, Reiner App zu befragen, wie er den neuen Zusammenhalt heute sieht:

> Lieber Herr App, wie sehen Sie Ihr Buch *Der neue Zusammenhalt – Warum wir keine Egoisten mehr sind*, gut fünf Jahre nach Erscheinen?

Tatsächlich könnten wir das Buch heute in Teilen nicht mehr so schreiben. Es gibt zwei gegenläufige Entwicklungen: Einerseits neue Formen des Zusammenhalts und es muss sie auch geben. Andererseits sehen Menschen den Zusammenhalt bedroht. Sie haben Ängste. Viele sehen den Job bedroht durch Digitalisierung, Globalisierung und anderes. Wir beraten Unternehmen, Organisationen und Institutionen dahingehend, dass sie neuen Zusammenhalt stiften, sowohl intern als auch extern. In Unternehmen ist der Zusammenhalt oft gefährdet, weil Abteilungen zwar zusammenhalten, dies jedoch gegen andere tun. Am Ende werden 90 Prozent der Energie nach innen gerichtet und mit Selbstbeschäftigung verbraucht. Diese Energie fehlt dann für den Kunden.

Vieles ist härter geworden durch das Internet, die Social Media. In vielen Bereichen herrscht eine Blasenkultur: Wir bestätigen uns selbst und verlieren die Eigenschaft, mit Menschen ins Gespräch zu kommen, die anders denken und sprechen. Wir halten innerhalb der Gruppe zusammen. Es fehlt jedoch an gruppenübergreifendem Zusammenhalt. Darum haben es die Parteien und Kirchen derzeit so schwer: Zahlreiche interne Gruppierungen meinen, in den Kirchen die Deutungshoheit zu haben und den anderen vorgeben zu müssen, wie der Glaube richtig zu verstehen und zu leben ist. Es wird anderen das Bemühen aberkannt, ihn richtig zu leben. In der Politik zersplittert unser Parteienspektrum immer mehr, ohne dass die Menschen sich in den Parteien besser wiederfänden. Ich bin der Meinung, dass Volksparteien gerade heute gebraucht werden. Sie müssen sich allerdings neu erfinden, um die verschiedenen Gruppierungen auf neue Art zu verbinden.

Es besteht in unserer Gesellschaft ein Bedürfnis, die eigene Identität anhand von Merkmalen und mithilfe von Abgrenzung zu anderen zu bestimmen. Menschen gehen für Umwelt oder für ihre sexuelle Orientierung auf die Straße, fordern Toleranz, doch bisweilen passiert das Paradox, dabei intolerant zu werden.

Ist die Sharing Economy mehr als eine bloße Zweckgemeinschaft?

Man darf bei der Zweckorientiertheit nicht die Werte übersehen, die dahinterstehen. Betrachtet man das Couch Surfing, so nutzen das auch Leute, die darauf ökonomisch nicht angewiesen sind. Sie wollen andere kennenlernen. Oft teilt man den Lebensstil. Geteilte Werte binden stark. Auch bei E-Mobility und Car-Sharing begegnen sich Leute in der Gruppe und formen eine Gemeinschaft. Es entstehen neue Wohnformen, neue Quartiere mit viel gemeinschaftlichem Raum. Die Menschen teilen Lebensweisen und Werte. Der springende Punkt ist allerdings, dass die Einigkeit in Abgrenzung zu anderen gelebt wird. Das kann eine aggressive Komponenten annehmen dadurch, dass man andere nicht verstehen will, wie zum Beispiel im Spannungsfeld von Radfahrern und Autofahrern.

So geht Community – Die hippen Kuchen-Gang-Omas mit ihren Lieferopas

Kuchentratsch, ein preisgekröntes Beispiel von Generationen übergreifendem Zusammenhalt, bestätigt: Nicht nur die Anhänger des Ikigai wissen, dass es gerade betagten Menschen guttut, sich mit anderen zusammen zu beschäftigen. Doch viele Pensionäre haben keine Möglichkeit, etwas Sinnvolles zu tun. Daher gründete Katharina Mayer 2014 in München das soziale Start-up „Kuchentratsch". Sie setzt auf „Omas und Opas" – und das in einer Gesellschaft, in der schon die Altersgruppe 45+ zum alten Eisen zählt. Katharina Mayer studierte BWL mit Schwerpunkt Sozial- und Gesundheitsmanagement und beschäftigte sich mit gesellschaftlicher Verantwortung in der Wirtschaft. Beides verschmolz in ihrer Idee: Omas backen den besten Kuchen, haben aber oft keinen Ort, Leute kennenzulernen und etwas zur Rente dazuzuverdienen. Kunden wiederum wünschen sich Kuchen, wie ihn nur Großmütter zaubern können.

Ca. 50 Rührlöffel schwingende Zauberinnen, Lieferopas und Lieferomas sind auf Mini-Job-Basis angestellt. Letztere liefern den Kuchen in München aus, die Post tut es deutschlandweit. Katharina Mayer plant bereits die Expansion nach Zürich und Wien. Bestseller ist übrigens der Karottenkuchen von Oma Irmgard. Sie ist mit 80 die älteste Bäckerin und richtig geschäftstüchtig: Kürzlich wollte sie mir via LinkedIn – hört hört, auf dieser Businessplattform – Kuchen verkaufen und ist nur daran gescheitert, dass ich gerne selbst backe. Doch ich habe sie weiterempfohlen.

2018 waren Dagmar Wöhrl und Carsten Maschmeyer, zwei der Juroren der Sendung „Die Höhle der Löwen", so von Kuchentratsch begeistert, dass sie zusammen 100.000 Euro investierten. Die Bertelsmann Stiftung prämierte Kuchentratsch 2019 mit dem Preis #meingutesbeispiel in der Kategorie

„Kleine und mittlere Unternehmen". Bravo, ein wirklich innovatives Geschäftsmodell, das zeigt: Man kann Gutes tun und dabei Geld verdienen.

 Man könnte Ähnliches in jeder Stadt machen, auch mit den besten Oma-Suppen. Die Gemüsesuppe meiner Oma mütterlicherseits war ebenso unwiderstehlich wie der Kirschplotzer der Ha(a)sen-Oma. Omas machen einfach glücklich.

Networking-Lounge No. 5: Gemeinsam kommen wir besser voran

Es nicht nicht wirklich neu, sich zusammenzutun oder Dinge zu teilen. Schon früher nutzten in Dörfern mehrere Familien ein Backhaus zum Brotbacken. Und die Rechtsform der Genossenschaft bietet seit dem Mittelalter viele Möglichkeiten, Dinge in einem festgelegten Rahmen gemeinsam zu tun. Sie dürfen sich daher auf ein Interview mit dem Geschäftsführer der Winzergenossenschaft Lauffener Weingärtner freuen, Marian Kopp. Reiner App, den Sie schon kennen, hat sich bereits 2015 mit dem neuen Zusammenhalt beschäftigt. Hier kommt ein Update. Und auch die Chefin der Berliner Verkehrsbetriebe Dr. Sigrid Nikutta passt gut in diesen Kontext, denn wir bewegen uns in Städten gemeinsam fort.

Der pragmatische Forscher: Reiner App

Persönliches

Ein kluger Kopf, den ich über die Social Media kannte, machte Reiner App und mich miteinander bekannt. Das war vor über zehn Jahren. Jedenfalls erinnere ich mich genau an unser erstes Treffen an einem meiner liebsten, weil schönsten Berliner Orte, dem Café Wintergarten im Literaturhaus in der Fasanenstraße. Mit von der Partie war der schöne Justus, ein Hundeschatz, der mir sprichwörtlich zu Füßen lag. Menschen, die Tiere lieben, haben bei mir einen satten Bonus und ihre Tiere bekommen schon mal ein Päckchen mit Leckereien – persönlich adressiert.

Reiner App hat sich sehr um mein Buch *Die Löwen-Strategie* verdient gemacht. Durch die Forschungs- und Beratungsarbeit seines Unternehmens, des Pragma Instituts für empirische Strategieberatung, ist er nah an den Themen unserer Zeit, die er stets auch durch die wirtschaftliche Brille betrachtet. Das macht seinen Rat für mich besonders wertvoll, denn meine Themen sind Businessthemen.

Zur Person

Reiner App ist Geschäftsführer des PRAGMA Instituts für empirische Strategieberatung (Sitz Reutlingen/Bamberg). Der studierte Germanist und Wirtschaftsgeograf war zwei Jahrzehnte im Journalismus tätig, bevor er mit Kollegen der Universität Bamberg das PRAGMA Institut mit patentierten Zielgruppen- und Beratungsmodellen aufbaute. Tätigkeitsschwerpunkte sind die Strategie- und Organisationsberatung auf empirischer Basis. Zu den Kunden zählen institutionelle und Unternehmenskunden, von großen Versicherungen und Messeanbietern über Kommunen, Kirchen, Stiftungen bis hin zu Theatern, Konzerthäusern und Museen.

Mehr Informationen via www.pragma-beratung.de.

Lieber Herr App, wo oder wie funktioniert Networking für Sie am besten?

Networking funktioniert bei mir am besten, wenn ich den Rahmen klar definiert habe, worum es geht. Ich habe viele Partner in gemeinsamen Themenfeldern wie Organisations- und Prozessentwicklung oder Change Management. Es ist wichtig, zu wissen, welche Motivation die Partner haben. Dem Satz „Netzwerke schaden nur dem, der keine hat!" stimme ich nicht uneingeschränkt zu. Netzwerke können enorm schaden, indem sie Zeit und Energie rauben und die Fokussierung stören. Ein gemeinsames Ziel ist wichtig. Es muss nicht immer konkret fassbar sein. Bei meinen Aktivitäten im Kulturbereich verbinden sich zum Beispiel Kulturunternehmen mit anderen Unternehmen mit dem Ziel, gemeinsam den Prozess zur Verbesserung der kulturellen Angebote voranzutreiben. Das reicht vom Austausch bis zu gemeinsamen Projekten.

Das Ziel muss geteilt werden. Wenn einer nur Austausch anstrebt, während der andere erwartet, dass ihm Kunden verschafft werden, wird das schwierig. Darüber muss man sprechen, entweder ist das möglich und gewünscht oder nicht. Oft dient ein Gespräch der inneren Vergewisserung. Wir beide diskutieren, um ein fundiertes Feedback zu bekommen und den Blick von außen. Meines Erachtens sind Menschen, die nur mit Blick auf geschäftlichen Nutzen netzwerken, arme Würstchen. Der andere Pol ist das Netzwerken mit Gott und der Welt. Auch das macht wenig Sinn.

Was würden Sie tun, wenn man Ihnen pro Woche zwei bis drei Stunden fürs Netzwerken schenkt?

Das ist eine schwierige Frage und eine schwierige Abgrenzung. Ich bin stark ehrenamtlich engagiert und erfahre von der Seite oft den Wunsch, ich möge diesbezüglich noch mehr netzwerken. Ich würde die geschenkte Zeit jedoch nicht hierauf verwenden, sondern für Themenfelder meines Unternehmens, um Netzwerke zu verstärken und da und dort themenspezifisch einen Kongress zu planen. Wenn ich diese zwei bis drei Stunden freischaufeln müsste, ginge das nur auf Kosten des Privatlebens und der Freizeit.

Wie bleiben Sie in Kontakt?

Das ist von Feld zu Feld unterschiedlich. Ich bin ein Planer. In bestimmten Frequenzen steht im Kalender, wen ich anrufen sollte. Es würde sonst nicht passieren, dem hohen Arbeitsdruck geschuldet. Networking ist für mich nicht das Sahnehäubchen der Berufstätigkeit, sondern Key Asset einer ökonomischen Tätigkeit auch bei hohem Druck neben Akquise und Ideenmanagement. Networking muss allerdings professionell betrieben werden.

Ich kommuniziere viel telefonisch, nehme mir aber auch Zeit für gemeinsame Essen, was wahrscheinlich unserer Kultur im Süden der Republik geschuldet ist. Es fallen tatsächlich hohe Bewirtungskosten an. Ich leiste sie mir, um mit ausgewählten Menschen in einem informellen Rahmen sprechen zu können. Kunden empfehle ich Kaminabende für ihre Kunden und Multiplikatoren mit einem festen Rahmen, festen Themen und Raum für mehr.

Nutzen Sie die Kontakte von Kunden und Kooperationspartnern systematisch?

Ja, sogar sehr weitgehend. Wir haben im Kulturbereich zum Beispiel einen Top-Partner aus Finnland. Mit ihm zusammen haben wir ein gemeinsames riesiges Netzwerk im Kulturbereich geschaffen.

Und so funktioniert genossenschaftlicher Zusammenhalt:

Wein und Marketing sind seine Leidenschaft: Marian Kopp

Persönliches

Dass Sie Marian Kopp hier treffen, ist ein Netzwerkeffekt. Ein guter Freund hatte mir eine außergewöhnliche Flasche Sekt geschenkt: einen Lauffener Katzenbeißer Schwarzriesling Rosé. Ich hatte stets meine liebe Not mit flüssigem Rosé – egal ob Wein, Sekt oder Champagner –, doch dieser Sekt war vorzüglich, die Farbe zauberhaft. Das war der Beginn einer wunderbaren Geschäftsbeziehung zur Winzergenossenschaft Lauffener Weingärtner.

Als die erwähnte Premiere meines Buches *Die Löwen-Strategie* im Mai 2017 im Hotel Mercure MOA bei Paolo Masaracchia anstand, fragte ich an, ob die Lauffener Weingärtner das Event mit ein paar Karton Katzenbeißer Sekt unterstützen. Es kämen jede Menge Baden-Württemberger und der ehemalige Chef der Deutschen Bahn, der Unternehmer Heinz Dürr, sei bei der Podiumsdiskussion an Bord. Ich bekam eine freundliche E-Mail, die damit anfing: „Wir bekommen solche Sponsoring-Anfragen täglich."

Oh weh, doch es ging sehr charmant weiter: „Eigentlich müssten wir absagen, doch weil es sich um eine Buchvorstellung handelt und wir einen neuen Wein mit dem Namen „Lesestoff" kreiert haben, werden wir uns mit Lesestoff beteiligen." Und nicht nur das: Der Geschäftsführer Marian Kopp war selbst in Berlin zugegen.

Ich hatte eine tolle Buchpremiere mit Vortrag, Lesung und Podiumsdiskussion. Zudem waren die Gäste auch vom flüssigen Lesestoff hingerissen. Nachdem die Diskutanten zum Dank eine Flasche Lesestoff erhalten hatten, wollte Heinz Dürr wissen, wie der Wein schmeckt. Also probierten wir ihn noch auf der Bühne. Wie schön für Marian Kopp, dass Heinz Dürr den Gästen zuprostete: „Der schmeckt gut, den könnt ihr kaufen."

Zur Person

Marian Kopp ist ein „Marketer" in besten Sinne. Seit seinem Studium der Betriebswirtschaft in Frankfurt liegt seine Passion im Bereich Marketing für hochwertige Konsumgüter (speziell: beim Wein) und der strategischen Marken- und Unternehmensführung. Er war in verschiedenen Wein-, Sekt- und Spirituosen-Unternehmen, u. a. in Südafrika und USA, tätig und leitet heute als geschäftsführender Vorstand die Lauffener Weingärtner eG, eine der renommiertesten deutschen Winzergenossenschaften mit rund 1.200 Mitgliedern. Sein neuester „Coup" ist die Einführung des „Lauffener „WYNE®" – der erste deutsche Rotwein, der in schottischen Whiskyfässern seine Nach-Reife erhält.

Mehr Informationen via www.lauffener-wein.de.

Lieber Herr Kopp, Sie sind Geschäftsführer einer der erfolgreichsten deutschen Winzergenossenschaften. Ist eine Winzergenossenschaft mehr als eine Verkaufsgemeinschaft? Gibt es eine Vision oder Mission?

Unsere Vision ist das langfristige, fast utopische Ziel, in einer idealen Welt die besten Weine zu erzeugen und hochpreisiger und wertschöpfender zu verkaufen. Davon leitet sich die Mission ab, Qualitäts- und Preisführer zu werden und als Zwischenziel Innovationsführer. Wir wollen alle zwei Jahre eine neue Markenlinie bzw. einen wirklich innovativen Wein herausbringen. Wir haben dabei ein Wertkonzept wie beim „Lesestoff Rotwein Cuvée". Er liegt beim Doppelten des Durchschnittspreises. Ein weiteres Ziel ist die Bindung unserer Genossenschaftsmitglieder. Unsere Arbeit trägt zudem zum Erhalt der Kulturlandschaft im Lauffener Neckartal bei.

Welche Berührungspunkte gibt es mit den einzelnen Winzern? Wie intensiv ist der Kontakt?

Es gibt die formale Mitgliedschaft, die Lieferanbindung und die Vertretung nach außen durch uns. Unsere Winzer sind als Mitglieder und Anteilseigner der Winzergenossenschaft, anders als bei einer GmbH, nicht „nur Kapitalgeber", sie sind auch Lieferanten der Trauben, aus denen wir den Wein machen. Als Lieferant ist ihr wichtigster Berührungspunkt die Annahmestation beim Abliefern der Trauben. Doch schon im Vorfeld der Ernte sind wir in Kontakt wegen der Traubenqualität. Hohe Identifikationskraft entfalten gemeinsame Veranstaltungen.

Die einzelnen Mitglieder sind in der Genossenschaft unterschiedlich aktiv. Ca. 10 Prozent würde ich als sehr aktiv bezeichnen. Dabei sind alle Alterskassen vertreten. Es sind viele 50 bis 60-jährige etablierte Winzer dabei. Zwischen 30 und 40 bauen verständlicherweise viele ihren Betrieb und die Familie auf und konzentrieren die Kraft darauf. Die Aktiven empfinden sich wie eine große Familie und freuen sich, wenn ihre Weine bundesweit in den Weinregalen, bei Weinfesten und Messen gesehen werden. Das ist wie ein zusätzliches Schulterklopfen.

Wo und wie netzwerken Sie?

Es gibt mehrere Zielrichtungen mit unterschiedlichen Netzwerken entlang der Wertschöpfungskette des Weins. Ein Netzwerk setzt sich aus den sogenannten Absatzmittlern zusammen, den Einkäufern aus dem Fach- und Lebensmittelhandel sowie Gastronomen. Gerade bei den Gastronomen bestehen langjährige Vertrauensbeziehungen. So konnte ich kürzlich einem Gastronom eine neue Weinkreation verkaufen, noch bevor sie auf dem Markt war. Ich habe letztlich Hoffnung verkauft. Daneben gibt es ein Netzwerk unter Kollegen. Da geht es um Know-how rund um die Weinproduktion. Für Personal-, aber auch für technische Themen habe ich ein sogenanntes Offene-Augen-Netzwerk: Es wirkt wie ein Fangnetz für alles Interessante. Sollte z. B. ein Mitarbeiter durch Krankheit ausfallen oder kündigen, weiß ich, wen ich ansprechen kann. Auch bei technischen Problemen kann ich Fachleute anrufen, ohne dass es gleich etwas kostet.

Wichtig sind die Netzwerke im eigenen Unternehmen jenseits der Hierarchien. Man muss die Mechanismen und die einzelnen Menschen kennen, die erreichen, dass Mitarbeiter Außergewöhnliches tun. Im Mittelstand sind die Strukturen überschaubarer als in Konzernen, das macht es leichter.

Wie nutzen Sie die Kontakte der Genossenschaftsmitglieder und wie vernetzen Sie diese?

Wir haben eine offene Kommunikation und ein Verständnis von Gemeinsamkeit und Unterstützung. Auch in die Außenauftritte binden wir die Mitglieder ein. Das ist jedoch freiwillig. Sie sollen Freude daran haben, insbesondere wenn sie bei Messen unsere Weine vertreten. Wir haben interne Informationsveranstaltungen, an denen 150 – 200 Mitglieder teilnehmen, und informieren mit regelmäßigen Rundbriefen. Auch die aktive Website verbindet. Ein Blog ist in Vorbereitung. Auf den Social-Media-Plattformen sind wir präsent. Ein wichtiges Kommunikationselement nach außen und innen sind unsere Wein-Etiketten. Sie sind das, was das Cover für ein Buch ist: Sie verschaffen das Entree.

Wie nutzen Sie die Kontakte von Kunden und Kooperationspartnern?

Wir haben sehr effektive Marketingpartnerschaften in Kampagnen mit klarem Geschäftszweck, z. B. mit Feinkost Dittmann. Dittmann ist wie wir ein mittelständisches Unternehmen in der Food-Branche. Da funktionieren Geschäfte auch mal, wenn es eilt, per Handschlag. Solche Kooperationen leben von Sympathie und Vertrauen. Das Verhältnis ist sehr kollegial. Die beste, weil „angewandte Marktforschung" findet bei uns im Kundengespräch in der Vinothek statt, wenn wir einen neuen Wein testen.

Lieber Herr Kopp, darauf stoßen wir an.

Es gibt noch etwas, das Menschen gemeinsam tun: Sie nutzen Transportmittel gemeinsam. Lange vor Car-Sharing waren Menschen gemeinsam in Postkutschen unterwegs. Es folgten Eisenbahnen, Straßenbahnen und Busse, wir fliegen und sind in Städten unterwegs. Ohne einen funktionierenden öffentlichen Personennahverkehr würden die Städte kollabieren.

Sie managt jeden Transport: Dr. Sigrid Nikutta

Persönliches

In Deutschland stehen nur wenige Frauen an der Spitze großer Unternehmen. Daher freue ich mich immer, eine von ihnen kennenzulernen. Frau Dr. Nikutta ist seit 2010 Vorstandsvorsitzende der Berliner Verkehrsbetriebe (kurz: BVG), einem landeseigenen Unternehmen mit 15.000 Mitarbeitern. Ich kannte sie von Podiumsdiskussionen und war vom veränderten, flotten Marktauftritt der BVG begeistert. Von einer privaten Seite erlebte ich Frau Dr. Nikutta 2012, als ihr das Familienunternehmen Mestemacher Lifestyle Bakery den begehrten Preis „Managerin des Jahres" verlieh.

Frau Dr. Nikutta hat fünf Kinder. Bei männlichen CEOs würde das nicht erwähnt. Für die meisten Frauen bedeuten jedoch mehrere Kinder einen Karriere-Knick oder das Karriere-Aus. Dr. Sigrid Nikutta vereinbarte mit ihrem Mann, dem Controller Christoph Mönnikes, eine eher unkonventionelle Aufgabenverteilung: Sie ernährt mit ihrem Gehalt die Familie, während er diese tagsüber in Vollzeit managt, solange die Kinder klein sind. 2013 zeichnete Mestemacher Christoph Mönnikes als Mann der vorjährigen Managerin des Jahres mit einem Sonderpreis als „Spitzenvater" aus. „Spitzenväter" sind Männer, die ihrer Frau in besonders vorbildlicher Weise den Rücken freihalten, indem sie ganz oder zeitweise ihre eigene berufliche Karriere auf Eis legen. Ich betrachte das Team Mönnikes-Nikutta als echtes Vorbild für junge Paare. Chapeau.

Wir sehen uns regelmäßig bei den Preisverleihungen Spitzenväter und Managerin des Jahres. Beide Preise des Hauses Mestemacher setzen gesellschaftspolitische Signale und sind als jährliche Netzwerkevents mit 200 bzw. 350 Gästen fast wie Familientreffen mit interessanten Menschen aus ganz Deutschland.

Zur Person

Dr. Sigrid Evelyn Nikutta ist seit 2010 Vorstandesvorsitzende der Berliner Verkehrsbetriebe und die erste Frau an der Spitze des Unternehmens. Sie hat die BVG nach sieben Jahrzehnten wieder in die schwarzen Zahlen geführt. Dr. Nikutta studierte Psychologie mit dem Schwerpunkt Arbeits-, Betriebs- und Organisationspsychologie und promovierte 2009 an der Ludwig-Maximilians-Universität München unter dem Titel „Mit 60 im Management – Vorstand oder altes Eisen?". Ab 1993 war sie im Management eines mittelständischen Unternehmens in Bielefeld, bevor sie 1996 zur Deutschen Bahn AG wechselte. 15 Jahre bekleidete sie dort zahlreiche Leitungsfunktionen. Unter anderem war sie Personalleiterin bei DB Schenker Rail im Schienengüterverkehrsbereich, Leiterin der Produktion und Sprecherin der Geschäftsführung des Transportbereichs Ganzzugverkehr in Mainz und zuletzt Vorstand Produktion beim DB-Tochterunternehmen Schenker Rail Polska.

Dr. Nikutta ist Aufsichtsratsvorsitzende der BT Berlin Transport GmbH sowie des Instituts für Bahntechnik. Sie ist Senatsmitglied des Deutschen Zentrums für Luft- und Raumfahrt, Präsidiumsmitglied des Deutschen Verkehrsforums und des Verbands Deutscher Verkehrsunternehmen sowie Policy Board Member des Internationalen Verbands für öffentliches Verkehrswesen. 2017 erhielt sie den Berliner Frauenpreis für ihr konsequentes und erfolgreiches Engagement für Frauenförderung und Gleichstellung bei der BVG.

Mehr Informationen via www.bvg.de.

Ich startete das Interview mit einen Riesenkompliment für die freundlichen und adretten Busfahrerinnen der BVG, denn der eine oder andere Kollege gleicht eher einem wortkargen Brummbären. „Berliner Schnauze mit Herz" hin oder her: Charme ist das Tüpfelchen auf dem i. Frau Dr. Nikutta berichtete, dass die tüchtigen Ladys die Umgangsformen positiv beeinflussen. Das glaube ich gerne, denn Ähnliches erwähnte eine Führungskraft des Berliner Siemens Dampfturbinenwerkes vor Jahren: Sobald Frauen Teil der Belegschaft waren, änderte sich der Umgangston und die Blaumänner wurden öfters in die Wäscherei gegeben. Mit einem ehrlichen Kompliment zu starten ist übrigens einer meiner ultimativen Small Talk-Tipps.

Liebe Frau Dr. Nikutta, was verstehen Sie unter Networking?

Die für meine berufliche Entwicklung, fachlichen Entscheidungen und strategischen Einschätzungen relevanten Ansprechpartner so gut zu kennen, dass man sich auch ohne Umwege anrufen kann.

Wo und wie funktioniert Networking für Sie am besten?

Zum einen gibt es die klassischen institutionalisierten Kreise, wie Verbände, Interessenvertretungen und Organisationen, in denen über regelmäßige Termine und Treffen Beziehungen gepflegt werden. Dazu gehören zum Beispiel hier in Berlin die vielen Neujahrsempfänge. Wenn der Regierende Bürgermeister einlädt, trifft man natürlich sehr viele für Politik, Wirtschaft und Medien interessante Leute. Parallel dazu gibt es informelle Kreise. Dazu gehören natürlich auch private Kontakte und damit Menschen aus ganz unterschiedlichen Bereichen. Wichtig ist, immer offen für Neues zu sein, und so nehme ich auch bewusst Einladungen zu Veranstaltungen an, bei denen ich nur einen oder wenige Menschen kenne.

Wie wichtig sind die Social Media für Sie?

Unser Unternehmen ist sehr präsent in den sozialen Medien. U-Bahn, Straßenbahn und Bus haben jeweils ihren eigenen Twitter-Account und können so schnell und vor allen Dingen sehr zeitnah auf unsere Kunden reagieren. Ich ganz persönlich nutze Twitter eher selten. Für mich steht immer noch der persönliche Kontakt im Vordergrund. Wenn ich das Telefon schon in der Hand habe, kann ich auch anrufen.

Was würden Sie tun, wenn man Ihnen wöchentlich zwei bis drei Stunden zum Netzwerken schenken würde?

Ich würde mir jeweils drei Leute aussuchen, mit denen ich schon länger und vor allem intensiver diskutieren wollte. Es wären Gespräche im kleinen Kreis zu zweit, zu dritt, maximal zu viert. Ich habe da eine ziemlich illustre Liste vor meinem geistigen Auge, Frauen und Männer aus ganz unterschiedlichen Metiers, die ich immer schon mal treffen wollte. Entsprechend bunt gewürfelt sind die Themen. Sie reichen von Wirtschaft, über Verkehrswende, Politik, Wissenschaft und Kunst bis hin zu Kindern und den Höhen und Tiefen des Alltags.

Wie funktioniert die interne Vernetzung in der BVG?

So ein gewaltiges, gut organisiertes und eng verknüpftes Verkehrsangebot, das Tag für Tag rund um die Uhr für seine Fahrgäste zur Verfügung steht, funktioniert nur, wenn alle Beteiligten gut informiert und miteinander quasi auch in einem Netzwerk verbunden sind. Bei uns gehören regelmäßige Treffen, Absprachen und die Weiterleitung von wichtigen Informationen zum Alltag. So haben wir selbstverständlich eine Mitarbeiter-App, die zum einen tagesaktuelle Informationen ins Unternehmen gibt und zum anderen auch dazu dient, den Kontakt der Mitarbeiter untereinander zu erleichtern.

Uns ist wichtig, dass die Mitarbeiter informiert sind. Wenn ein Fahrgast fragt, warum die Straßenbahn nur alle sieben statt alle fünf Minuten fährt, sollte der Fahrer wissen, dass der Grund eine Baustelle ist. Wenn Mitarbeiter mehr wissen und verstehen, fühlen sie sich ernst genommen und sind dann auch in der Lage, qualifizierte Auskünfte zu geben. So sind auch die Fahrgäste besser informiert und haben mehr Verständnis für etwaige Verzögerungen etc. Aktuelle Themen und Informationen sollten so schnell wie möglich an die Mitarbeiter weitergegeben werden. Wenn morgen in der Zeitung steht, dass die BVG einen neuen Bus testet, dann müssen unsere Mitarbeiter sagen können: „Weiß ich schon."

Natürlich erfordert das auch eine offene und schnelle Kommunikation in und mit den verschiedenen Leitungsebenen. Wir haben die Erfahrung gemacht, dass ein gutes Mittel, Transparenz unter uns Führungskräften zu sichern, die bewusste Vernetzung unserer Terminkalender ist. Man sieht, wer wann mit wem spricht, und gibt dann gezielt Informationen, ein Update oder eine sonstige Hilfestellung, die der andere für das Gespräch braucht.

Durch Pensionierungen kann viel an Kontakten und Know-how verloren gehen. Wie geht die BVG damit um?

Wir achten sehr darauf, dass kein Wissen verloren geht, wenn Mitarbeiter in Rente gehen. Wir können Stellen überlappend besetzen. Normalerweise für neun Monate, an neuralgischen Stellen jedoch auch schon einmal zwei Jahre. Wir fangen mit der Planung zwei bis drei Jahre vor dem Ausscheiden von Mitarbeitern an. Hier ist eine Portion Fingerspitzengefühl gefragt. Es ist schon eine Umstellung, wenn plötzlich eine Person nebenher „mitläuft". Doch viele sind stolz, dass sie ihr langjähriges Wissen und ihre Erfahrungen weiterreichen können.

Inzwischen ermöglichen wir pensionierten Mitarbeitern die stundenweise Rückkehr in den alten Beruf. Das betrifft insbesondere Fahrerinnen und Fahrer. Das ist eine neue Lernerfahrung. Wir kommen als landeseigenes Unternehmen ursprünglich aus einem Bereich mit Personalüberhang. Dass wir Personal suchen, ist noch nicht so lange der Fall. Erfreulicherweise sind viele ältere Mitarbeiter an einer Beschäftigung über die Regelaltersgrenze hinaus interessiert.

Der Unterstützer der Frauen: Friedensnobelpreisträger Muhammad Yunus

Prof. Muhammad Yunus, Gründer der Grameen Bank, wurde auf dem Global Summit of Women in Basel (s. Networking-Lounge 8) für seinen lebenslangen Einsatz für Frauen mit dem Global Women Leadership Award ausgezeichnet. Leider gab er keine Interviews. Man mag es Zufall nennen, ich nenne es Fügung: Als ich nach der Preisverleihung auf die Straßenbahn wartete, kam er mit dem Geschäftsführer seiner „THE YY Foundation" des Wegs. Natürlich nutzte ich die Chance und dankte Prof. Yunus für all das, was er für Millionen von Frauen mit seiner Mikrokreditidee, die er zunächst privat finanzierte, weltweit bewirkt. Ich beschenkte ihn spontan mit einem Glücksstein, einem handgefertigten Handschmeichler, der für Kunden und andere nette Menschen gedacht ist. Prof. Yunus war so unglaublich freundlich, dass ich wagte, um ein kurzes schriftliches Interview zu bitten. Sie wurde gewährt.

Fachkräftemangel: Sind wir in Not oder fehlt die Fantasie?

Mitarbeiter sind unsere wichtigstes Asset, tönt es überall. Seit Jahren. Ja, es ist richtig: Mitarbeiter sind neben dem Kundenstamm und dem geistigen Eigentum wie Patenten das wichtigste Kapital von Unternehmen. Wie wahr das ist, zeigt der zunehmende Fachkräftemangel: Wenn Aufträge nicht mehr bearbeitet werden können oder immer häufiger Verzögerungen entstehen, weil Mitarbeiter ungeplant ausfallen und kein Ersatz gefunden wird, geht das ans Eingemachte. Doch nicht nur das: Stellen können dauerhaft nicht besetzt werden oder nur mit Leuten, von denen mir ein Geschäftsführer aus der Krankenhaus- und Pflegebranche sagte, noch vor fünf Jahren hätte man deren Bewerbungsunterlagen einfach weggelegt. Nun sei man schon dankbar für die 90 Prozent-Kandidaten, Menschen, die das Anforderungsprofil in wesentlichen Punkten gerade einmal zu 90 Prozent erfüllen bei ganz „normalen" Tätigkeiten. Die Konsequenzen für die Ertragslage, die Wettbewerbsfähigkeit und nicht zuletzt auch für die Innovationsfähigkeit sind gravierend. Wir müssen handeln.

Es ist richtig: Es gibt den demografischen Wandel. Bis in fünf Jahren gehen viele Babyboomer in Pension. Gefühlt übermorgen. Doch der demografische Wandel ist keine Entschuldigung. Seit zig Jahren wird über den Fachkräftemangel gesprochen. Mir drängt sich immer mehr die Frage auf, ob er nicht großenteils von den Unternehmen, der Politik und der Gesellschaft hausgemacht und damit selbst verschuldet ist.

Zum einen bilden viele Unternehmen nicht aus, zum anderen schickt man Arbeitnehmer noch immer lange vor der Pensionsgrenze nach Hause. Von den vielen gut ausgebildeten Frauen, die aus unterschiedlichsten Gründe nur Teilzeit oder auf 450-Euro-Basis arbeiten oder in prekären Solounternehmen ein kärgliches Dasein fristen, ganz zu schweigen. Auch behinderte Menschen haben auf dem Arbeitsmarkt wenig Chancen. Es ist höchste Zeit, das zu ändern.

Auch die anhaltende Tendenz, dass zu wenig junge Leute ein Handwerk erlernen und auch keine sonstige Ausbildung machen, schadet uns. Viele Jugendliche oder ihre Eltern meinen, sie müssten studieren, als wäre dies die einzige Option, eine erfüllende Arbeit zu finden. Die wäre übrigens nach einer Lehre nicht unbedingt schlechter bezahlt als ein Job mit Studienabschluss. Davon abgesehen spricht die hohe Studienabbrecherquote von 30 Prozent eine deutliche Sprache über die Eignung zum Studium und die falsche Vorstellung davon. Wir setzen falsche Anreize und wecken Hoffnungen, die sich nicht erfüllen: Viele Akademiker leben in prekären Verhältnissen, doch das Handwerk hat goldenen Boden. Das weiß jeder, der dringend einen Handwerker brauchte.

Unternehmen können dem Fachkräftemangel schon jetzt begegnen, indem sie ihren Fokus schärfen und die persönlichen Netzwerke der Mitarbeiter als zentralen Zugang zur Mitarbeiter- und Talentgewinnung begreifen und zu einem Aktivposten machen. Weitere Chancen bietet die Etablierung von Rückkehrerprogrammen, die sich an ehemalige Mitarbeiter und Menschen richten, die längere Zeit keinen Job hatten. Die Amerikanerin Carol Fishman Cohen ist in diesem Bereich Vordenkerin und Gründerin der Plattform iRelaunch, die u. a. entsprechende „Career Re-entry-Programme" listet, siehe www.irelaunch.com.

Hebt den Schatz: Mitarbeiter sind Tripple-Netzwerkknoten

Mitarbeiter sind viel mehr als Arbeitskräfte und Know-how-Träger. Sie haben Netzwerke, die dem Arbeitgeber von extremem Nutzen sein können. Sie können großartige Botschafter des Unternehmens sein, die Produkte und Dienstleistungen selbst nutzen und gerne weiterempfehlen und neue Mitarbeiter rekrutieren. Allerdings ist eines sicher: Mitarbeiter werden auf ihre wertvollen persönlichen Netzwerke nur dann für den Job zugreifen, wenn ihnen ihre Aufgabe und die Firma wichtig sind und dieses Engagement auch als wertvoll anerkannt wird. Ebenso sicher ist es von größtem Vorteil, gut vernetzte Mitarbeiter einzustellen und auch Menschen, die zwar noch kein großes Netzwerk haben, jedoch den Willen und die Fähigkeit, Beziehungen aufzubauen und am Laufen zu halten.

Viele Mitarbeiter haben direkten Kontakt zu Kunden und Dienstleistern, aber auch zu Kollegen in anderen Unternehmen und Experten. Das sind unendlich viele Optionen, das Unternehmen über die Mitarbeiter gut zu vernetzen. Sie als Führungskraft sollten sie dabei unterstützen und ihnen keine Steine in den Weg legen, während Sie als Mitarbeiter genau diese Unterstützung einfordern sollten, zu beiderseitigem Nutzen. Die Beziehungen der Mitarbeiter zu Kunden sind durch das Tagesgeschäft häufig viel intensiver als die Kundenbeziehungen von Führungskräften.

Jeder Mitarbeiter, ob Teammitglied oder Führungskraft, hat ein Privatleben, ein familiäres Umfeld, einen Freundes- und Bekanntenkreis und Freizeitaktivitäten vom Sport über soziales, ehrenamtliches bis zum politischen Engagement. Den alten Grundsatz, man solle Privates und Geschäft trennen, sehe ich mittlerweile sehr differenziert. Wir leben in Zeiten, in denen sich durch die Social Media und Smartphones beide Sphären überlappen. Leben und arbeiten sind für viele Menschen keine getrennten Welten. Man betrachte nur die Start-up-Kultur. Doch auch für viele freiberuflich Tätige und Unternehmer gilt das: Wir arbeiten von überall aus und sind rund um die Uhr verfügbar. Ob das gut ist, sei dahingestellt.

Mitarbeiter sind nicht nur in Teams oder Abteilungen eingebunden, sondern Teil eines großen Ganzen. Wie sehr sie sich dem Unternehmen zugehörig fühlen, hängt nicht nur von ihnen ab, sondern von der Unternehmenskultur und den Vorgesetzten. Ein gutes betriebliches Netzwerk erleichtert Mitarbeitern durch schnellen oder sogar barrierefreien Zugang zu Informationen die Arbeit und lässt sie über den Tellerrand ihrer Abteilung schauen. So begreifen sie das Unternehmen als Ganzes. Das verbessert und beschleunigt die Arbeitsergebnisse unmittelbar.

Der Networking-Masterplan für Führungskräfte – spielen nach neuen Regeln

Eine meiner wichtigsten Erkenntnisse für Unternehmen, Führungskräfte und angehende Führungskräfte, aber auch für Mitarbeiter ist: Networking ist eine zentrale Führungsaufgabe: Es reicht nicht, dass Führungskräfte gut vernetzt sind. Es erleichtert deren eigene Arbeit ungemein und führt zu besseren Ergebnissen, wenn Mitarbeiter über starke interne und externe Verbindungen verfügen. Fühlen sie sich wohl, werden sie für ihre Arbeit und das Unternehmen auch auf ihre privaten Netzwerke zurückgreifen. Mitarbeitern sei zugerufen: Nehmen Sie Ihre Vorgesetzten in die Pflicht, Sie beim beruflichen Netzwerkaufbau aktiv zu unterstützen. Wenn diese das nicht tun, vergeuden Sie womöglich Ihre Zeit. Bewerben Sie sich in eine andere Abteilung, wo man Sie mehr fördert, oder orientieren Sie sich neu.

Seit Jahren beobachte ich jedoch, wie schlecht die interne Vernetzung und der Wissenstransfer in vielen Unternehmen funktioniert. Zum Teil wird beides systematisch behindert. Ein gravierender Grund ist die Unternehmenskultur: Wird fehlende Offenheit und Vertrauen von ganz oben vorgelebt, setzt sich das in den folgenden Hierarchiestufen fort. Die Folge ist: Mitarbeiter resignieren oder folgen anderen Verlockungen. Es gibt genügend Unternehmen, die sie mit Kusshand nehmen. Ein anderer Grund sind einzelne Führungskräfte: Es gibt schwache Vorgesetzte, die ihr sogenanntes Herrschaftswissen wie einen Schatz hüten. Hinzu kommen Fehlbesetzungen. Oft werden geschätzte Experten zur Führungskraft befördert, die bislang im Elfenbeinturm arbeiteten und schlecht vernetzt sind. Häufig waren sie in ihrer alten Funktion glücklicher und auch den Mitarbeitern hätte man einiges erspart, hätte man die Experten Experten sein lassen. Daneben gibt es die Unfähigen und die Unerfahrenen, die allein gelassen werden.

Führungskräfte sollten neben der internen auch die externe Vernetzung der Mitarbeiter vorantreiben. Schicken Sie sie zu Messen, Kongressen und anderen Events und zur Fortbildung. Dort werden sie – entsprechendes Networking-Know-how vorausgesetzt – innerhalb sehr begrenzter Zeit viele neue und vor allem hochwertige Kontakte knüpfen und alte pflegen. Die Kosten werden durch den Nutzen schnell eingespielt. Bitte rechnen Sie nicht jeden Cent auf.

Heben Sie den Schatz. Vergolden Sie Ihre Mitarbeiter: Was für eine Reichweite! Was für ein Potenzial, Ideen zu generieren und mit anderen zusammen zu innovativen Lösungen zu kommen. Sie erinnern sich an die Stärke der schwachen Beziehungen und dass wir über sechs Menschen mit allen anderen verbunden sind. Bei Spezialfragen wird Ihnen wahrscheinlich jemand außerhalb des Unternehmens weiterhelfen können.

Gerne stimme ich Bill Gates zu, dem das Zitat zugeschrieben wird: „Wenn wir auf das nächste Jahrhundert schauen, dann werden diejenigen Führer sein, die andere ermutigen." Ich ergänze: Es werden diejenigen sein, die ihre Mitarbeiter beim Wachsen unterstützen, indem sie ihnen zuvorderst helfen, unternehmensintern gut vernetzt zu sein. Jürgen Klopp hat das verinnerlicht, wie seine Leitsätze aus dem Video „The Art of Leadership 2019", Die Kunst der Führung 2019, zeigen: „Lebe für die Spieler. Beziehungen sind #1. Sei empathisch, verstehe und unterstütze. Umgib dich mit Experten. Gib zu, wenn du von etwas keine Ahnung hast. Lerne die Namen aller." Damit kommt jede Führungskraft sehr weit. D*ie Welt* nennt Klopp übrigens den Größermacher.

Bringen Sie Ihren Mitarbeitern das Netzwerken bei, wenn sie es nicht können.

> Mein ehemaliger Chef und Mentor machte es richtig: Am ersten Arbeitstag gab er mir eine Liste mit 20, 30 wichtigen Personen aus dem Konzern, die ich in den ersten vier, fünf Wochen kennenlernen sollte: Bereichsleiter, Geschäftsführer in Beteiligungen und wichtige Menschen an Schnittstellen. Als noch unbeschriebenes Blatt war ich überall willkommen und erfuhr viel über die Arbeit in anderen Bereichen und die Menschen dort. Diese ersten Gespräche haben mir später, als es um Fachliches ging, sehr geholfen.

Bau dir ein Team: Werdet ein Team

Personal relationships are the fertile soil from which all advancement, all success, all achievement in real life grow.

Ben Stein, Schauspieler

Networking mit Mitarbeitern kann in einem sehr frühen Stadium beginnen und muss nicht mit deren aktiver Tätigkeit enden. Doch Mitarbeiter und Arbeitgeber müssen das wollen und ggf. auch Strukturen dafür schaffen. Die Praxis sieht häufig anders aus. Schade, denn der alte Deal aus früheren Zeiten interessiert die ganz Jungen, aber auch viele Menschen 30+ nicht mehr: lebenslange Arbeitsplatzsicherheit im Austausch gegen Loyalität gegenüber dem Unternehmen.

Wir brauchen den motivierenden Gedanken des Winning Team. Ein Team ist nichts anderes als ein kleines oder größeres Netzwerk, das in der Regel von anderen geschaffen wurde. Viele Teams funktionieren aus zwei Gründen nicht: Es fehlt an Teamgeist und charismatischer Führung. Es ist eine anspruchsvolle und nicht immer leichte Aufgabe, ein gutes Team zusammenzustellen. Ein eingeschworenes Team, das durch dick und dünn geht, ist von unschätzbarem Wert. Damit es so ist, müssen die Bedingungen stimmen. Schauen Sie sich Wiederholungen der Kult-Serie „Das A-Team" aus den späten 1980er-Jahren an oder aktuell die Serie Vikings – dann ist alles klar.

Just do it: Mach es!

Sobald sich jemand bewirbt, hat ein Unternehmen die Chance, eine Beziehung zum potenziellen Mitarbeiter aufzubauen. Doch was passiert? Bewerbungsprozesse dauern ewig, Bewerbungsgespräche sind schlecht vorbereitet oder verlaufen inquisitorisch. Das ist nicht mehr zeitgemäß. Kommt es zur Einigung, dauert es wiederum, bis die Verträge unterzeichnet sind. Dazwischen springen die besten Bewerber ab. Nach Vertragsschluss ist meistens erst einmal Funkstille. Ein herzliches Willkommen sieht anders aus. Die Anzahl derer, die ihre Stelle nicht antreten, ist hoch. Am ersten Arbeitstag denken 15 Prozent bereits an Kündigung. Ein Drittel der neuen Mitarbeiter kündigt innerhalb der Probezeit. Das kann sich kein Unternehmen leisten, denn das kostet richtig Geld, Zeit und Nerven.

Noch eine Chance bleibt überwiegend ungenutzt: Manche Absagen könnten zu etwas Positivem führen, wenn man dem Bewerber sagt, er passe möglicherweise anderswo im Unternehmen oder zu einem anderen Unternehmen, er möge sich an Frau XY wenden. Oder man nimmt ihn oder sie in den Pool interessanter Menschen mit Potenzial auf, das Einverständnis vorausgesetzt. Das ist intelligentes Netzwerken. Es denkt auch an morgen und übermorgen. Selbst wenn es mit der Empfehlung nicht klappt, bleiben Sie in guter Erinnerung. Das ist gut, denn man sieht sich im Leben immer zweimal.

Hurra, endlich neue Mitarbeiter, neue Kollegen

Nun haben sich gleich zwei zu bewähren: der neue Mitarbeiter, die neue Kollegin, aber auch das vorhandene Team, die Vorgesetzte, der Chef und das Unternehmen als Ganzes. Doch häufig ist der Arbeitsplatz nicht vorbereitet: Kein Zugang zum Computer, keine Visitenkarten, keiner hat sich Gedanken gemacht, was der oder die Neue am ersten Arbeitstag tun soll. Die Chefin ganztags in Besprechungen oder der Boss im Urlaub. Der Dienstantritt kam ja auch völlig unvermutet. Warum werden so viele Fehler beim sogenannten Onboarding und davor gemacht?

Null Bock – oder innerlich gekündigt

Mitarbeiter sind wertvoll. Das stimmt allerdings nur, wenn sie engagiert, kreativ und motiviert sind und sich mit dem Unternehmen oder der Organisation identifizieren. Das scheint mehrheitlich nicht der Fall zu sein, denn das Gallup Institution berichtet 2018, dass 14, 15 Prozent der Mitarbeiter innerlich gekündigt haben und 71 Prozent nur Dienst nach Vorschrift machen. Der Prozentsatz schwankt seit Jahren kaum. Beide Personengruppen werden ein Unternehmen nicht voranbringen. Von pauschaler Vorgesetztenschelte halte ich ebenso wenig wie von pauschaler Arbeitnehmerschelte. Vieles läuft auf beiden Seiten schief. Umso wichtiger ist die Personalauswahl auf jeder Ebene. John Davidson Rockefeller soll gesagt haben: „Was mich betrifft, so zahle ich für die Fähigkeit, Menschen richtig zu behandeln, mehr als für irgendeine andere auf der Welt."

Aus den Augen, aus dem Sinn

Expatriates, die aus dem Ausland zurückkommen, selbst die aus Job-Rotations-Programmen, erleben häufig Schwierigkeiten und auch Menschen, die elternzeitbedingt nicht an Bord waren, klagen. Ich höre immer wieder, dass Unternehmen deren Angebot nicht annehmen, während Elternzeit auf dem Laufenden bleiben zu wollen. Klingt ein wenig nach: Aus den Augen, aus dem Sinn.

Feigenblätter sind nicht sexy

Feel Good- und Chief Happiness-Beauftragte haben oft nur Feigenblattfunktion. Wenn die Unternehmenskultur insgesamt nicht stimmt, hilft auch ein Yoga-Kurs- und Massagen-am-Arbeitsplatz-Angebot nicht viel. Eine ganz andere Qualität hat der Feelgood-Faktor, wenn er Chefsache ist wie bei Jürgen Klopp, Chef des FC Liverpool, und laut *Manager Magazin* (Maiausgabe 2019) der „Feelgood Boss". Er denkt ganzheitlich und schaut nicht nur auf die Spieler. Deren Erfolg ist auch den Betreuern und Helfern zu verdanken. Daher lernte Klopp, neu in Liverpool, die Namen aller Teammitglieder auswendig, um sie persönlich ansprechen zu können. Das verlangte er auch von den Spielern. Vermeintlich kleine Dinge machen einen großen Unterschied: Nichts hören Menschen so gerne wie den eigenen Namen.

Nachhaltige Wirkung entfalten Mentoring-Programme, Patenmodelle, aber auch Alumni-Netzwerke. Hierzu gibt es später noch viel zu sagen.

Gemeinsames Erleben für beste Verbindungen

Unternehmen können – unabhängig von spannenden Themen und Aufgaben – einiges tun, damit Mitarbeiter gerne für sie arbeiten. Der Schüssel ist Gemeinsamkeit ohne Zwang, sich zu beteiligen. Man kann eine Kultur nicht durch E-Mails oder Memos ändern. Doch man kann sie durch gute Beziehungen ändern. Jedes einzelne Gespräch trägt dazu bei.

Die neue Einsamkeit

Allein – und nicht nur Kevin in New York. In unserer supervernetzten Welt, in der Connectivity über alles geht, sind Menschen einsam. Susan Pinker beschäftigte sich damit, dass Menschen nur noch wenige tragfähige Beziehungen haben und wie wenig sie mit anderen sprechen. Andere Studien fanden heraus, was sicher viele sofort unterschreiben: In langjährigen Beziehungen geht der Gesprächsstoff aus. Es sollen täglich nur acht bis zehn Minuten sein, in denen Paare sich wirklich unterhalten. Andere Studien sprechen immerhin von durchschnittlich 102 Minuten, wobei die nicht Verheirateten es auf ein paar Minuten mehr bringen als Ehepaare. Friedrich W. Nietzsche hätte dazu eine Erklärung: „Eine gute Ehe beruht auf dem Talent zur Freundschaft. Nicht mangelnde Liebe, sondern mangelnde Freundschaft führt zu unglücklichen Ehen."

Auch am Arbeitsplatz sind Menschen einsam. Kommunikation findet zunehmend digital statt. Kollegen schreiben sich E-Mails, obwohl sie nur drei Zimmern voneinander entfernt arbeiten. Und dann ist da noch das Home-Office, das wohl doch nicht so beliebt ist, wie viele meinen.

Essen und trinken hält Leib und Seele zusammen – auch in Betrieben

Essen und Trinken ist mehr als Nahrungsaufnahme. Es stärkt die Gemeinschaft und fördert die Kommunikation.

Never eat alone

2018 hatte ich das Vergnügen, mit dem Verein der Baden-Württemberger in Berlin e. V. den Bosch Campus IoT – Internet of Things – zu besuchen. Über das Haus verteilt gibt es nicht nur Teeküchen, sondern auch eine große Essküche in der obersten Etage. Sie wird von den Mitarbeitern gerne zum gemeinsamen Kochen und Essen in größerem Stil genutzt. Bei schönem

Wetter lockt die Dachterrasse nach draußen. Gemeinsames Kochen verbindet ebenso wie gemeinsam verbrachte Pausen am Kickertisch. Auch sonst macht sich Bosch Gedanken um die Verpflegung: Es gibt Kühlschränke für Lebensmittelboxen, die Mitarbeiter bei einem Drittanbieter dorthin bestellen können.

Auch die Chefin der KNAUER Wissenschaftliche Geräte GmbH, Alexandra Knauer, weiß um die positive Wirkung des gemeinsamen Essens:

> „Es gibt einen großen Küchenbereich namens Milkyway mit einem Tresen und der Möglichkeit, dass dort alle Mitarbeiter zusammen essen können. Gemeinsam zu kochen und danach ein leckeres selbst hergestelltes Gericht zu genießen ist eine wunderbare Sache. Ein Team findet sich zusammen und kocht z. B. anlässlich des Geburtstags der Chefin oder serviert leckere Bratäpfel mit Vanillesauce beim Adventskaffeetrinken in großer Runde. Jedes Frühjahr gibt es bei uns den beliebten Salattag. Jeder kann sich anmelden und gegen eine sehr geringe Gebühr immer mittwochs gemeinsam Salate und Dressings kreieren und verspeisen. Es bilden sich immer Grüppchen: Manchmal geben sechs Personen die ausgewählten Zutaten in eine große Schüssel oder es finden sich zwei, die gemeinsam Grünes schnippeln. Lockere Gespräche und Gelächter kommen dabei nicht zu kurz."

Das alles zählt zu „kleine Ursache, große Wirkung" und sollte in ähnlicher Weise in jedem Unternehmen möglich sein. Wo Platz für eine Küche fehlt, da tut es auch die Sammelbestellung von Pasta und Pizza, die miteinander im Besprechungsraum verspeist wird. Auch leckerer Kuchen vom Blech wird niemals verschmäht. Schon gar nicht, wenn der Boss oder die Chefin mit Geschick selbst zugange war.

Die Never-eat-alone-App

Vor einigen Jahren entdeckte Marie Schneegans als Praktikantin bei der Schweizer Großbank UBS Folgendes: Es kam super an, dass sie, weil sie niemanden kannte, Mitarbeiter fragte, ob sie Zeit und Lust auf ein gemeinsames Mittagessen hätten. Keith Ferrazzi lässt grüßen. Sie entwickelte mit einem Freund die Never-eat-alone-App und gründete ein Unternehmen, das mittlerweile Millionen Euro wert sein soll. Gekauft wird die App insbesondere von großen Unternehmen. Der Grund liegt auf der Hand: Viele Menschen vereinsamen am Arbeitsplatz. Sie sind eben nicht oder falsch vernetzt.

Du bist, was du isst

Beim Essen geht es auch um die Gesundheit und Leistungsfähigkeit von Mitarbeitern. Angesichts der hohen Ausfallzeiten durch Krankheiten zähle ich den Zugang zu hochwertigen Mahlzeiten zu den Präventionsmaßnahmen, denn viele essen nichts in der Mittagspause oder versorgen sich mit dem, was sie am bequemsten bekommen. Oft ist das Junk Food. Doch immer mehr Unternehmern betrachten die Verpflegung der Mitarbeiter als Teil des Gesundheitskonzepts. Wir alten Lateiner haben im Kopf: Mens sana in corpore sano. Ein gesunder Geist steckt in einem gesunden Körper. Noch ist gesunde Ernährung in vielen Kantinen und Mensen eher Zukunftsmusik. Doch die Zeiten haben sich geändert und die wenigsten arbeiten körperlich schwer. Wir kommen mit weniger Kalorien aus als früher. Gerade Übergewichtigen helfen 2000-Kalorien-Mahlzeiten nicht.

Beinahe wäre ein wertvoller Hinweis meiner Mutter in einer Nebenablage verschüttet gegangen: „Fischer Dübel – Mitarbeiter – Mittagessen – Sternekoch – never eat alone – Chefsache". Der Gründer und Inhaber von Fischer Dübel, Prof. Klaus Fischer, legt nicht nur bei seinen Produkten höchsten Wert auf Qualität, sondern auch bei dem, was auf dem Kantinentisch kommt. Das Unternehmen schießt viel Geld zu, um hohe Qualität günstig anbieten zu können. Und mehr noch: Einmal im Monat kochen Sterneköche für die Mitarbeiter. Wie könnte man Wertschätzung besser ausdrücken als mit einem solchen Highlight. Mich wundert das übrigens nicht: Wir Baden-Württemberger wissen eine gute Küche zu schätzen.

Und dann ist da noch der Feelgood Boss

Das *Manager Magazin* zitiert Jürgen Klopp im Abonnenten-Exklusiv-Bericht „Die Magie des Motivators" am 17. April 2019 damit, dass er nach der Philosophie lebe, dass es den Menschen um ihn herum gut gehen solle. Als Feelgood Boss hat er auch die Verpflegung seiner Mannschaft im Blick: Deshalb ist neben einem Fitnessguru eine Ernährungsspezialistin an Bord. Sie studiert die Blutwerte der Spieler per App und passt ggf. die Ernährung an. Selbst die Ernährung zu Hause ist im Fokus: Die Partnerinnen der Spieler bekommen Kochkurse. Jürgen Klopps Einsatz wurde belohnt: Der FC Liverpool wurde am 1. Juni 2019 nach sechs Finalniederlagen in Serie Champions-League-Sieger in Madrid. Herzlichen Glückwunsch, Jürgen Klopp! Ich freue mich sehr für ihn. Wie viele böse Sprüche von Neidern und Besserwissern blieben ihm erspart.

Zusammenarbeit neu gedacht

Die Wirtschaft hat erkannt, dass Menschen Interaktion mit Menschen schätzen und deshalb anders arbeiten möchten. Hinzu kommt die Erkenntnis, dass kreatives Arbeiten schwer mit festen Arbeitszeiten und unflexiblen Arbeitsplätzen zu verbinden ist. New Work und agiles Arbeiten ist daher in aller Munde. Design-Thinking nicht zu vergessen. Und wie bei jeder Aufgeregtheit ist sehr viel heiße Luft dabei. Kein Unternehmen wird agiler, weil eine Hochglanzbroschüre oder ein Booklet aus recyceltem Papier das als Losung ausgibt. New Work ist mehr als ein witziges Bällebad, bunte Wände und stylische Sofaecken. Es geht um einen Wandel von Unternehmenskultur und Mindset.

Es ist begrüßenswert, sich zu überlegen, in welcher Atmosphäre Menschen gerne arbeiten. Allerdings geschieht das nicht aus purer Nettigkeit, sondern letztlich aus zwei Gründen: Einerseits bringen Menschen, die sich wohlfühlen, bessere und innovativere Ergebnisse zustande. Andererseits geht es um Wettbewerbsfähigkeit in Sachen Mitarbeiter und Talentakquisition: Der Druck vom Markt ist da. Er ist in vielen Bereichen ein Bewerbermarkt. Also sollte man sich überlegen, was die begehrte Zielgruppe anspricht. Gerade jüngere Bewerber entscheiden sich für Unternehmen, bei denen das Gesamtpaket aus Gehalt und anderen Komponenten stimmt.

Start-up-Kultur: das neue Superding?

Seit einigen Jahren pilgern die Vorstandschefs von Dax-Unternehmen ins Silicon Valley, um sich von der Start-up-Atmosphäre und -Denke inspirieren zu lassen. Mittlerweile gehört der Silicon-Valley-Trip beinahe schon zum Pflichtprogramm der CEOs anderer Unternehmen. Es werden auch Reisen nach Afrika oder Israel angeboten, wo es lebendige Start-up-Kulturen gibt. Meiner Meinung nach bringt Start-up-Sightseeing mit Kurzvorträgen bei Start-ups außer ein paar tollen Fotos nicht allzu viel. Eine Start-up-Kultur in bestehenden Unternehmen etablieren zu wollen halte ich wegen der kulturellen Unterschiede ohnehin für extrem schwierig: Der schwere Tanker und das schnittige Riva-Boot oder der sportive Jetski in einem Gebäude?

Bosch hat den Bosch Campus IoT in einem eigenen Gebäude etabliert und setzt auf unterschiedliche Arbeitsplatzformen und frisches Design mit vielen spielerischen Elementen. So gibt es neben Großraumbüros für Projekte mit großen Teams Besprechungsräume, die bewusst mit Stehtischen ausgestattet sind. Dies erhöht die Konzentration und verkürzt Besprechungen, wie ich auch von anderen Unternehmen weiß, deren morgendliche 15-Minuten-Steh-Besprechungen hoch effizient sind. Zusätzlich gibt es Ruhezonen für konzentriertes Arbeiten und Häuschen, die an eine Telefonzelle erinnern. Sie sind sowohl zum Telefonieren gedacht als auch für „Deep Work" – wenn einer wirklich seine Ruhe braucht beim Nachdenken. Nicht zuletzt gibt es eine „Garage" als Hommage an die Garagen-Gründungen von Bill Gates, Steve Jobs & Woszniak und anderen. Dort finden Vorträge statt. Da bei unserer Besichtigung gegen 19 Uhr kaum noch Mitarbeiter da waren, fragte ich nach: Das ist so gewollt. Bosch bietet Start-up-Kultur, verbindet diese jedoch mit den Vorzügen geregelter Arbeitszeiten. Vielleicht könnte sich manches Start-up diesbezüglich inspirieren lassen. Das Konzept scheint aufzugehen. Es gibt großes Interesse, dort zu arbeiten.

Auch das architektonische Konzept des Bosch Campus IoT ist interessant. Er ist in einem eigens entkernten Gebäudeteil des ehemaligen Ullstein-Verlagshauses beheimatet. Beim Betreten fällt ein uralter Campingwagen auf – ein Rückzugsort zum Nachdenken oder für Zweier-Besprechungen. Durch den Innenhof führt eine riesige Treppe hinauf. Sie ist ein echter Kommunikationsknoten. Eine Führungskraft aus Asien merkte an, er habe auf dieser Treppe in einer Woche mehr Mitarbeiter getroffen und gesprochen als sonst in einem Monat in seiner Stammlocation.

SAP geht andere Wege, wie Personalchef Younosi berichtet:

> **Manche Konzerne versuchen, Start-up-Kulturen zu etablieren oder kaufen Start-ups ein – wie geht SAP vor?**
>
> Wir sind interessiert an neuen Ideen aus aller Welt. Deshalb investiert SAP Risikokapital in Start-ups. Es geht um B2B und um Innovationskultur. Wir haben einen Start-up-Accelerator, der allgemein die Zusammenarbeit und Vernetzung von SAP in die verschiedensten interessanten Start-Ups und eine Partnerschaft ermöglicht, von der alle profitieren. Uns ist bei diesem Thema besonders wichtig, Frauen und Unternehmerinnen zu fördern. Deswegen investieren wir in Start-ups, die weibliche CEOs oder zumindest zu 60 Prozent weibliche Vorstände oder Geschäftsführer haben. Außerdem gibt es Bereiche, die zum Beispiel auf Start-ups fokussiert sind, welche im Bereich zukunftsfähige Bildung und Klima unterwegs sind.
>
> Prinzipiell unterscheidet wir uns von anderen Firmen dadurch, dass wir Start-ups aus aller Welt unterstützen und vor allem auch externe Gründer. Der Austausch von Wissen, Connections und der Zugang zu Mitteln schafft dabei einen einzigartigen Mehrwert und Vorsprung. Er fördert außerdem die Innovationskultur- und fähigkeit von SAP, gibt Mitarbeitern Freiräume, sich auszuleben, und ermuntert, Neues zu probieren und Veränderungen in der Welt zu begleiten, statt sie zu fürchten.

Berlin ist zu Recht stolz auf seine Start-up-Szene. Doch letztlich ist sie winzig gegenüber der schieren Zahl an Start-ups in China. Andreas Winarski postet bei LinkedIn am 28.6.2019: „Allein in Beijing Chaoyong, dem Berlin Mitte der chinesischen Hauptstadt, sind aktuell 360.000 Start-ups registriert." Wir müssen uns in Deutschland ranhalten in Sachen Innovation. Dabei helfen die richtigen Verbindungen, doch genau die scheinen zu fehlen. Laut einer Umfrage des Branchenverbandes Bitcom arbeiten 67 Prozent der deutschen Unternehmen nicht mit Start-ups zusammen. Die Begründungen hierfür sprechen eine deutliche Sprache: 73 Prozent fehlen die Kontakte, 53 Prozent die Zeit. Das darf nicht wahr sein!

New Work: Coworking, Home-Office & Co

Home-Office hat viele Vorteile, aber auch einen großen Nachteil: Ist der Home-Office-Anteil sehr hoch und die Präsenz vor Ort im Unternehmen entsprechend kurz, sind Mitarbeiter von vielem abgeschnitten, was vor Ort passiert. Das kann zur Vereinsamung führen und tangiert den Zusammenhalt mit den Kollegen und Kolleginnen, weil dieser entscheidend von der persönlichen Begegnung lebt. Wer kaum da ist, wird zum Fremdkörper. Sind jedoch fast alle Mitarbeiter on the road, ist die Intensität der Beziehungen insgesamt schwach. Die neue Herausforderung für Unternehmen ist: Wie identifizieren sich Mitarbeiter mit einem Arbeitgeber, mit dem sie überwiegend oder fast ausschließlich digital verbunden sind? Das erfordert Networking-Know-how.

Das Microsoft Hauptquartier in München, genannt „Smart Workspace", sieht für ca. 1.900 Mitarbeiter in der Zentrale 1.100 Arbeitsplätze unterschiedlichster Art vor. Microsoft machte den Schritt von der Vertrauensarbeitszeit zum Vertrauensarbeitsort, ohnehin arbeiten viele Mitarbeiter bei Kunden. Der Personalchef Deutschland Markus Köhler sagte bereits 2016 im DO Magazin von Design Offices: „Das Büro wird immer mehr zur sozialen Versorgungsader des Unternehmens." In immer weniger gemeinsamer Zeit wird die Kommunikation wichtiger, um alles am Laufen zu halten. Genau da werden persönliche Kontakte gepflegt, findet Austausch statt. Laut Köhler bedeutet die Flexibilität enorme Vorleistung und Arbeit aufseiten des Unternehmens.

Auch SAP hat verschiedene Raum- und Arbeitsplatzkonzepte. Gerne lasse ich erneut Personalchef Cawa Younosi zu Wort kommen:

> **Gibt es bei SAP New-Work-Ansätze, welche die Vernetzung fördern?**
>
> Wir machen das, was richtig ist, und folgen keinen Moden, denn am Ende des Tages geht es immer darum, den verschiedenen Mitarbeitern mit ihren unterschiedlichen Bedürfnissen und Wünschen gerecht zu werden. Daher setzen wir schon immer auf ein breites Angebot und lassen die Mitarbeiter aktiv mitgestalten. In Wien zum Beispiel ist eine Niederlassung von den Mitarbeitern als Urwald gestaltet worden. Bei der Arbeitsplatzsituation haben wir schon immer Großraumbüros mit festem Arbeitsplatz, aber genauso auch kleine Büros für vier Personen oder flexible Arbeitsplätze, sodass jeder Mitarbeiter wählen kann, wo und wie er am besten arbeitet. Home-Office ist außerdem schon seit Jahren Alltag. Remote Work ist auf ganz Deutschland ausgeweitet. Somit könnten Mitarbeiter, überspitzt gesagt, auch im Schwimmbad arbeiten, wenn sie möchten.

 Das Fraunhofer-Institut hat 2018 in Zusammenarbeit mit Design Offices die Studie „Wirksame Büro- und Arbeitswelten" erhoben, an der auch ich mich beteiligt habe, Das Institut fand heraus, dass Multi-Space-Konzepten die Zukunft gehört.

Coworking Hype

Über das Wohlbefinden von Angestellten wird viel nachgedacht, während eine Gruppe nahezu außen vor bleibt: die Selbstständigen, Solopreneure und Freiberufler, die vom heimischen Arbeitszimmer aus arbeiten. Viele klagen, zu wenig Face-to-Face-Kontakt mit Kunden und Kollegen zu haben. Ein externes Büro würde jedoch oft den finanziellen Rahmen sprengen.

Coworking Spaces stellen Start-ups, Selbstständigen, Freelancern usw. Arbeitsplätze nebst Büroinfrastruktur zeitlich befristet zur Verfügung. Sie sind daher sehr begehrt aufgrund maximaler Flexibilität und überschaubarer Kosten. Es gibt das Bonmot: Sie kommen wegen des Arbeitsplatzes und bleiben wegen der Community. Coworking wurde in den USA erfunden, wo der Anteil an Freelancern bei 40 Prozent liegt. 2020 sollen es bereits 50 Prozent sein. Das Geniale an den Coworking Spaces ist, dass sich Netzwerke zwanglos bilden und immer wieder neue Menschen dazukommen. Ein guter Ort, Businesskontakte zu knüpfen – eine sehr niedrigschwellige Form, weil man sich ohnehin regelmäßig begegnet.

Coworking wird durch zusätzliches Coliving ergänzt, wie ich beim ersten LinkedIn Local Berlin Event in der Oberwallstraße, bei dem ich Co-Host war, von einem leitenden Mitarbeiter von rent24 erfuhr. In heißen Projektphasen bleiben manche gern in der Nähe des Coworking Space. An manchen Standorten ist das möglich. Es gibt stylische 1er- bis 4er-Zimmer, die keine Jugendherbergserinnerungen heraufbeschwören.

Coworking für Corporates

Auch etablierte Unternehmen entdecken die Coworking Spaces für sich. Sie haben verstanden, dass neue Ideen gerne in einem Umfeld zur Welt kommen, das Kreativität befeuert. Ortswechsel bringt neue Perspektiven und bricht das Silo-Denken auf. Das Konferenzmotto des Art Directors Club Deutschland von 2018 „Füttere Deine Kreativität" zeigt, dass Agenturen das Thema Kreativität auf dem Schirm haben. Die drei Gründer der Agenturgruppe der Hirschen Group gehen ganz in meinem Sinne einen Schritt weiter mit ihrem Buch KREATIVIERT EUCH! Sie fordern, dass Wirtschaft und Gesellschaft kreativer werden, und wünschen sich ein Bundesministerium für Kreativierung. Ich hatte die Freude, bei der Buchvorstellung in Berlin dabei zu sein, und bekam von der Kommunikationschefin der Hirschen Group das Schild des neuen Ministeriums geschenkt – übrigens eine ehemalige Seminarteilnehmerin. Ich würde dieses neue Ministerium gerne leiten.

Laut einer Forrester Studie von 2014 für Adobe gaben 61 Prozent der befragten Führungskräfte an, dass ihr Unternehmen nicht kreativ sei. 69 Prozent der Mitarbeiter gaben an, ihr kreatives Potenzial werde nicht genutzt. Zugleich werden kreative Unternehmen als die besten Arbeitsplätze angesehen. Ein positives Arbeitsklima ist ein idealer Nährboden für Kreativität. 69 Prozent der kreativen Unternehmen wurden Auszeichnungen und landesweite Anerkennung als „beste Arbeitsplätze" zuteil. Nur 27 Prozent der weniger kreativen Firmen war solches Lob vergönnt.

 Meine Forderung an Führungskräfte lautet: Heben Sie den Schatz, indem Sie Kreativität und Eigenverantwortung fördern.

Networking-Lounge No. 6: New Work & Co

Wie wollen wir künftig arbeiten? Damit beschäftigen sich nicht nur Konzerne und andere Unternehmen. Es hat sich ein neuer Dienstleistungsbereich entwickelt, der mehr tut, als zu vermieten. Ich habe für Sie Michael O. Schmutzer, einen ausgewiesenen Fachmann in Sachen Coworking und New Work, befragt und erfuhr auch im Gespräch mit dem Deutschland Personal Chef von SAP, wie ein international agierendes Unternehmen mit dem Thema umgeht.

Der Vordenker von Coworking und New Work: Michael O. Schmutzer

Persönliches

Anfang 2017 war ich erstmals in den Räumen von Design Offices in Berlin, wo mein Kollege Hermann Scherer sein Buch *Focus* im Rahmen einer Roadshow an mehreren Design-Offices-Standorten präsentierte. Design-Offices-Geschäftsführer Michael O. Schmutzer ließ es sich nicht nehmen, den Bestsellerautor und seine Gäste zu begrüßen. 2017 begegneten wir uns beim Kongress „Wirksame Büros" am neuen Berliner Standort Unter den Linden. Ein großartiges Event mit interessanten Themen und Experten. Beide Locations gefielen mir: Sie sind attraktiv, die Atmosphäre ist klar und modern, das Design hochwertig. In der Gesamtkonzeption steckt viel Liebe zum Detail. Spätestens beim Kongress war mir klar, Michael O. Schmutzer musst du interviewen: Er ist ein Profi-Netzwerker, der in jeder Hinsicht vernetzt denkt. Sein Konzept verbindet Menschen mit modernen Arbeitswelten und spannenden Wissensevents. Er schafft deshalb Räume, die Zusammenarbeit begünstigen, aber auch Rückzug für „Deep Work" ermöglichen. Kunden können zudem in seinen Räumen nach getaner Arbeit im Team oder mit ihren Kunden feiern.

Zur Person

Michael O. Schmutzer ist von Haus aus Immobilienprojektentwickler. Bei Centacon oblag ihm federführend die Entwicklung von Produktimmobilien und kompletten Quartierssiedlungen. Als einer der Ersten machte er Immobilien zu Marken. Viele Projekte erhielten nationale und internationale Preise. Er selbst bekam 2018 von XING den New Work Award und 2019 den begehrten Immobilienmanager-Award „Kopf des Jahres" verliehen. Michael O. Schmutzer erfasste sehr früh, dass sich die Arbeitswelt radikal verändern wird, und entschied, einer der Treiber der Entwicklungen zu werden. 2008 gründete der Vollblutunternehmer Design Offices, die mittlerweile an 30 Standorten und rund 130.000 qm Fläche in allen wichtigen deutschen Metropolen vertreten sind. Weitere Standorteröffnungen stehen an.

Design Offices ist eine der wichtigsten Plattformen für die Gestaltung neuer Arbeitswelten und das Thema New Work. Ein visionäres Konzept und richtungsweisende Architektur machten das Unternehmen zur Keimzelle bahnbrechender neuer Ideen. Design Offices ist nicht nur für Freiberufler, Start-ups und Solo-Selbstständigen attraktiv, sondern als Partner für Unternehmen die Nummer 1 für „Corporate Coworking" in Deutschland. Seit der Gründung zählen die renommiertesten nationalen und internationalen Unternehmen zum Kundenkreis.

Mehr Informationen via www.designoffices.de

Lieber Herr Schmutzer, „Networker aller Länder vereinigt euch" ist eine von zehn Forderungen des Coworking Manifestes von Design Offices FREE YOUR MIND, das sich an Neudenker richtet. Was bedeutet das?

Das Konzept des Coworkings basiert darauf, dass Menschen mit verschiedenem Hintergrund und aus unterschiedlichen Disziplinen an einem Ort zusammenkommen, um gemeinsam zu arbeiten. Coworking lebt also vom Kollektiv. Dieses Kollektiv kann jedoch nur entstehen, wenn wir offen auf andere Menschen zugehen, eine Beziehung zu ihnen aufbauen und Ideen austauschen – also netzwerken.

Wie definieren Sie Netzwerk?

Netzwerken funktioniert für mich nur mit Menschen, die sich kennen und mögen. Mein persönliches Netzwerk besteht aus Menschen, mit denen ich privat und beruflich verbunden bin – etwa weil wir einmal zusammengearbeitet haben, auf einer Veranstaltung ins Gespräch gekommen sind oder gemeinsame Interessen haben. Ein gutes, belastbares Netzwerk zeichnet sich dadurch aus, dass ich die Möglichkeit habe, jeden dieser Menschen zu kontaktieren, um eine Idee zu besprechen – und auch eine Antwort erhalte. Insofern ist ein Netzwerk für mich auch eine Art Marktplatz für Ideen – ich kann gemeinsame Projekte mit meinen Kontakten diskutieren und Gleichgesinnte für die Realisierung suchen.

Design Offices bietet auch arrivierten Unternehmen die Möglichkeit, die Räumlichkeiten zu nutzen. Welche Art von Unternehmenseinheiten sind das?

Design Offices ermöglicht agile Zusammenarbeit für Teams unterschiedlicher Größe durch individuelle Arbeitslandschaften. Die flexiblen Raumkonzepte fördern Zusammenarbeit und Austausch, unterstützen Kreativität und Ideenfindung und ermöglichen den Einsatz von agilen Arbeitsmethoden. Das ist besonders für Projektteams interessant, die kurzfristig und auf befristete Zeit eine passende Arbeitsumgebung benötigen. Diese kommen aus ganz verschiedenen Abteilungen in mittelständischen Unternehmen oder großen Corporates, beispielsweise der Produktentwicklung, dem Accountmanagement oder auch dem Personalbereich.

Wir haben in unseren deutschlandweiten Standorten ganz unterschiedliche Teams von 2 bis 600 Mitarbeitern. Wichtig ist die volle Flexibilität, damit sich der Workspace immer dem Bedarf anpassen kann.

Was treibt Unternehmen um, die sich für Corporate Coworking entscheiden?

Unsere Kunden kommen aus verschiedenen Gründen zu uns. Der Wandel der Arbeitswelt verändert die Bedürfnisse und Anforderungen der Mitarbeiter an ihre tägliche Arbeit, durch die Digitalisierung stehen Unternehmen in internationalem Wettbewerb, der sehr schnelles Handeln verlangt. Für Unternehmen, die sich diesen Herausforderungen stellen und New Work umsetzen wollen, bieten wir die Möglichkeit, in unseren Arbeitsumgebungen im Coworking-Modus zusammenzuarbeiten. Doch Corporates haben dabei besondere Bedürfnisse. Eigene Bereiche, in denen vertrauliche Themen bearbeitet werden können, sind da ein gutes Beispiel. Auf diese und weitere Herausforderungen haben wir uns spezialisiert.

Außerdem sehen wir, dass projektbasierte Arbeit in allen Branchen immer wichtiger wird – bereits 2020 wird der Anteil der Projektarbeit in Deutschland laut aktuellen Studien bei 40 Prozent liegen. Entsprechend steigt auch der Bedarf an temporär mietbaren Flächen, den Design Offices wie kein anderer Anbieter bedienen kann.

Was würden Sie tun, wenn man Ihnen pro Woche zwei bis drei Stunden fürs Netzwerken schenkt?

Oh, in drei Stunden kann man eine Menge schaffen. In meiner Position als CEO von Design Offices macht das Netzwerken sicher mehr als drei Stunden meiner Arbeitswoche aus. Es ist eine meiner wichtigsten Aufgaben, mich mit Kunden und Partnern, potenziellen Mietern und Investoren, Mitarbeitern und Standortleitern auszutauschen. Wenn ich also drei weitere Stunden zum Netzwerken geschenkt bekäme, umso besser.

Er bringt Flexibilität & Chancengleichheit voran: Cawa Younosi

Persönliches

Da ich SAP seit Langem auf LinkedIn folge, stieß ich auch auf den Deutschland-Personalchef Cawa Younosi, der persönlich postet. Im April 2019 überraschte er die LinkedIn-Community morgens mit dem Post: Er habe das noch nie gemacht, er folge einer Empfehlung und frage daher, wer von den Berliner LinkedIn-Kontakten nachmittags spontan Zeit für ein Treffen hätte. Inhaltlicher Austausch wurde erbeten – keine Werbeveranstaltung. Klasse, so geht Social Media. Ich meldete mich kurz entschlossen, denn wer für das Schreiben seines Buchs ganze Tage reserviert hat, der hat zwar „keine" Zeit, ist aber nahezu terminlos und damit offen für die Pralinen, die das Leben aus heiterem Himmel offeriert. Als nichts passierte, setzte das Kopfkino ein: CEO-fixiert oder nach Geschäft mit Großunternehmen schielend. Abends kam die Nachricht: Der Andrang war überwältigend und nicht mehr zu handeln – verbunden mit dem Angebot, mich bei einem anderen Berlin-Aufenthalt zu treffen. Das hat Stil.

Und ihr merkt schon: Via LinkedIn kommt ihr direkt an hochkarätige Menschen heran, wenn ihr euch etwas Mühe gebt. Manchmal reicht ein schlichtes Ja. Der Impuls, Herrn Younosi um ein Interview zu bitten, kam später von Bea Knecht, Zattoo, der ich von MARCEL, der konzernweiten Plattform der Publicis Agentur Gruppe, berichtet hatte, die 80.000 Mitarbeiter und deren Know-how vernetzt. Sie gab den Hinweis, auch SAP habe ein Tool für Mitarbeitervernetzung. Ein Fall von Serendipity. Bea Knecht treffen Sie in der Networking-Lounge No. 1. Mehr zu MARCEL und weshalb mich das Projekt so fasziniert, folgt in einem Exkurs.

Zur Person

Cawa Younosi ist Personalleiter in Deutschland bei der SAP SE und Mitglied der Geschäftsleitung von SAP Deutschland und damit verantwortlich für über 22 000 Mitarbeiter. Younosi, der als 14-Jähriger als unbegleiteter Minderjähriger aus Afghanistan nach Deutschland flüchtete, liegt das Thema Vielfalt am Herzen: „Meine Mission und Vision ist, dass wir eines Tages die Abteilung Diversity & Inclusion nicht mehr benötigen, da der berufliche Alltag von Chancengleichheit für alle bestimmt ist."

Das Ziel von SAP ist, die Abläufe der weltweiten Wirtschaft und das Leben von Menschen zu verbessern. Das SAP-Versprechen ist, Innovationen zu schaffen, die den Kunden helfen, ihr gesamtes Potenzial zu entfalten. Als derzeit wertvollstes Unternehmen in Deutschland und Europa ist die Cloud-Company SAP Marktführer für Geschäftssoftware und unterstützt Unternehmen jeder Größe und Branche dabei: 77 Prozent der weltweiten Transaktionserlöse durchlaufen SAP-Systeme. SAPs State-of-the-Art-Technologien unterstützen über 437.000 Kunden weltweit.

Mehr Informationen zum Unternehmen: www.sap.com

Wie fördert SAP die interne Vernetzung der Mitarbeiter an einzelnen Standorten bzw. konzernweit?

Vernetzung wird immer wichtiger, denn die klassischen Wege funktionieren in vielen Bereichen nicht mehr. Für die Vernetzung haben wir verschiedene IT-Lösungen. Wir nutzen zur Kollaboration und Kommunikation unter anderem Skype und eine Art internes Facebook namens SAP-Jam. Außerdem haben wir Tools zur gemeinsamen Projektarbeit, wie z. B. Ruum, oder zur Sammlung von Ideen, wie z. B. Mural. Die Reichweite ist weltweit unbeschränkt und funktioniert ohne gesonderte Governance. Als Softwareunternehmen sind wir immer gleichzeitig auch unsere eigenen Testfahrer und haben daher schon neue Lösungen im Einsatz, um neue Technologien und deren Nutzung entsprechend frühzeitig zu testen und zu entwickeln.

Einmal im Quartal haben wir Mitarbeitervollversammlungen, die live über Broadcasts für alle 96.000 Mitarbeiter weltweit zur Verfügung stehen und außerdem vor Ort in den Lokationen mit den Vorstandsmitgliedern durchgeführt werden. Hier kommunizieren wir Quartalszahlen, Updates zur Strategie. Mitarbeiter können währenddessen anonym Fragen stellen, welchen der Vorstand live Rede und Antwort steht. Wir sind börsennotiert mit entsprechenden Veröffentlichungspflichten, geben intern jedoch noch mehr Informationen preis. Diese transparente und digital unterstützte Kommunikation erleichtert vieles und fördert das Verständnis aller Mitarbeiter weltweit, weil somit Maßnahmen nachvollziehbar für alle sind. Gleichzeitig schafft es Nähe und ein Gemeinschaftsgefühl in einem großen Konzern wie SAP.

Wir betrachten die Mitarbeiter als Mitunternehmer und so sehen sie sich selbst auch. Uns ist Kommunikation auf Augenhöhe wichtig. Mitarbeiter sprechen daher vorrangig mit ihrer Führungskraft, nicht mit Mitarbeitern von HR.

Unsere interne Vernetzung wurde besonders durch technologische Entwicklungen und auch Social Media, insbesondere LinkedIn, deutlich gefördert und gestärkt. Wir hatten glücklicherweise schon immer eine sehr offene und netzwerkbasierte Organisation. Durch die Verfügbarkeit von Informationen und die vereinfachte Kontaktaufnahme über Social Media beispielsweise wurde dieser Vorteil unserer Firmenkultur zu einem enormen Katalysator für verschiedene Fortschritte. Ein Beispiel ist das Netzwerken zwischen verschiedenen Bereichen und deren gemeinsame Ideengenerierung sowie die daraus resultierende Innovationskraft. Aber es bringt auch enorm viele Möglichkeiten für Berufsstarter mit, die sich durch authentisches und professionelles Networking schnell weiterentwickeln können.

Wir haben zudem trotz einer extrem niedrigen externen Fluktuation von 1,3 Prozent intern knapp über 10 Prozent. Die Offenheit und der Drang, sich mit Neuem zu beschäftigen und andere Möglichkeiten kennenzulernen, drückt sich hier meiner Meinung nach klar aus. Denn die Mitarbeiter entwickeln sich von sich aus und verändern sich innerhalb des Konzerns. SAP stellt die Trainings dafür kostenfrei zur Verfügung. In Kombination mit verschiedenen Angeboten wie Social Sabbaticals oder Fellowships mit Rückkehrrecht schafft man es, die Vernetzung weltweit auch ökonomisch sinnvoll nutzbar zu machen.

Wir investieren pro Jahr 170 Millionen Euro in Fortbildung und Weiterqualifizierung der Mitarbeiter. Das ist viel kostengünstiger, als es

Neueinstellungen wären. Derzeit befinden wir uns allerdings in einer Restrukturierung. Das betrifft weltweit 4.000 Mitarbeiter, davon 1.200 in Deutschland. Wir lösen das über ein spezielles Vorruhestandsmodell, das es so bei keinem anderen DAX-Unternehmen und meines Wissens auch keinem anderen Unternehmen gibt: Bei uns bleiben die Mitarbeiter bis zur Rente beschäftigt, sind aber freigestellt von der Arbeitsleistung. Die freigestellten Mitarbeiter können sogar einer Nebenbeschäftigung nachgehen oder sich selbstständig machen. Viele arbeiten bei SAP-Partnern weiter oder nutzen die bis zu fünf Jahre bezahlten Urlaub vor Eintritt in die gesetzliche Rente für Familie und anderes. Das geht auch über ein Altersteilzeitmodell. Für Kollegen aus betroffenen Bereichen gibt es das Angebot, das Unternehmen gegen eine Abfindung auf Basis von beidseitiger Zustimmung zu verlassen.

SAP hat dadurch den Vorteil, der Verantwortung für das gesamte Unternehmen gerecht zu werden und in zukunftsträchtige Wachstumsbereiche zu investieren. Es haben sich für das diesjährige Programm weitaus mehr als 1.200 Mitarbeiter allein in Deutschland gemeldet, die unser Angebot annehmen wollen.

Wie gestalten Sie den Wissenstransfer beim Ausscheiden von Mitarbeitern?

Es gibt keine einheitliche Lösung. Die Kündigungsfristen betragen i. d. R. sechs Monate, bei internem Wechsel drei Monate. Alle Stellen werden ausgeschrieben, jeder kann sich bewerben. Entweder kommt ein neuer Mitarbeiter oder die Abteilung fängt die Vakanz auf, bis Ersatz gefunden wurde. Das ist Daily Business. Es gibt Checklisten, Prozesse etc. Wir haben ein gutes Verhältnis unter den Mitarbeitern. Es hinterlässt daher keiner eine brennende Bude.

Verstehen Sie Mitarbeiter als Botschafter des Unternehmens?

Die Mitarbeiter verstehen sich selbst als Botschafter von SAP, ohne dass wir das steuern. Wir achten auf Mitarbeiterbedürfnisse, denn wer am Arbeitsplatz glücklich ist, der berichtet auch gerne außerhalb davon und versucht, die besten Talente für das eigene Team oder zumindest SAP zu gewinnen. So entsteht der Multiplikatoreneffekt von alleine. Durch Plattformen wie Kununu und Glassdoor bedarf es eigentlich keines gesonderten Budgets dafür. Hier geben die Mitarbeiter ihre Meinung zum Unternehmen anonym ab. Dass SAP auf beiden Plattformen auf Platz 1 gewählt wurde, reflektiert den Erfolg unserer Strategie, auf Mitarbeiterbegeisterung zu setzen statt nur auf Marketinginvestitionen.

Hebt den Schatz: Verkannte Chancen sind verborgene Schätze

Wettbewerbsfaktor vernetzte Mitarbeiter

Für mich ist die Belegschaft eines Unternehmern ein großes Netzwerk mit vielen formellen und informellen Netzwerkablegern und Untergruppierungen. Dabei sind die Verbindungen der Mitarbeiter wie auch der Führungskräfte unterschiedlich stark. Es ließen sich verborgene Schätze heben – Kosten sparen und Gewinne einfahren.

Wissen ist Macht

So alt, so wahr. Und doch gehen wir schändlich mit unserem Wissen um. Die Baustellen sind vielfältig: Manche Wissenschaftler können ihre Themen nicht so aufbereiten, dass sie verstanden werden. Wissensvermittlung an Schulen ist ein großes Thema, das mit ihrem zum Teil katastrophalen baulichen Zustand zu tun hat, veralteten Lehrmethoden und -mitteln sowie Lehrermangel. Über den Braindrain – den Wegzug gut Ausgebildeter – spricht man kaum noch, dabei scheint er zuzunehmen.

Mir geht es um das Wissen von und in Unternehmen. Gemeint ist nicht nur das Fachwissen, sondern vor allem das informelle Wissen, welches das Business am Laufen hält, wie auch das historische Wissen. Letzteres ist das Wissen um die Geschichte des Unternehmens, wie sie nicht auf der Homepage steht, sondern die Geschichten, die sich die Mitarbeiter über ihre Arbeit erzählen, unternehmenspolitische Usancen, die man kennen muss, um die richtigen Wege einzuschlagen. Eines ist sicher: Es geht nirgendwo nur um Fachwissen. Es geht um Menschen und ihre Beziehungen.

Umgang mit Wissen – alles meins oder frei verfügbar

In der Praxis erlebe ich die Pole: Informationsoverload und Herrschaftswissen. Zum Teil wird aus allen Kanonen geschossen: Info-Runden, Intranet, Mitarbeiterbriefe, Anweisungen, Richtlinien, Handbücher (analog und digital), Wikis, Mitarbeiterzeitungen, Berichte aller Art. Oft ist die technische Infrastruktur veraltet, überladen und nicht barrierefrei, Mitarbeiter suchen verzweifelt und lassen es dann ganz bleiben. Auf der anderen Seite gibt es immer noch Führungskräfte, die förmlich auf Informationen sitzen. Das Herrschaftswissen hat sich noch nicht überlebt. Es hat weniger mit dem Alter als der Mentalität von Vorgesetzten zu tun. Beide Extreme sind schädlich.

Großer wirtschaftlicher Schaden entsteht zudem durch den Wissensverlust, wenn Mitarbeiter das Unternehmen verlassen, sei es durch Kündigung, Ausscheiden aufgrund von Krankheit, Tod oder Pensionierung. Viele meiner Interviewpartner treffen Vorsorge, wie z. B. die Berliner Verkehrsbetriebe. Diese lassen bei Pensionierungen, die wichtige Positionen betreffen, sogar viele Monate vorher einen zweiten Mitarbeiter „nebenherlaufen". Dass

Menschen in Rente gehen wird ca. zweieinhalb Jahre vorher mitbedacht, Ersatz gesucht etc. Beim Streamingdienst Zattoo sind sämtliche Abläufe im Wiki dokumentiert und auch das Warum dahinter beschrieben. Insofern fällt kein Wissen weg. Auch SAP kann entstehende Vakanzen gut auffangen, bis Ersatz gefundenen ist. SAP hat zudem eine extrem niedrige externe Fluktuationsrate von 1,3 Prozent. Größere Unternehmen tun sich häufig leichter als kleinere Mittelständler, Abgänge aufzufangen. Umso wichtiger ist es, vorbereitet zu sein. Zumindest der Rentenbeginn von Mitarbeitern ist lange bekannt und könnte durch Maßnahmen flankiert werden.

Verborgene Schätze in den Köpfen

Und nicht zuletzt gibt es all das Wissen in den Mitarbeiterköpfen, das diese nicht kundtun, weil sie sich nicht trauen oder es nicht für wichtig halten. Ein viel fataler Grund ist, dass es in manchen Unternehmen oder einzelnen Vorgesetzten nicht gewünscht ist, dass Menschen eine eigene Meinung haben. Sie erinnern sich gewiss an die „Initiativbestrafung". Die interne Vernetzung von Mitarbeitern muss dringend gefördert werden, um das Wissenskapital bestmöglich zu nutzen. Doch bislang weiß oft die linke Hand nicht, was die rechte tut.

Datenfriedhöfe

Die nächste Baustelle sind die Daten. Unternehmen sammeln Daten ohne Ende, werten diese aber häufig mangels Wissen oder fehlender personeller oder technischer Kapazitäten nicht aus.

Künstliche Intelligenz – dein Freund und Helfer?

Zugang zu Wissen zu erschließen und vorhandenes Wissen sinnvoll zu nutzen wird einer der wichtigsten Wettbewerbsfaktoren werden. Die Beiträge ausgewiesener Expertinnen und Experten beim Global Summit of Women 2019 in Basel über die Möglichkeiten, die durch das Verbinden von Wissen, Kreativität und künstlicher Intelligenz entstehen, bestätigten mir dies. Einer hat das sehr früh erkannt und gehandelt: Arthur Sadoun, CEO der Publicis Group, der drittgrößten Agenturgruppe der Welt, denn die Welt der Agenturen, aber auch die ihrer Kunden steckt voller Herausforderungen.

MARCEL: Sesam öffne dich

Als bekennende Jägerin und Sammlerin sammle ich nicht nur interessante Menschen, die mir begegnen, sondern auch Artikel über solche. Letzteres geschieht mit Blick auf Interviews für meinen Newsletter, die Good News, und meine Bücher. Obwohl ich schon die meisten Interviews für dieses Buch geführt hatte, fühlte ich mich plötzlich gedrängt, diese Ideensammlung durchzusehen. Gut, dass ich es tat. Die Zeitschrift W&V vom 30. April 2018 titelte „L'État, c'est moi! Voller Energie und Tatendrang: Wie der neue

Publicis-Chef Arthur Sadoun die Branche aufmischt". Sadoun ist seit Juni 2017 CEO und Chairman. Er folgt Maurice Levy nach, der die Unternehmensgruppe 30 Jahre leitete. Der Artikel hat mich so fasziniert, dass ich Arthur Sadoun umgehend um ein Interview bat. Leider gibt er derzeit keine Interviews zum Projekt.

2017 startete Sadoun das Projekt MARCEL mit einem Event und einer Keynote, die den Vergleich mit dem Esprit einer Apple-Keynote von Steve Jobs nicht scheuen muss. Sie finden das Video auf YouTube. Der Name MARCEL verbindet Tradition und Moderne: Es ist der Vorname des Agenturgründers in Großbuchstaben, weil groß gedacht wird. MARCEL ist eine Revolution. Er soll den Schatz, bestehend aus dem Wissen und der Kreativität der 80.000 Mitarbeiter, auf völlig neue Weise mit künstlicher Intelligenz unter Beachtung des Datenschutzes erschließen. Sadoun lehnt sich dafür weit aus dem Fenster.

Was ist das Besondere? Publicis ist mit MARCEL in der Lage, Daten, Inhalte und Technologie miteinander zu verbinden, und hat diese als einzige Agenturgruppe der Welt in skalierbarem Ausmaß. Publicis nennt das „The Power of the One". Es geht um die Verbindung von Wissen, Vernetzung, Möglichkeiten und Produktivität und darum, die besten Leute mit den besten Ideen für die besten Lösungen für die Kunden zu finden. Die Vorschläge für Kunden werden datengestützt sein. Sadoun spricht von Storytelling by data.

Sadoun baut die Agenturgruppe zur Plattform um, um das Silo-Denken abzubauen, das u. a. durch Unternehmensankäufe entsteht: „NO SILO, NO SOLO". Je größer die Unterschiedlichkeit im Unternehmen ist, desto stärker wird MARCEL sein. Die Organisation soll vereinfacht und transparenter werden, die Beziehung zu Kunden gestärkt. Sadoun hält inkrementelle Veränderung nicht für ausreichend. Ihn treibt die Frage an, wo seine Kunden in drei Jahren stehen und wie er ihnen ein guter Partner sein kann. Sadoun löste sich vom klassischen Wettbewerbsbegriff und betrachtet auch Google und Facebook als Konkurrenten.

„Mehr teilen, mehr lernen, mehr tun, mehr kreieren" steht auf der Flagge. Genau mein Thema: Networking. MARCEL ist mehr als ein Assistent. MARCEL eruiert, „who get's the card", wer den Zuschlag für Projekte bekommt:

„The power of connectivity finds, matches, casts and suggests the most appropriate people within the Group to connect, depending on peoples needs, interests, behavioral patterns and accounts."

Sadoun ist überzeugt, dass MARCEL für Kunden erhöhte Innovation aktivieren kann. Er bricht mit MARCEL Hierarchien auf, da Talenten oft der Zugriff auf Möglichkeiten fehlt. MARCEL ist ein Signal an junge Leute, dass sie Einfluss haben können. Um es mit meinen Worten zu sagen: MARCEL übergeht Führungskräfte, die sich mit fremden Federn schmücken oder

Mitarbeiter blockieren, sei es bewusst oder unbewusst. Was für eine Chance durch direkte Kommunikation.

Sadoun möchte, dass Menschen wachsen, und ist der Meinung: Menschen arbeiten nicht für Unternehmen, sondern für Menschen. Dem schließe ich mich uneingeschränkt an. Natürlich gefällt das nicht allen im Unternehmen, es gibt auch Gegner. Doch Sadoun sagt klar: Solche Leute wollen wir nicht. Sehr konsequent, sehr mutig. Dazu fällt mir ein Zitat von Arthur Schnitzler ein:

„Die Welt ist überhaupt nur dadurch weitergekommen, dass irgendjemand die Courage gehabt hat, an Dinge zu rühren, von denen die Leute, in deren Interesse es lag, durch Jahrhunderte behauptet haben, dass man nicht an ihnen rütteln darf."

Als 2018 absehbar war, dass MARCEL funktionieren wird, hieß es plötzlich von allen Seiten, dass die Idee brillant sei. Wie es der Zufall wollte, googelte ich MARCEL, bevor ich mich an dieses Kapitel machte. Und siehe da, es gab Mitte Juni 2019 in *The Drum* über leitende Projektmitarbeiter die Information, dass die nächste Projektstufe erreicht ist: Nach dem Beta-Test mit 1.000 Personen weltweit wird nun länderspezifisch getestet: Seit Kurzem steht MARCEL den 5.000 Mitarbeitern im Vereinigten Königreich zur Verfügung, bis zum Jahresende folgen die USA. Über *The Drum* erfuhr ich auch, weshalb Sadoun 2017 in Cannes verkündete, 2018 kein Geld in Events und Awards zu investieren: Es wurde zur Finanzierung von MARCEL verwendet. Es gibt keine Angaben dazu, was MARCEL kostet.

Obwohl das Interesse von Kunden und anderen Unternehmen sehr groß ist: MARCEL bleibt eine exklusive Lösung für Publicis und wird kein Produkt bzw. keine Dienstleistung für Dritte. Publicis möchte insoweit mit MARCEL kein Geld verdienen. Ich bin sehr gespannt, wie sich MARCEL entwickelt und wie schnell Unternehmen aus der Branche und anderen Industrien folgen.

Publicis arbeitet mit Microsoft zusammen, dessen CEO Satya Nadella auf Sadoun zukam, nachdem seine Idee bekannt wurde. Sadoun setzt auf die technische Kraft von Microsoft und die inhaltliche Stärke von Publicis Sapient, das konzerneigene Beratungsunternehmen für Digitalisierung.

Der Mittelstand wird sich keine maßgeschneiderte Lösung wie MARCEL leisten können oder wollen. Das ist auch nicht erforderlich, er muss keine 80.000 Mitarbeiter vernetzen. Wichtig ist, die Idee von Arthur Sadoun mitzunehmen: People first. Es gibt bereits technische Tools zur Ideensammlung wie Trello oder Mural von SAP, sie bieten Teillösungen an. Machen Sie sich schlau, zur Not reicht bei kleinen Unternehmen eine gut vorbereitete, ergebnisoffene morgendliche 15-Minuten-Besprechung.

Allen, die künstliche Intelligenz mit Sorge betrachten, sei gesagt, dass es angesichts der Risiken natürlich einen verantwortungsvollen Umgang damit braucht. Doch wer nur auf die Risiken schaut, übersieht die Chancen für die Menschheit. Und noch eines: Letztlich geht es immer um Menschen. Gerne zitiere ich daher Cathy Engelbert, CEO Deloitte: „Unabhängig davon, welche Technologie wir im Business nutzen, wir sollten immer auf unsere Beziehungen zurückkommen."

Neue Köpfe, neue Wege

Dass Sadoun und Nadella sich gut verstehen, wundert mich nicht, denn der Chef von Microsoft hat sein Unternehmen erst kürzlich erfolgreich umgebaut. Und noch einer baut einen Konzern um: Vasant Narasimhan, der CEO von Novartis. Er tut es unter dem radikalen Motto: Unboss, einem Begriff aus dem gleichnamigen Buch von Lars Kolind und Jacob Bøtter. Diese beschreiben „unboss" als Antithese zum konventionellen „Boss". „Unbossed" zu sein bedeutet, eine Organisation in eine zielbewusste, soziale Institution zu verwandeln. Ein „Unboss" ist das Gegenteil eines traditionellen Managers. Er ist Teil seiner Organisation, nicht deren übergeordneter Führer. Von den und 125.000 Mitarbeitern wird im Gegenzug erwartet, dass sie die Werte von Novartis leben: Innovation, Zusammenarbeit, Mut, Leistung, Integrität und Qualität. Die Idee ist interessant, doch ist es nicht das oberste Ziel eines Wirtschaftsunternehmens, Geld zu verdienen? Bislang war Novartis jedenfalls kein gemeinnützigen Zwecken verpflichtetes Sozialunternehmen. Wie sehen das die Shareholder?

Statements zur Nutzung der Netzwerke der Mitarbeiter

Ich habe Gesprächspartner gefragt, ob und wie sie die Netzwerke ihrer Mitarbeiter nutzen. Einige Antworten sind in diesen Kapitel für Sie zusammengeführt.

- **Reiner App, PRAGMA Institut**

Nutzen Sie die Kontakte von Mitarbeitern? Ich erlebe große Schnittmengen bei den Netzwerken von Mitarbeitern mit denen des Unternehmens, dann allerdings in unterschiedlichen Rollen.

- **Marian Kopp, Lauffener Weingärtner**

Wie nutzen Sie die Kontakte von Mitarbeitern? Die meisten neuen Mitarbeiter akquirieren wir über Mitarbeiter und Empfehlungen.

- **Dr. Sigrid Nikutta, Berliner Verkehrsbetriebe**

Wie nutzen Sie die Kontakte Ihrer Mitarbeiter, um z. B. neue Mitarbeiter zu akquirieren? Ist das moderne Image der BVG, das Sie maßgebend

vorantreiben, dabei eine Hilfe? Wir haben 15.000 Mitarbeiter und Mitarbeiterinnen. Wenn Sie die Familien und Lebenspartner dazurechnen, sind das 40.000 und mehr Multiplikatoren für die BVG. „Das moderne Image" hat neben den Kunden auch die Mitarbeiter im Fokus. Wir leben das. Doch auch die Zeit spielt eine große Rolle: Wir sind als Nahverkehrsunternehmen ein Problemlöser. Immer mehr Menschen stellen sich die Sinnfrage und suchen ihren Arbeitgeber danach aus, ob sie etwas Sinnvolles tun können.

- **Michael Schmutzer, Design Offices**

Nutzen Sie die Kontakte von Mitarbeitern und vernetzen Sie diese? Netzwerken ist für uns essenziell, sowohl innerhalb des Unternehmens als auch mit externen Kontakten. Die Vernetzung findet wie gesagt zwischen den Menschen und ihren Interessen statt, egal ob es ein Kunde, Mitarbeiter oder Partner ist.

- **Anja Tabarelli, Cunard Line**

Nutzen Sie die Kontakte von Mitarbeitern und vernetzen Sie diese? Wir nehmen den Datenschutz auch im Verhältnis zu Mitarbeitern sehr ernst. Viele neue Mitarbeiter bekommen wir über die Mannschaft vor Ort. Sie kennen unsere Arbeitsweise und Anforderungen und empfehlen aus ihrem Bekanntenkreis, wenn es passt. Wir haben regelmäßig Praktikanten aus den Tourismusstudiengängen, die wir nicht nur gerne übernehmen, auch sie empfehlen uns weiter. Aktuell sind fünf Mitarbeiter ehemalige Praktikanten.

- **Cawa Younosi, SAP**

Nutzen Sie die Kontakte der Mitarbeiter systematisch zur Mitarbeitergewinnung? Das müssen wir nicht. Wir haben mehr Bewerbungen als zu besetzende Stellen. Wir gehören permanent zu den besten und beliebtesten Arbeitgebern Deutschlands. SAP ist z. B. auf Platz 1 der LinkedIn Top Company 2019. Wir haben dennoch ein internes Empfehlungsprogramm, das erfolgreiche Empfehlungen mit ca. 1.500 Euro honoriert.

Vom Segen von Mentoren, Vorbildern, Coaches und Sparringspartnern

Wer kennt das nicht: Zig Gedanken schwirren durch den Kopf und man bräuchte dringend Abstand zu sich selbst, um Ordnung in dieses Chaos zu bringen. Im Job fehlen häufig geeignete Gesprächspartner zum Austausch auf Augenhöhe. Und wenn es sie gibt, fehlt oft das Vertrauen oder der Mut, auf sie zuzugehen. Es gibt mehrere Optionen, nicht allein dazustehen: Mentoren oder bezahlte Sparringspartner.

Wer ein gutes Netzwerk hat, findet dort Ansprechpartner für alle möglichen Fragen. Doch man sollte tunlichst andere nicht überstrapazieren. Netzwerke ersetzen nicht den persönlichen Sparringspartner, der sich auf Abruf oder über längere Zeit intensiv mit unseren Themen beschäftigt und kontrovers mit uns diskutiert. Manche schwören darauf, sich mit Kollegen wechselseitig zu coachen. Letzteres kann schwer danebengehen, wenn die Distanz, die Kompetenz oder die Ehrlichkeit fehlt.

Auch Lebenspartner sind nur bedingt als Gesprächspartner geeignet, da sie immer eigene Karten im Spiel haben: Die Karriere eines Partners geht meistens zulasten des anderen oder der Beziehung, ggf. der Kinder. Das wird immer im Hinterkopf mitschwingen, wenn nächste Karriereschritte diskutiert werden. Frau Dr. Nikutta, die Vorstandsvorsitzende der Berliner Verkehrsbetriebe, hat dieses Thema sehr pragmatisch gelöst: Sie ist die Hauptverdienerin. Mehr dazu erfahren Sie in der Networking-Lounge No. 4.

Holen Sie sich Profis, der Blick von außen hilft ungemein. Meine Kunden lieben bei meinen Power-Brainstormings meine schnelle Auffassungsgabe und Klarheit sowie den Dreiklang: fragen & hinterfragen, querdenken, mit Impulsen befeuern.

Mentoren sind so alt wie die griechischen Göttersagen

Wir erfinden das Rad nicht neu. Mentor war der väterliche Freund und Lehrer von Telemachos, dem Sohn des Odysseus. Er hatte Mentor gebeten, sich seines Sohnes anzunehmen, als er in den Krieg gegen Troja zog. Das ist schon etwas länger her, doch immerhin wissen wir, dass der Trojanische Krieg stattfand und wo Troja lag. Heinz Schliemann hat die Stadt ausgegraben.

Mentoren findet man in seinen Netzwerken oder über Mentoringprogramme. Junge Leute haben oft Bedenken, dass sie zu wenig wissen und einem Mentor oder einer Mentorin zur Last fallen würden. Nein, das tun sie im Allgemeinen nicht. Beide Beteiligte profitieren. Doch nur wenn die Chemie stimmt, wird das Mentoring von Erfolg gekrönt sein. Sympathie, Vertrauen und Interesse der Beteiligten aneinander sind elementare Voraussetzungen für einen fruchtbaren Austausch. Alles andere ist Zeitverschwendung.

Katrin Kempiners, eine junge Profi-Netzwerkerin, hat einen wunderbaren Mentor gefunden hat, den Unternehmer Jeffrey Himmel. Sie erfahren in der Networking-Lounge No. 7 mehr über dieses Tandem.

Liebe Katrin, hast du Mentoren?

In New York habe ich zwei wichtige Mentoren gewinnen können. Zu ihnen gehört meine allererste Chefin, die mich einstellte, als ich im bitteren Winter durch NY stapfte und einen Job suchte. Sie hat mir wirklich eine Chance gegeben und mich sehr beeindruckt. Sie kannte mich keine drei Wochen, als sie mich fragte, was ich beruflich erreichen möchte. Ich habe sie mit großen Augen angeschaut. Ich wusste gar nicht, welches meine Ziele sind, ich wollte in dem Moment nur einen Job und mich versorgen in der neuen großen Stadt. Sie sagte, entscheide was du willst, und ich gebe dir Zugang zu meinem Netzwerk. Das war wirklich interessant und eine für mich bis dahin einzigartige Erfahrung.

Die zweite Person ist Jeffrey Himmel. Wir haben uns durch die Alumni Freiburg Nordamerika kennengelernt und er ist in der Businesswelt als Unternehmer sehr erfahren. Als ich ihn ungefähr ein Jahr kannte, habe ich ihn gefragt, ob er mein Mentor sein möchte. Er antwortete, dass er sich schon längst so sehe. Meine Mentoren vereint ein Charakterzug: Flexibilität und Offenheit gegenüber Menschen und ein authentisches Interesse daran, ihr Wissen weiterzugeben und von anderen zu lernen.

Wer profitiert beim Mentoring?

Alle. Es wäre zu einfach, zu denken: Was haben die Mentoren davon, dass sie jemandem helfen? Ich musste da schon ein wenig umdenken. Was habe ich denen zu bieten? Warum helfen die mir? Aber wenn ich mir überlege, warum ich anderen helfe oder Menschen zusammenbringe, dann mache ich das, weil ich es gerne tue. Menschen helfen gerne Menschen. Wenn man echtes Interesse zeigt an dem, was sie machen, und Fragen stellt, dann eröffnen sich Welten. Jeff arbeitet als Unternehmer in der Stahlindustrie. Davon hatte ich zuvor keine Ahnung. Man lernt etwas und auch die Mentoren lernen von einem. Jeff hat vielleicht auch etwas dazugelernt durch meine Erfahrungen als junge Frau in der Arbeitswelt. Hier in den USA liegt der Fokus stark auf: „Paying it forward", in Vorleistung gehen.

Auch der Soziologe Reinhard Kreissl hat positive Erfahrungen mit Mentoring:

„Ich hatte zwei Mentoren. Meinen ersten Professor in München und meinen Doktorvater. Ersterer war ein Ordinarius vom alten Schlag, der sich um seine Studenten persönlich kümmerte und sich für sie einsetzte. Da er nicht meinem Fachbereich angehörte, sondern Jurist war, konnte er naturgemäß nur bedingt Dinge für mich regeln. Intellektuell war mein Doktorvater in Kalifornien mein Mentor.

Mentoren sind äußerst wichtig. Man braucht sie für das Learning on the job. Gerade in akademischen Berufen bereitet das Studium nicht unbedingt auf die Praxisanforderungen vor. Es macht einen Unterschied, ein wissenschaftliches Buch zu lesen oder einen Forschungsantrag so zu stellen, dass er Chancen hat, positiv beschieden zu werden. Wie das System Wissenschaft funktioniert, lernt man erst außerhalb."

Mentoren sind nicht nur für junge Leute am Berufsanfang wichtig, sondern auch für Berufserfahrene, die sich auf neue Wege begeben, und Frauen, die nach langer Kinderbetreuungs- oder Pflegezeit wieder in den Beruf einsteigen. Männer betrifft das deutlich weniger.

Mentoring in Unternehmen

Mentoring-Programme sind kostengünstige Personalentwicklungsmaßnahmen. Wenn sie gut durchdacht und richtig aufgesetzt werden, entfalten sie nachhaltig positive Wirkung für die Mentees, Mentoren und das Unternehmen. Man unterscheidet Mentoring-Programme innerhalb eines Unternehmens oder einer Organisation und Cross-Mentoring, das von mehreren Akteuren zusammen durchgeführt wird, zum Teil auch zusammen mit der Verwaltung. So haben die Mentees Gelegenheit, über den Tellerrand des eigenen Unternehmens zu schauen.

Es macht einen Unterschied, ob man einem Mentor in einem Mentoring-Programm begegnet oder das Leben Mentor und Mentee zusammenbringt. Wenn etwas institutionalisiert ist, läuft ein Programm. Leider findet dabei nicht immer ein durchdachtes Matching statt, das sicherstellt, dass das Tandem mit hoher Wahrscheinlichkeit zusammenpasst. Sucht und findet man sich, ist der Mentor vom Potenzial des Mentee überzeugt. Das entfaltet in der Regel eine andere Qualität und Intensität.

 Recht neu ist das sogenannte Reverse-Mentoring. Wir treffen es insbesondere im Digitalisierungskontext an: Hier unterstützen die Digital Natives die Digital Immigrants, wobei Letztere immerhin behaupten können, dass ihre Generation das Internet erfunden hat.

 Mentoring macht auch in kleinen und mittleren Unternehmen Sinn. Man kann auch den Begriff des Paten wählen, der neuen Mitarbeitern an die Seite gestellt wird. Zudem funktioniert auch hier Cross-Mentoring. Der Mittelstand kann da noch jede Menge Schätze heben.

Die Berliner Verkehrsbetriebe sind mit über 13.000 Mitarbeitern gewiss kein kleines Unternehmen, doch selbst sie nutzen externe Angebote. Gerne lasse ich die Vorstandsvorsitzende u Wort kommen.

> **Liebe Frau Dr. Nikutta, gibt es bei der BVG Mentoring-Programme, insbesondere Reverse-Mentoring?**
>
> Wir vernetzen die Mitarbeiter auch über Mentoring-Programme – hausintern für neue Mitarbeiter, wir nutzen aber auch Cross-Mentoring mit anderen Unternehmen. Ich bin Vize-Präsidentin des Vereins Berliner Kaufleute und Industrieller. Dort gibt es ein gutes Mentoring-Programm. Reverse-Mentoring beobachte ich. Wir haben es jedoch noch nicht insti-

tutionalisiert, doch es gibt einen jungen IT-Mitarbeiter, der die perfekte Anlaufstelle für alle Führungskräfte ist. Er weiß immer Rat. Auch ich befrage ihn oft.

Vorgesetzte als Mentoren

Ich erlebte einen Vorgesetzten, sehr anspruchsvoll, sehr fordernd, aber auch fördernd, als Mentor. Das brachte mich im Job mehr voran als alles andere.

Einen solchen Vorgesetzten kann ich jedem nur wünschen, ungeachtet dessen, dass er mich vor einer Attacke zwar warnte, mir aber nicht beisprang: „Es wird in der Sitzung gleich fürchterlich für Sie werden, doch gemeint bin ich." Es wurde fürchterlich. Er saß neben mir und sagte kein Wort. Es hätte allerdings auch nichts gebracht. Ich bin dankbar dafür, dass ich nicht völlig überrascht wurde.

Exkurs

Ich machte als Mitarbeiterin und stellvertretende Abteilungsleiterin des Beteiligungsbereiches einer Bankholding, die drei Berliner Banken unter ihrem Dach vereinte, und später als Chefin des Geschäftsleitungssekretariats der zugehörigen Immobilienholding die spannende Erfahrung, viele Jahre vorstandsnah zu arbeiten. Ich verantwortete u. a. die Sitzungsvorbereitung sämtlicher Gremien. Meine Aufträge waren häufig ein Buch mit sieben Siegeln, sehr offen gehalten, häufig sehr (unternehmens-)politisch. Es ging um die Frage hinter der Frage. Das trainiert. Von unschätzbarem Vorteil war, dass ich meinem Vorgesetzten vertrauen konnte – er übermittelte sämtliche Informationen, die er selbst hatte, und darüber hinaus seine Einschätzung zur Interessenlage der Akteure.

Ganz anders der Abteilungsleiter des Beteiligungsbereiches: Alle wussten, er bekam seinen Posten durch Vitamin B und hält Informationen zurück. Die Sekretärinnen bezeichneten ihn wenig schmeichelhaft als Tanzknopf. Nach einem Eklat – er hatte es dazu gebracht, dass man mir beinahe in der Probezeit kündigen wollte – musste ich nicht mehr mit ihm zusammenarbeiten, sondern berichtete direkt an den Bereichsleiter. Von da an lief es mit der Zusammenarbeit und meiner Karriere großartig: klare Aufträge, klares Feedback, kein Behindern, sondern Unterstützung, wo immer möglich. Schließlich empfahl er mich für eine interessante Führungsposition in der erfolgreichsten Konzerngesellschaft.

Ich hatte meinen Mentor gefunden oder er mich. Der Begriff fiel nie, allenfalls indirekt, als ich irgendwann ein Paket mit Reemstaler Wein bekam, der den symbolträchtigen Namen „Mentor" trug. Ich mag solche Eleganz und Finesse. Von meinem Bereichsleiter habe unendlich viel gelernt und bin ihm sehr dankbar, auch wenn er mich arbeiten ließ wie ein Pferd. Es machte viel Spaß, all diese komplexen Themen zu bearbeiten. Man sieht: Führung ist eine Frage des Mindsets und nichts für Kleingeister.

Mentoren oder Coaches: Was bringt Sie mehr voran?

Mentoren oder Coaches: Wenn beides zu haben ist, sofort zugreifen. Der signifikante Unterschied ist, ein Mentor wird nicht bezahlt. Ein Mentor glaubt an uns und berät uns. Ein Coach arbeitet mit uns an unseren Themen, geht mit uns ins Detail und in die Arena. Der Vorteil: Man ist nur zur Bezahlung der Rechnung verpflichtet und kann Coaches austauschen. Der größte Nachteil: Sie können in der Regel weder einen Job, eine Beförderung noch Aufträge verschaffen. Dafür haben sie nicht den entsprechenden Background und auch nicht die Beziehungen. Zudem fehlen Insiderkenntnisse aus dem Unternehmen. Womöglich haben sie nie in einem Unternehmen, geschweige denn Konzern gearbeitet und kennen alles nur vom Hörensagen, dem grünen Tisch.

Vorgesetzter als Coach

Glücklich kann sich schätzen, wer einen Vorgesetzten hat, der sich als Coach begreift. So jemand kann uns dabei helfen, unseren blinden Fleck zu erkennen. Seine primäre Aufgabe ist das m.E. nicht. Er soll Ideen entwickeln, um das Unternehmen voranzubringen, Mitarbeiter dabei auf die Reise mitnehmen und ihnen die Förderung zukommen lassen, die dafür erforderlich ist. Gewiss werden wir lernen, aber in hoher Eigenverantwortung. Kein Vorgesetzter ist unser Kindermädchen, das uns alles aus dem Weg räumt.

Vorbilder

Ich halte Vorbilder für sehr wichtig und bin daher immer wieder erstaunt ob der Irritation, wenn ich Führungskräfte oder Experten in meinen Seminaren nach Vorbildern frage. Bisweilen kommt als Antwort, dass man diese oder jene Facette von Steve Jobs, Elon Musk oder jemand anders bewundere. Ich hielt mich schon für komplett antiquiert, bis ich im letzten Wintersemester auf die Idee kam, diese Fragen meinen Studenten an der Beuth Hochschule für Technik zu stellen. Eine Studentin – eine der besten und engagiertesten dieser Lehreinheit – versöhnte mich mit der Welt. Sie fragte nämlich: Vorbild für welchen Bereich? Und hatte dann für drei Themen Vorbilder parat.

Ich weigere mich, dies damit zu erklären, dass nur ganz junge Menschen Vorbilder bräuchten. Dass junge Leute allgemein an Vorbildern Interesse haben, ist ein Rückschluss der aktuellen Arbeitsmarktstudie 2019 von Young Capital, die in Zusammenarbeit mit der Universität Utrecht entstand. Danach können Manager punkten, die eine Vorbildfunktion haben. Das wurde als einer von fünf Bereichen identifiziert, in denen Nachholbedarf bei Führungskräften besteht. Man muss es ja nicht Vorbild nennen, denkbar wäre auch der Begriff Inspirator. Es können im Laufe des Lebens verschiedene Menschen sein, weil sich unser Umfeld und wir uns verändern und private wie berufliche Interessen einem Wandel unterliegen. Wie auch immer, Vorbilder können eine Hilfe sein, Orientierung bieten auf dem Weg zu Erfolg und Zufriedenheit.

Höchst interessant äußerte sich Dr. Notker Wolf, der emeritierte Abtprimas der Benediktiner, zu Mentoren und Vorbildern. Das vollständige Interview mit ihm finden Sie in der Networking-Lounge No. 2.

Lieber Herr Abtprimas, hatten Sie Mentoren?

Nein. Der Mentor ist für mich die Regel Benedikts und natürlich das eine oder andere Vorbild. Ich glaube, wir unterschätzen die Bedeutung der Vorbilder. Es geht nicht darum, dass ich besonders Vorbild sein will, ich bin es automatisch vom verhaltenspsychologischen Gesichtspunkt aus, denn andere Leute suchen Orientierung. Für junge Menschen, für Heranwachsende ist es sehr wichtig, dass sie z. B. in Lehrern u. a. das Vorbild eines menschlichen Umgangs erleben und auch der Werte. Da steckt eine Einheit von Person und Theorie.

In Ihrem Buch *Die Kunst, Menschen zu führen* erwähnen Sie, dass Jugendliche oft keinem Erwachsenen von einiger Bedeutung begegnen, angefangen bei den Eltern und Lehrern. War das früher besser?

Das ist heute schlimm. In der Agrarzeit war der Vater der Familie natürlich das Vorbild, im Industriezeitalter dann oft der Firmenchef. Wenn ich an den alten Siemens denke, war das schon etwas anderes als die Manager heute. Oder Krupp, der für seine Arbeiter eine ganze Siedlung hat erbauen lassen.

Häufig werden Unternehmer negativ dargestellt und Unternehmensbelange nicht erkannt oder verkannt. Arbeitnehmer sind nicht per se immer im Recht. Ich habe mit Betriebsräten darüber gesprochen und klargelegt, man kann nicht in jedem Fall den Arbeitnehmer nur verteidigen. Wenn einer eine ruhige Kugel schieben will, dann soll er das, aber wenn er in einem Team eine ruhige Kugel schieben will, dann leiden die anderen darunter, denn die Leistung muss ja erbracht werden. Das ist dann ein Fall von Ungerechtigkeit.

Alumni-Wesen im Aufwind

Wir können viel von den USA und auch den Briten lernen. Sie sind uns Deutschen Meilen voraus bei jeder Form von Networking. Ich spreche hier von Mentoring und einem Alumniwesen, dessen Vorzüge wir hierzulande mit Verzögerung von 15 Jahren oder mehr so langsam erkennen. Die Universitäten schritten voran, die Unternehmen folgten, wobei das nicht für international agierende Unternehmen gilt, die aus dem anglo-amerikanischen Sprachraum stammen. Diese Konzerne haben natürlich Alumni-Netzwerke.

Erfolgsbooster universitäre Alumni-Netzwerke

Ich gehöre zu den Alumni Freiburg. Meine Alma Mater ist die altehrwürdige Albert-Ludwigs-Universität, wo ich Rechtswissenschaften studierte und stolz war, dass sie zu den Hochschulen gehört, die einem die Scheine und Examina nicht leicht machen. Freiburg war etwas für die härteren Knochen. Dankeschön, auch wenn wir damals fluchten, dass „die Vier die Eins des kleinen Mannes ist" – mit 4 von 18 Punkten hatte man das Juraexamen bestanden. Ab sieben Punkten hatte man wie ich ein Prädikatsexamen. Gut 40 Prozent der Aspiranten fiel durch.

Im Zuge der Recherchen zu Alumni-Netzwerken für den *Crashkurs Networking* registrierte ich mich bei den Alumni Freiburg, war aber nur eine Karteileiche. Doch als 2017 erneut die Speaker Masterclass der Scherer Academy am weltberühmten Schauspiel- und Theaterinstitut Lee Strasberg anstand, erkundigte mich beim Freiburger Alumni-Büro, wer von den Alumni in NY lebe. Katrin Kempiners wurde als Ansprechpartnerin benannt, die zusammen mit Jeffrey Himmel dem Freiburg Alumni Club Nordamerika vorsteht – zwei wunderbare Menschen mit ausgeprägtem Networking-Gen. Kaum hatte ich Katrin von meinem neuen Buch, der *Löwen-Strategie*, berichtet, kam die Nachricht: „Ich habe mit Jeffrey gesprochen, wir machen ein Bookevent mit dir." Und so kam es, dass meine Löwen nach der Buchvorstellung in Berlin im Mai 2017 am 28. August 2017 im noblen Princeton Club in NY eine weitere Buchpremiere feiern durften.

Nach meinen beiden Keynote Speeches im Princeton Club entstand ein wunderbarer Netzwerkeffekt. Ich sagte etwas flapsig zu Dr. Markus Lemmens: „Wenn Ihnen mein Vortrag gefallen hat, empfehlen Sie mich doch bitte weiter." Und schenkte ihm ein Exemplar der Löwen-Strategie mit persönlicher Widmung. Noch nicht in Berlin zurück, erhielt ich eine E-Mail mit der Bitte, einen Beitrag für das renommierte Wissenschaftsmanagement Magazin der Lemmens Media Group zu schreiben. Ich hatte nämlich den Verleger persönlich kennengelernt. Er war damals Leiter des Verbindungsbüros von EUCOR, des Verbundes von Forschungsinstituten von fünf Universitäten im Dreiländereck Deutschland, Frankreich, Schweiz. Es war großartig: Ich publizierte nicht nur einen fünfseitigen Fachbeitrag, zu meiner großen Überraschung hatte eine wissenschaftliche Mitarbeiterin eine zweiseitige Buchrezension verfasst. Networking vom Feinsten.

Networking-Lounge No. 7: Die Alumni-Lounge
(Teil 1: Verehrte Alma Mater)

Ich habe Katrin Kempiners und Jeffrey Himmel am Tag vor der Buchpremiere der Löwen-Strategie im Princeton Club in NY erstmals persönlich getroffen und gleich interviewt. Hier kommt ein Update der Interviews.

Auf zwei Kontinenten zu Hause: Katrin Kempiners

Zur Person

Katrin Kempiners ist Alumna der Universität Freiburg und der University of Virginia, Darden School of Business. Als doppelte Staatsbürgerin von Deutschland wie auch den USA ist sie vertraut mit den interkulturellen Differenzen und den Herausforderungen eines internationalen Arbeitsalltags und der Wichtigkeit von starken und diversen Netzwerken. Nach mehreren Jahren beim DAAD New York, angesiedelt im Deutschen Konsulat, entschied sich Katrin für einen Berufswechsel durch einen Global Executive MBA an der Darden School of Business. Im September 2019 wird Katrin ihre neue Stelle als Senior Consultant bei Ernst & Young in New York antreten.

Lieber Katrin, ich halte dich für eine sehr gute Netzwerkerin: Du engagierst dich nicht nur für die Alumni Freiburg Nordamerika, sondern warst auch mir gegenüber sehr aufgeschlossen, als ich Kontakt aufnahm. Was bedeutet Networking für dich?

Mir ist es wichtig, strategisch Unterstützung zu suchen. Ich glaube, ein gutes Gespür dafür zu haben, mit wem ich auf einer Wellenlänge liege, wo ich Vertrauensverhältnisse herstellen kann und wo sich gegenseitige Unterstützung entwickeln kann. Ich habe es geschafft, mir ein tolles Mentoren-Netzwerk aufzubauen, für das ich sehr dankbar bin. Das sind Menschen, die ich sehr bewundere und die es mir ermöglichen, viel von ihnen zu lernen. Ohne andere Menschen geht es nicht. Niemand wird alleine erfolgreich. Im Grunde sind es bei mir drei Erfolgsfaktoren: Mentoren, Teamarbeit und Menschenkenntnis.

Networking bedeutet für mich, anderen Menschen offen und authentisch zu begegnen. Um das tun zu können, muss man sich gut überlegen, welche Ziele man hat, und sich selbst gut kennen. Gleichzeitig ist es wichtig ein authentisches Interesse am Gegenüber zu haben nach dem Motto: „Gewinne Freunde, bevor du sie brauchst." Ganz wichtig ist dabei auch, sich verletzlich zu zeigen, Schwächen zuzugeben. Es ist oft nicht so einfach, zu sagen „Ich brauche Hilfe" oder „Ich kenne mich nicht aus". Wenn man sich aber öffnet, merkt man, wie gerne andere Menschen ihre Erfahrungen teilen und auch, wie man anderen weiterhelfen kann.

Welches ist dein bislang wichtigstes Networking-Erlebnis?

Als ich vor ca. fünf Jahren zurück in die USA zog, nach New York, kannte ich dort niemanden. In Freiburg hatte ich auf Lehramt studiert, und wenn man eine so vorgeplante Berufslaufbahn anstrebt, ist Networking nur begrenzt relevant. Deswegen hatte ich auch kein Netzwerk im Umfeld, als ich beschloss, einen MBA in den USA anzustreben, und musste mir erst eines aufbauen. Als ich in New York ankam, hatte ich genug Erspartes für die ersten 10 Wochen, aber dann brauchte ich ein Einkommen. Also bin ich auf Jobsuche gegangen und habe angefangen, Menschen kennenzulernen. Drei Jahre später konnte ich mich mit der vollen Unterstützung meines Netzwerkes für mein MBA-Studium bewerben. Darüber hinaus erschloss mir das Studium selbst ein unglaublich reichhaltiges und diverses Netzwerk an interessanten und aufgeschlossenen Menschen.

Wieso engagierst du dich für die Alumni Freiburg Nordamerika?

Als ich im tiefsten Winter auf der Suche nach einem Job in New York war, war ich entschlossen, meinem Traum zu folgen. Als ich Alumni Freiburg googelte (in der Hoffnung, hier auf ein Netzwerk zu stoßen), habe ich nichts gefunden in den USA. Durch absoluten Zufall kam Jeff zu einem Meeting im German House, dem Deutschen Konsulatsgebäude, wo ich arbeitete, als es darum ging, ob die Uni Freiburg ein Büro in NY eröffnet. Da stellten wir fest, dass wir beide in Freiburg studiert haben. Ich bin dann mit eingestiegen. Das erste Event fand mit dem Rektor der Albert-Ludwigs-Universität Freiburg, Prof. Hans-Jochen Schiewer, und 15 Teilnehmern hier in New York statt. Schon ein halbes Jahr später gab es unsere erste Holiday Gala.

Der Mentor und Alumni-Experte: Jeffrey Himmel

Zur Person

Jeffrey Himmel studierte am Connecticut College/USA Geschichte, Politik und Volkswirtschaftslehre und verbrachte die Studienjahre 1976/77 und 1978/79 an der Freiburger Albert-Ludwigs-Universität. Er ist seit Jahrzehnten als Unternehmer in der Stahlbranche tätig und Präsident der 1982 gegründeten Artco-Group. 2018 gründete er American Heavy Plates.

Jeffrey Himmel war maßgeblich an der Gründung des Freiburger Alumni-Clubs Nordamerika beteiligt. Als dessen Präsident engagiert er sich seit Jahren für den Ausbau eines transatlantischen Ehemaligen- und Förderernetzwerks. Es bietet Alumni Informationen und die Möglichkeit, in Kontakt mit ihrer deutschen Universität und ihren Freiburger Kommilitonen zu bleiben. Der Alumni-Club veranstaltet soziale, kulturelle und weiterbildende Events. Zudem unterstützt Himmel das University College Freiburg. Dessen englischsprachiger Studiengang Bachelor of Liberal Arts and Sciences (LAS) bietet Studierenden der Harvard University und der Penn State University in einem Austauschprogramm die Gelegenheit eines Studienaufenthalts in Freiburg. 2015 wurde Jeffrey Himmel die Universitätsmedaille verliehen, eine der höchsten universitären Auszeichnungen.

Was bedeutet Networking für dich, lieber Jeffrey?

Das ist eine einfache Frage, jedoch schwer zu beantworten. Beim Networking geht es nicht nur um Karriere und Jobs, es geht um das Leben und Interessen. Letztlich geht es um Resultate und dass etwas geschieht. Networking bedeutet für mich, mich zu engagieren.

Gibt es ein besonderes Networking-Erlebnis?

Ich arbeite in der Stahlindustrie und war in den ersten Jahrzehnten Stahlhandelsunternehmer. Dieses Business ist zu 100 Prozent Networking. Ich arbeite mit Stahlproduzenten aus Russland, Ukraine, China, Brasilien, Deutschland und anderen Ländern zusammen, ebenso mit Stahlabnehmern. Der Traum eines jedem Stahlhändlers ist sein eigenes Stahlwerk. Mein wichtigste Networking-Ergebnis war, ein solches zu einem vernünftigen Preis zu finden. Das gelang durch mehrjähriges konstantes Networking, verbunden mit Durchhaltevermögen und einer Vision. Jede Industrie ist wie ein kleines Dorf: In der Stahlindustrie kennen sich alle Akteure rund um den Globus. Dass die Welt klein ist, gilt für alle Lebensbereiche.

Warum engagierst du dich für die Alumni Freiburg Nordamerika?

In den USA sind wir in einigen Bereichen etwas weiter als Deutschland. Das hat mit dem Konzept des Zurückgebens zu tun und mit der Kultur der Philantropie, die sich mit dem Zurückgeben elegant verbindet. Meine Zeit in Freiburg hatte große Auswirkungen. Wenn man mit 19 oder 20 sein Land verlässt und sich auf eine neue Kultur einlässt, verlässt man auch seine Komfortzone. Dadurch lernt man viel über sich, was sonst nicht geschehen würde. Das Engagement für die Alumni Freiburg ist eine wunderbare Gelegenheit, meiner Alma Mater etwas zurückzugeben.

Was sind die Ziele?

Wir wollen eine Beziehung zwischen der Universität und den Alumni aufbauen. Das ist eine zweiseitige Sache, die es in Deutschland vor 15, 20 Jahren noch nicht gab. Wir wollen den Alumni einen Anreiz bieten, teilzuhaben und sich einzubringen. Das kann über Networking, Mentoring und all das sein, womit Universitäten ihren Alumni über die Ausbildung hinaus helfen können. Wir machen Networking Events, Stammtische, kulturelle Events. Die Universität hat leider keine Daten über die Alumni. Es ist ein enormer Aufwand, sie über die Social Media zu suchen. Doch wir kommen voran.

Die deutschen Universitäten haben ein grundlegendes Problem – ihre Finanzausstattung. Die Forderungen an den deutschen Staat sind bei den Flüchtlingen und allen sonstigen sozialen Themen riesig. Die Universitäten haben keinen Zugang zu vergleichbaren Geldmitteln, dabei konkurrieren sie auf dem globalen Marktplatz. Sie müssen die Möglichkeit haben, gute Professoren anzuziehen, und Gebäude haben, die State of the Art sind. Die deutschen Universitäten haben die Alumni bislang nicht als Geldgeber aktiviert. Das ist eine bedeutende Ressource.

In den USA sind wir der Ansicht, wir müssen unserer Universität dankbar sein und zurückgeben. In Deutschland herrscht die Auffassung vor: Wir zahlen hohe Steuern, dafür bekommen wir im Gegenzug eine kostenlose Ausbildung. Wir sind quitt. Die Mentalität der deutschen Alumni muss sich ändern. Wir wollen daher eine substanzielle deutsche Alumni-Basis mit der amerikanischen Kultur des Zurückgebens verbinden. Für mich ist es wichtig, etwas neues Sinnvolles mit möglichst großer Auswirkung zu schaffen. Deshalb helfe ich meiner Universität und bin gerne Mentor. Wir tun etwas sehr, sehr Schwieriges: Wir verändern das Mindset, das kulturell tief verankert ist.

Wie geht die Universität mit diesem Ansatz um – Universitäten sind in Deutschland schwere Tanker?

Der derzeitige Rektor der Albert-Ludwigs-Universität kämpft zweifellos mit der Verwaltung, denn er hat unser Alumni-Konzept verinnerlicht. Ich hatte ihm erklärt, was Ehrenamtliche wie Katrin und ich persönlich für die Alumni tun können. Es braucht jedoch auch eine Infrastruktur. Wenn die Universitäten das Alumni-Wesen ernsthaft betreiben wollen, dann müssen sie Geld ausgeben, um Geld zu verdienen. Das Vorgehen muss professionalisiert werden. Es kostete mich viele Jahre, bis die Universität ein Büro in New York eröffnete. Seitdem haben wir diese Basis vergrößert und bekamen von der Max Kade-Stiftung einen Zuschuss von 600.000 Dollar. Dieser Zuschuss bewies, dass das Geld zu fließen beginnt.

Hattest du einen Mentor und bist du selbst Mentor?

Ich hatte sehr viele Mentoren. Einer war jedoch wichtiger als alle anderen und ist es bis heute, ein Stahlhändler mit 40-jähriger Erfahrung. Wir reden viel miteinander. Ich höre mir gerne an, was er sagt. Wenn ich mir über etwas Sorgen mache, bleibt er ruhig und sagt kluge Dinge wie: „Alle Probleme dieser Welt hängen mit Geld und Zeit zusammen." Er besitzt Weisheit, Erfahrung und Geduld. Das versuche ich nachzuahmen. Katrin Kempiners ist eine von meinen Mentees. Die anderen sind die jungen Freiburg Alumni Nordamerika.

Wer profitiert beim Mentoring?

Beide: Mentee und Mentor.

Erfolgsbooster Corporate-Alumni-Netzwerke

Immer mehr Unternehmen entdecken hierzulande den enormen Nutzen von Alumni-Netzwerken. Liegen ihre Wurzeln in den USA oder sind sie weltweit aktiv, dann hat das unternehmenseigene Alumni-Netzwerk meistens eine lange Tradition. Was für ein Vorsprung gegenüber Unternehmen, die jetzt erst damit beginnen, ein Alumni-Netzwerk aufzubauen und dies womöglich semi-professionell tun. Alumni-Netzwerke sind zudem ein Garten Eden für Mentoring-Beziehungen.

Alumni haben Wissen, Erfahrung, Know-how, Netzwerke und kennen ihr ehemaliges Unternehmen gut, die Stärken wie die Schwächen. Sie können in ihrer neuen Arbeitswelt als Botschafter fungieren, den alten Arbeitgeber für Projekte empfehlen und selbst davon profitieren, was dieser an neuen Ideen, Studien etc hervorbringt, und mit Kollegen im fachlichen oder persönlichen Austausch bleiben. Menschen kennen Menschen und so könnten ehemalige Mitarbeiter, wenn es Sinn macht, Talente auf ihren alten Arbeitgeber hinweisen.

 Ich kann nur dringend empfehlen: Heben Sie diesen Schatz nach der aktiven Laufbahn Ihrer Mitarbeiter in Ihrem Unternehmen.

Networking-Lounge No. 7: Die Alumni-Lounge (Teil 2: Unternehmensbande)

Der Alumni-Netzwerk-Botschafter Cawa Younosi trifft hier den Alumni-Netzwerkmanager Thomas Wiederspahn. Sie haben sich viel zu erzählen. Cawa Younosi von SAP gab mir im Rahmen unseres Interviews (s. Networking-Lounge No. 6) zum SAP-Alumni-Netzwerk einen interessanten Einblick. Es hat mehr als 9.000 Mitglieder (50 Prozent Alumni, 50 Prozent SAP-Mitarbeiter) aus über 90 Ländern.

Lieber Herr Younosi, wie funktioniert das SAP-Alumni-Netzwerk und was verspricht sich SAP für das Unternehmen selbst?

Das SAP-Alumni-Netzwerk funktioniert gut und wird gut gepflegt. Ich selbst bin einer der SAP-Alumni-Netzwerk-Botschafter. Es gibt dafür eine eigene Plattform. Sie dient auch zur Talentgewinnung über die Empfehlungen von Alumni. Und Rückkehrer sind willkommen, denn sie treten mit zusätzlicher externer Perspektive und weiterentwickelter Expertise wieder ein. Wir veranstalten Events mit prominenten Speakern, um die Attraktivität des Netzwerks zu erhöhen. Und abgesehen davon, dass die Fluktuationsrate bei SAP verschwindend gering ist, haben wir einen weiteren positiven Effekt:

Mitarbeiter, die das Unternehmen verlassen, verbleiben überwiegend im Unternehmensumfeld. Sie wechseln oftmals zu Kunden oder Partnern. Das Alumni-Netzwerk fördert also den Austausch und hat für die Alumni und potenzielle Rückkehrer den Vorteil, dass sie sich mögliche Karriereoptionen öffnen und alle relevanten Entwicklungen mitbekommen.

Der versierte Alumni-Netzwerkmanager: Thomas Wiederspahn

Persönliches

Den Kontakt zum Leiter des PwC-Alumni-Netzwerks Deutschland, Thomas Wiederspahn verdanke ich Thomas Kieper, Partner der Wirtschaftsprüfungs- und Beratungsgesellschaft Price Waterhouse PwC und Standortleiter Berlin. Dies ist erneut ein schöner Netzwerkeffekt. Wir lernten uns bei einer der Spitzenväter-Preisverleihungen der Firma Mestemacher kennen.

In Thomas Wiederspahn fand ich einen überzeugten Alumni-Netzwerkmanager, der meine Einschätzung zum Thema bestätigte, als ich fragte, was ihn bei seiner Arbeit antreibe: „Es ist die Tatsache, dass das Potenzial von Corporate-Alumni-Netzwerken nach wie vor stark unterschätzt wird – außer von Beratungshäusern wie McKinsey oder der Boston Consulting Group. Neben dem Wert für die eigene Reputation, das eigene Recruiting und die Geschäftsentwicklung ist eine aktives Placement, wie es die genannten beiden Unternehmen betreiben, der beste Weg für den Aufbau eines beruflichen Netzwerks, dessen Mitglieder sich dem ehemaligen Arbeitgeber loyal und dankbar verbunden fühlen."

Zur Person

Thomas Wiederspahn betreut das PwC-Alumni-Netzwerk seit 2010. In die Zeit seiner Zuständigkeit fällt in erster Linie die Implementierung von digitalen Werkzeugen und Prozessen, die im Kern eine Integration der Alumni-Thematik in den regulären Exit-Prozess und eine möglichst weitreichende Automatisierung der Erhebung, Speicherung und Verwaltung von Kontaktdaten ermöglichen.

PwC hat diverse länderspezifische Alumni-Netzwerke. Das Alumni-Programm XChange steht in Deutschland als Plattform allen aktiven und ehemaligen Mitarbeiterinnen und Mitarbeitern offen, die nach Ablauf der sechsmonatigen Probezeit übernommen wurden. Ziel von XChange ist, den regen Austausch zwischen aktiven und ehemaligen Mitarbeiterinnen und Mitarbeitern aufrechtzuerhalten. Es sind knapp 500.000 Alumni weltweit. In Deutschland sind circa 8.500 Personen im Netzwerk registriert. Das Netzwerk existiert seit 2008.

PwC bietet branchenspezifische Dienstleistungen in den Bereichen Wirtschaftsprüfung, Steuer- und Unternehmensberatung. In Deutschland sind rund 600 Partner und insgesamt über 11.000 Experten von 21 Standorten aus tätig. PWC hat mehr als 250.000 Mitarbeiter in 158 Ländern.

Mehr Informationen via www.pwc.de

Lieber Herr Wiederspahn, wie ist das Alumni-Netzwerk organisiert?
Es gibt „XChange" als firmeneigene Community-Plattform, die als „Software-as-a-Service" beim marktführenden Anbieter gegen Lizenzgebühren gemietet und im eigenen Brand betrieben wird. Parallel dazu nutzen wir eine LinkedIn-Fokusseite, um auf das Netzwerk aufmerksam zu machen. Auf den Webseiten von PwC gibt es ebenfalls eine Darstellung und die Möglichkeit zur Registrierung.

Wie sieht das Angebot für Ihre Alumni aus?

Zentral sind die jährlichen Events aller großen Standorte. Hinzu kommt die Plattform mit regelmäßigen Updates und ein alle zwei Monate versendeter Push-Newsletter.

Wie engagieren sich die Alumni selbst?

Die Organisation des Netzwerks und der Events liegt vollständig bei den Alumni-Netzwerkleitern. Die Alumni sind daran eher wenig beteiligt. Was den Austausch untereinander anbelangt, sind die Alumni unterschiedlich stark aktiv. Konkrete Zahlen liegen dazu aber nicht vor, weil eine Nachverfolgung dieser Aktivitäten aus Datenschutzgründen nicht möglich ist.

Was erhofft sich PWC über den persönlichen Austausch der ehemaligen Mitarbeiter hinaus? Aufträge oder gar Rückkehr ins Unternehmen?

Die beiden genannten Zielsetzungen stehen im Vordergrund. Allerdings geht es in den seltensten Fällen um direkte Auftragsvergaben. Alumni sind vor allem sehr glaubwürdige „Botschafter", wenn es um die Reputation von PwC als Dienstleister und Arbeitgeber geht, und sie sind potenzielle Informationsquellen hinsichtlich ihrer aktuellen Arbeitgeber, wenn es darum geht, zu verstehen, in welchen Bereichen „der Schuh drückt" und bei welchen Zielsetzungen eine Beratung oder Unterstützung sinnvoll sein könnte.

Inwiefern haben Alumni an aktuellen Unternehmensentwicklungen teil bzw. welche Berührungspunkte gibt es mit der Belegschaft?

Zum einen werden Alumni im Newsletter regelmäßig auch über interne Veränderungen und Entwicklungen informiert. Darüber hinaus werden sie zu Fachveranstaltungen und Teilnahme an Befragungen eingeladen. Sowohl die Alumni-Events als auch das Alumni-Portal sind Plattformen zum Austausch von aktiven mit ehemaligen Kolleginnen und Kollegen.

> Die Präsenz von aktiven Kollegen bei den Events wird von unseren Alumni ganz explizit gewünscht und die Mitgliedschaft im Netzwerk steht allen PwC-Mitarbeitenden nach Ablauf der Probezeit offen.

Mittelstand goes Alumni

Im Mittelstand scheint das Thema Alumni-Netzwerke noch nicht oder nicht weit oben auf der Agenda zu stehen. Vielleicht hält man die Anzahl der Alumni für zu gering, als dass es den Aufwand lohnen könnte. Ich bin der Auffassung, es ist ab einer gewissen Größe des Unternehmens mehr als eine Überlegung wert, mit Blick auf Mitarbeiterrekrutierung über Ehemalige ein solches Netzwerk aufzusetzen. Man sollte dabei nicht zu kompliziert denken. Es wäre am einfachsten, die Ehemaligen zu Firmenfesten und ggf. auch Kundenevents wie Hausmessen, Filialeröffnungen einzuladen. Man muss das nur wollen. Ob dabei die Gefahr besteht, „ausspioniert" zu werden, kann nur im Einzelfall beantwortet werden, ich meine eher nein. Oft scheitern Unternehmen schon daran, das Angebot von Männern und Frauen in Elternzeit anzunehmen, bei wichtigen Besprechungen dabei zu sein. Schade.

Man sollte sich zudem nicht täuschen: Die Anzahl der Alumni liegt bei Unternehmen aus den USA bei Weitem höher als die Anzahl der Mitarbeiter. Bei PwC sind es doppelt so viele. SAP hat bei rund 96.000 Mitarbeitern ca. 4.500 Alumni, was an der extrem niedrigen Fluktuationsrate von 1,3 Prozent und den deutschen Wurzeln liegen wird. Wie auch immer die Quote aussieht: Was für ein Pool an Kompetenz, Ideen und Kontakten! Nutzen Sie die Chancen!

Alumni-Netzwerk weitergedacht

Mir stellt sich die Frage, ob Alumni-Netzwerke angesichts des Fachkräftemangels nicht neu gedacht werden müssen, nämlich dahingehend, dass auch Praktikanten, ehemalige Lehrlinge, Werkstudenten etc. aufgenommen werden. Im Grunde sollte der ganze Lebensarbeitszyklus bis zum Ausscheiden der Mitarbeiter unter Berücksichtigung der unterschiedlichen Ausbildungswege abgebildet sein. Laut Studien halten die meisten Unternehmen keinen Kontakt mit Praktikanten. Das gilt auch für Lehrlinge, die nach der Lehre studieren, dabei könnte man sie über Ferienjobs oder auch während des Semesters weiterbeschäftigen, um in Kontakt zu bleiben. Das sind vertane Chancen. Eine andere Option wäre, bewährten Freelancern Zugang zu Alumni-Netzwerken zu gewähren.

Frauen und Business Networking – eine Aufholjagd

Unternehmerinnen und andere Führungsfrauen

2007 veröffentlichte ich mein Erstlingswerk: *Was Männer tun und Frauen wissen müssen – Erfolg durch Networking*. Ich hatte festgestellt, dass Frauen zwar eine außerordentlich große Begabung zum Netzwerken haben, diese Fähigkeit, Kontakte zu knüpfen und Beziehungen am Laufen zu halten, jedoch fast ausschließlich privat nutzen. Im Business, so meine Beobachtung, die von vielen hochkarätigen Profi-Netzwerkern geteilt wird, nutzen sie Netzwerke zu wenig und zu wenig strategisch. Dass über zehn Jahre später immer noch so wenige Frauen in hohen und höchsten Führungspositionen anzutreffen sind, liegt zum großen Teil daran.

Ich kenne natürlich bestens vernetzte Führungsfrauen. Doch allzu viele Frauen vertrauen darauf, man(n) werde schon erkennen, wie tüchtig sie sind, und ihnen spannende Aufgaben oder eine Führungsposition anbieten. Das passiert so oft, wie ein Prinz auf einem Rappen erscheint, um die Prinzessin auf das Pferd und dann auf den Thron zu heben.

Es gibt auch deutlich weniger weibliche als männliche Gründer und Unternehmer. Deshalb rief der ehemalige Bundeswirtschaftsminister Sigmar Gabriel 2014 die Initiative und das Unternehmerinnen-Netzwerk „FRAUEN unternehmen" ins Leben, dem ich angehöre. Unsere Mission ist, anderen Frauen Mut zu machen, überhaupt darüber nachzudenken, ein Unternehmen zu gründen, eines zu kaufen oder das Familienunternehmen zu übernehmen. Wir sind bei Gründermessen, IHK-Events, aber auch in Hochschulen und Schulen zugange.

Think big

Es gibt viel Potenzial bei der Vernetzung von Frauen im Business. Leider sind viele Frauennetzwerke zu klein, jedenfalls nicht groß genug, um in der Gesellschaft so viel bewegen zu können wie große machtvolle Männerverbünde. Bitte verstehen Sie mich nicht falsch: Jeder noch so kleine lokale Verbund von Menschen macht für jeden Einzelnen von ihnen einen großen Unterschied. Geht es um weitreichenden gesellschaftspolitischen und wirtschaftlichen Einfluss, um Gleichstellung und Beseitigung des Gender Pay Gap, dann muss größer gedacht werden.

Der Deutsche Frauenrat bündelt als Dachverband 60 deutsche Frauennetzwerke. Der deutsche Landfrauenverband ist mit 500.000 Mitgliedern das mit Abstand größte deutsche Frauennetzwerk, gefolgt von Frauennetzwerken in der Digitalwirtschaft wie den Digital Media Women mit 24.000 Mitgliedern. Die Global Digital Women gingen 2018 aus der deutschen Initiative Women in Digital (IWID) hervor. Sie vernetzen international 30.000 Frauen. Der seit über 60 Jahren bestehende renommierte Verband deutscher Unternehmerinnen vertritt 1.800 Mitglieder. Selbst das erfolgreiche US-basierte Frauennetzwerk der Soroptimists hat „nur" 76.000 Mitglieder in 122 Ländern. Die Business and Professional Women (BPW International) sind in 100 Ländern mit 25.000 Mitgliedern vertreten.

Dass Männer größer denken, zeigen zwei globale Netzwerke: Die Rotarier bringen es auf 1,2 Millionen Mitglieder in 35.000 Clubs, davon 250.000 Frauen (Stand 2016). In den Lions Clubs sind 1,4 Millionen Menschen vereint. Vergleichbare Mitgliederdimensionen erreicht bislang kein Frauennetzwerk. Doch zwei Newcomern kann das gelingen. Facebook-Geschäftsführerin Sheryl Sandberg initiierte mit ihrem Bestseller „*Lean In*" 2013 eine Bewegung für Frauen, die in 44.000 Zirkeln in 170 Ländern über 400.000 Frauen und Männer umfasst. Im Juni 2017 hatte die damalige Bundeswirtschaftsministerin Brigitte Zypries Führungsfrauen und Unternehmerinnen zum Hoffest eingeladen. Die US-amerikanische Unternehmerin Melanie Hawken, die Gründerin der „Lionesses of Africa", begeisterte mit ihrem Bericht über ihre Löwinnen, afrikanische Unternehmerinnen und Gründerinnen, insbesondere mich, denn kurz zuvor war meine *Löwen-Strategie* erschienen. Die „Lionesses of Africa" sind auf beispiellosem Erfolgsweg. Die Ende 2014 gegründete Plattform vernetzt 750.000 Nutzerinnen in 54 afrikanischen Ländern und 10.000 Personen in der Diaspora in Europa und Nordamerika. Melanie Hawken denkt wahrhaft groß. Sie strebt eine Million Unternehmerinnen an.

Be smart

Größe allein sagt nicht alles über die Qualität eines Netzwerks aus. Permanentes Wachstum schon, zumal viele etablierte Netzwerke kaum Wachstum verzeichnen. Die Hamburger Unternehmerin Kristina Tröger denkt als Hanseatin international. Daher hat sie Ende 2015 ein europäisches Unternehmerinnennetzwerk gegründet: den Club europäischer Unternehmerinnen (CeU). Der Erfolg von Netzwerken steht und fällt mit dem Initiator und seinem Inner Circle, der das Thema pusht. Der CeU ist off- und online sehr aktiv und zeichnet sich durch die hohe Qualität der über 700 Mitglieder aus. Kristina Tröger kommt in der Networking-Lounge No. 8 zu Wort.

Das Davos der Frauen

Das globale Netzwerk der Globe Women, das seit nunmehr 29 Jahren besteht, bietet über den jährlichen Global Summit of Women (GSW) der Community eine internationale Plattform zur Begegnung. Im Juli 2019 fand der 29. Summit in Basel statt. Es war mein dritter GSW, nach Paris 2014 und Berlin 2007. Es trafen sich über 1.000 Frauen aus 70 Ländern. Man nennt den GSW das „Davos der Frauen", denn nirgendwo sonst trifft man so viele Regierungsministerinnen, Top-Führungsfrauen aus Wirtschaft und Gesellschaft, Unternehmerinnen wie Sung Joo Kim, die Chefin des Modelabels MCM, und hochkarätige Expertinnen. Mehr erfahren sie von der Gründerin Irene Natividad in der Networking-Lounge No. 8.

Mein Wunsch für Frauen in Wirtschaft und Gesellschaft ist: Mehr Zusammenhalt. Weniger Zickenkrieg. Weniger Neid. Und eine strategische Bündelung der Kräfte, um gemeinsam mit Männern – nicht gegen Männer – die Welt zu verändern.

Networking-Lounge No. 8: Die Macherinnen

Die beiden Gründerinnen internationaler Frauennetzwerke Irene Natividad und Kristina Tröger begegnen hier dem einizigen weiblichen General, den ich kenne: General Major Kristin Lund von der Friedenstruppe der Vereinten Nationen. Sie setzen sich für Frauen in unterschiedlichen Bereichen ein.

Die Anwältin der Frauen: Irene Natividad

Persönliches

Seit dem Global Summit of Women (GSW) 2007 in Berlin gehöre ich zu den Globe Women. Ich war 2007 Mitglied des National Host Committee und erlebte den GSW erstmals. Er war gigantisch: 1.200 Frauen aus über 100 Ländern nahmen teil. Nie hatte ich mehr Ministerinnen und hochkarätige Führungsfrauen aus Wirtschaft, Politik und Gesellschaft an einem Ort getroffen. Die treibende Kraft dahinter ist Irene Natividad, die dieses Event von einem Erfolg zum nächsten führt – mit viel Charme, straffer Hand und sensationellen Beziehungen, die ihn erst möglich machen. Sie kennt sie wirklich, die Mächtigen und die Erfolgreichen, das macht den Summit so attraktiv. Ich habe die Summits von Paris 2014 und Basel 2019 sehr genossen und viele interessante Kontakte geknüpft. Im April 2020 ist Thailand Gastgeber.

Zur Person

Irene Natividad ist US-Amerikanerin mit philippinischen Wurzeln. Sie gründete 1990 den Global Summit of Women in Washington als Nichtregierungsorganistion. Er ist als Knotenpunkt konzipiert, an dem sich öffentliche, private und gemeinnützige Sektoren zusammenschließen. Die gemeinsame Vision ist seitdem, die wirtschaftlichen Chancen von Frauen weltweit durch den Austausch von Arbeitslösungen und kreativen Strategien von weiblichen Führungskräften signifikant zu erweitern. Der GSW tagt jährlich an wechselnden Orten als Wirtschaftsgipfel, dessen Schwerpunkt auf der weiteren Entwicklung von Frauen in der Weltwirtschaft liegt. Man nennt ihn das „Davos der Frauen". Der GSW 2019 stand unter dem Motto „Women: Redefining Success".

Mehr Informationen via www.globewomen.org/globalsummit/

Liebe Irene, warum hast du den GSW vor 29 Jahren ins Leben gerufen?

Es gibt wirklich keine globale Business-Plattform für Frauen, wo wir uns darüber austauschen können, was funktioniert, anstatt nur die ökonomischen Probleme von Frauen zu untersuchen. Ich hatte zudem das Gefühl, dass sich Frauen global treffen sollten, um besser zu verstehen, was „global" wirklich bedeutet: Sie erleben das beim Summit durch die anderen Frauen aus den verschiedensten Ländern – von Aserbaidschan über Kolumbien bis Kamerun.

Wie hast du Beziehungen zu all diesen VIPs aus Politik und Wirtschaft aufgebaut?

Da der Summit nunmehr drei Jahrzehnte existiert, habe ich die Karrierefortschritte der Teilnehmerinnen verfolgt, seit sie an den Summits teilnahmen. Die Ministerin, die den Begriff „Davos der Frauen" prägte, kam 1998 erstmals zum Summit nach London, dann wurde sie Vize-Präsidentin von Südafrika und nun ist sie Unterstaatssekretärin der Vereinten Nationen. Auch Sung Joo Kim, CEO von MCM, kam zum Londoner Summit und ist seitdem immer dabei. Die ehemalige Präsidentin von Malawi, Joyce Banda, war bei ihrem ersten Summit 1997 in Miami eine NGO Führungskraft. Kurz gesagt habe ich über Jahre Langzeitbekanntschaften mit Erfolgsfrauen aufgebaut. Es gibt daher ein geistiges „Rolodex" mit solchen Frauen, mit denen ich in Kontakt blieb, während sich ihr Berufsleben entwickelte.

Hinweis: Sung Joo Kim, MCM, ist seit vielen Jahren Sponsorin des GSW. Sie sagte in Basel, der Summit habe ihr Leben verändert und das Wachstum von MCM vorangebracht. Irene ist ihre Mentorin.

Wie konnte der GSW so lange bestehen?

Die Reputation wuchs über die Jahre. Ehemalige Teilnehmerinnen brachten andere hinzu. Ich habe Qualitätsprogramme mit den hochkarätigsten Speakern entwickelt, weil ich glaube, dass der Aufwand der Summit-Teilnahme mit wertvollem Inhalt und inspirierenden Erfahrungen vergolten werden muss. Ich achte auf jedes Detail – die Bühne, die Kulisse, gesetzte Essen statt Buffets etc.

Gibt es Hoffnung, dass wir den GSW in 10 Jahren nicht mehr mit heutigem Fokus brauchen?

Ich wünsche es mir! Aber ich bin seit nunmehr 40 Jahren eine Anwältin für Frauen in den USA und global und bislang war die Veränderung viel zu langsam. Je älter ich werde, desto weniger Geduld habe ich, nur von denen zu sprechen, die in Führungspositionen sind. Die Frauen können nicht darauf warten, dass etwas passiert. Sie müssen den Stier bei den Hörnern packen und auf Veränderung drängen. Das tun die US-Fußballerinnen, die die US Soccer Federation verklagen, mit ihren „equal pay"-Plakaten in den

Stadien. Dieser Fall ist so offensichtlich, dass die Leute nun verstehen, dass die Bezahlung nicht vom Geschlecht abhängen sollte. Ich bin so stolz auf das, was Frauen trotz aller Widrigkeiten erreichen. Weshalb also sollte ich nicht weitermachen?

Hinweis: Die US-Fußballerinnen reichten ihre Klage am Weltfrauentag ein. Einen Tag später verkündete Adidas: „Equal pay for equal play". Der Sportartikelhersteller stellt künftig Fußballerinnen bei der WM-Titelprämie den Männern gleich. Es tut sich etwas im Bewusstsein!

Sie vernetzt Unternehmerinnen europaweit: Kristina Tröger

Persönliches

Vor einiger Zeit berichtete mir Prof. Yu Zhang, eine befreundete Unternehmerin, Kunstsammlerin und Kooperationspartnerin, begeistert vom Club europäischer Unternehmerinnen in Hamburg. Ich müsse Kristina Tröger, die Gründerin, kennenlernen. Im Februar 2019 trafen wir uns unvermutet: Ich hielt im noblen Warburg Haus die Keynote Speech beim Neujahrsempfang von Pro Exzellenzia, einem Förderprojekt von EU und Hamburg für junge Wissenschaftlerinnen. Es gibt keine Zufälle. Kristina Tröger ist im Beirat von Pro Exzellenzia. Ihr liegt nicht nur die Vernetzung von Unternehmerinnen am Herz, sie setzt sich zudem für begabte junge Frauen ein. Uns beiden ist wichtig, Frauen in der Wissenschaft Einblicke in die Wirtschaft zu geben. Schließlich werden viele von ihnen später dort arbeiten.

Zur Person

Kristina Tröger ist Gesellschafterin und Geschäftsführerin der beiden Hamburger Unternehmen Tröger & Partner GmbH und IPG Stadtbau GmbH, die sie mit ihrem Mann zusammen sehr erfolgreich führt. Hier richte ich den Fokus jedoch auf eines ihrer Ehrenämter. Kristina Tröger ist Initiatorin und Präsidentin des Clubs europäischer Unternehmerinnen (kurz: CeU).

Bereits kurz nach der Gründung Ende 2015 setzte rasantes Wachstum ein. Mittlerweile sind weit über 700 Macherinnen im internationalen Netzwerk des Clubs vereint. Die Eröffnung weiterer Standorte in Deutschland und im europäischen Ausland steht an. Zu den Mitgliedern gehören viele namhafte Unternehmerinnen. Nicht zuletzt ist es Kristina Tröger zu verdanken, dass der CeU viele hochkarätige Unterstützer aus Wirtschaft, Politik und Gesellschaft gewinnen konnte. Mich beeindruckte, dass es gelingt, in Zeiten von Social Media junge Frauen für den Club zu begeistern. Zudem gefällt mir die Einstellung von Kristina Tröger: „Wenn wir beim CeB eine Idee haben, diskutieren wir nicht ewig lange, wir machen." Wow, so gehen Vollblutunternehmerinnen ans Werk.

Mehr Informationen via www.ceu-hamburg.eu

Liebe Frau Tröger, wie definieren Sie Netzwerk?

Ein Netzwerk, das diesen Namen verdient, ist ein gut gepflegtes Beziehungsgeflecht zwischen Personen, die sich privat und beruflich unterstützen, helfen und zusammenarbeiten, ohne dazu z. B. qua Vertrag verpflichtet zu sein.

Was hat Sie bewogen, den CeU zu gründen?

Wir waren überzeugt davon, dass die Zeit reif war für dieses neue und moderne Netzwerk erfolgreicher Unternehmerinnen, das überparteilich und unabhängig Frauen in der Wirtschaft fördern will.

Wie erklärt sich dieses großartige Wachstum in so kurzer Zeit, während lange bestehende Frauennetzwerke stagnieren?

Unser Erfolg resultiert daraus, dass wir im besten Sinne anders sind als herkömmliche Netzwerke von Unternehmerinnen; und das wird uns immer wieder von begeisterten neuen Mitgliedern und Unterstützern bestätigt! Wir haben unseren ganz eigenen Stil, der modern ist und dabei zeitlos. Unsere Ziele verfolgen wir unkompliziert, offen und selbstbewusst. Die Zusammenarbeit in unserem Club entspricht der typischen Kommunikationskultur moderner Unternehmerinnen: auf Augenhöhe, unprätentiös und auf die individuellen Bedürfnisse abgestimmt.

Wir legen Wert darauf, dass unser Netzwerk nach außen wie nach innen wirkt: Nach außen geben wir realitätsnahe inhaltliche Denk- und Handlungsanstöße, indem wir nicht nur Ideen und Lösungsansätze formulieren. Wir beweisen auch, dass es viele erfolgreiche und gut vernetzte Frauen gibt, die eine Menge zur pragmatischen Lösung wirtschaftlicher, politischer und gesellschaftlicher Herausforderungen beitragen. Nach innen stärkt unser branchenübergreifendes Netzwerk unsere Mitglieder: Diese können jederzeit die Erfahrung, Kompetenz und Vernetzung gleichgesinnter Unternehmerinnen nutzen, die sich professionell weiterentwickeln und gegenseitig unterstützen wollen. Unabhängig von Alter und Berufserfahrung kann so jedes Mitglied vom Wissen der anderen und der Stärke unseres Netzwerkes profitieren. Damit trägt der Club europäischer Unternehmerinnen ganz pragmatisch dazu bei, erfolgreiche Frauen noch erfolgreicher zu machen.

Bei allem, was wir tun, gehen wir unideologisch vor, ausgrenzende, auch feministische, Denkweisen lehnen wir ab: Wir arbeiten gut und gerne mit Männern zusammen, sowohl in unseren Unternehmen als auch im Club.

Und so wie es der Weltoffenheit unserer Mitglieder entspricht, ist auch unser Club international ausgerichtet. Wir vernetzen uns bewusst auch auf europäischer Ebene und bauen dafür eine umfassende eigene europäische Struktur auf. Bereits jetzt haben wir Repräsentantinnen in drei europäischen Ländern (Italien, Spanien und Polen) und werden in Kürze auch in England, Frankreich und Schweden vertreten sein. Weitere Länder werden folgen.

Wie gelingt es, junge Unternehmerinnen für ein Netzwerk zu interessieren, das den Fokus nicht primär auf Social-Media-Aktivitäten richtet?

Wir bieten einfach einen echten Mehrwert, indem wir ganz pragmatisch erfolgreiche Frauen noch erfolgreicher machen.

Würde man Ihnen pro Woche zwei bis drei Stunden für Netzwerkaktivitäten schenken, wie würden Sie die Zeit nutzen?

Kommunizieren, kommunizieren, kommunizieren.

Furchtlos im Einsatz für den Frieden: Major General Kristin Lund

Persönliches

Beim internationalen Frauenfrühstück 2019 in den Nordischen Botschaften in Berlin lernte ich bei einer Podiumsdiskussion eine toughe und sehr sympathische Frau kenne: Kristin Lund. Sie ist ein leibhaftiger General und besteht bei Soldaten und Soldatinnen denn auch auf die Anrede General. Ich freue mich sehr, dass Kristin zwischen ihren vielen Dienstreisen und Auslandeinsätzen Zeit gefunden hat, meine Fragen zu beantworten.

Zur Person

Die gebürtige Norwegerin Major General Kristin Lund ist seit dem 19. Oktober 2017 „Head of United Nations Truce Supervision Organization". Seit sie 1979 in die norwegische Armee eintrat, machte sie eine beeindruckende Karriere mit weitreichenden Befehls- und Personalerfahrungen auf nationaler wie internationaler Ebene. Sie war dabei meistens die erste Frau in der jeweiligen Funktion. Dies ist nur ein Auszug: 2007 wurde Lund als Brigadegeneral stellvertretende Kommandeurin des Heeresoberkommandos. 2009 wurde sie als erste Frau zum General Major, Generalmajor, der norwegischen Streitkräfte ernannt und übernahm ebenfalls als erste Frau den Posten als Generalinspekteurin der Heimwehr. Zwischen 2014 und 2016 war sie als Kommandeurin der United Nations Peacekeeping Force in Zypern zugleich als erste Frau in dieser Funktion.

Kristin Lund absolvierte eine Offiziersausbildung an der Transport- und Logistikschule Befalsskolen for Hærens Transportkorps og Intendantur sowie an der Militärakademie Krigsskolen und besuchte die Stabsschule der Streitkräfte FSTS Forsvarets stabsskole. 2004 absolvierte sie die Verteidigungshochschule Forsavaret høgskole. Sie machte den Master im Fach Strategische Studien am US Army War College in Carlisle.

Dear Kristin, how do you define „network"?

A network is what you make it to be, for me it is a system of people with common interests, goals and desires. Trying to make a change, influence, exchange of information, a learning platform.

Which are your most effective networks?

I'm in more networks, but what have meant most to me is these four:

- **Nordic Women Mediators (since 2015)**

The Nordic Women Mediators (NWM) Network of women from the five Nordic Countries is with professional expertise relevant to conflict mediation, peacebuilding and negotiations. They share a commitment to sustaining peace through the inclusive and meaningful participation of women in all phases of peace processes. NWM is an instrument for the involvement of Nordic Women in advocacy and operational engagement in support for peace.

The benefits: Gathering women with same interest and experience. Possibilities to exchange experiences. Very motivating to meet equal women. Mapping of expertise to be used in ongoing peace processes. Represent and participate in workshops to represent the network worldwide. I shared my experiences, time and volunteered to be in the steering committee for the national network. Arranged field trip to engage with ongoing peace process.

- **Norwegian Female Military Network (since 1989)**

Because we were so few it was always good to get together to discuss the different challenges. It was motivation, supportive and educating. With all my experience from several duty stations I could give them advise and bring it to the Defense staff. I'm a role model for the young once, they can see it's possible to become a general.

- **Harley Owners Group (since 1998)**

I joined this network when I bought my first Harley Davidson. They arranged tours, training and the network was incredible diverse with all types of people. I joined the Oslo leadership and arranged many tours and rallies.

- **Childhood Schoolfriends Network (since 1965)**

My oldest network. They have given me support throughout my life. When you are in an organization like the military it's so important to have „civilian ordinary" friends to do fun things with. They are always there after long deployments and they listen to your war stories again and again. I have tried to be there always for them when they needed it.

Did you have mentors?

I have had no formal mentors, but I have had good colleagues that advised and encouraged me to apply for different positions I thought I could not get or handle. Now I have a kind of a mentor that I can get advice from or just a need talk.

Are you a mentor?

Since I'm deployed it's too difficult, but I do as my colleagues did for me for some younger officers that I see have potential. When I was in Norway I was mentor for different officers.

You live abroad in dangerous places – how do you manage to you stay in touch with your private network and your business connections in Norway?

Social media, messenger, E-mail, skype, telephone.

You told us those in charge should use their power to bring gender and diversity topics forward – what do you do?

I sign off all recruitment and make sure that we follow our parity strategy. I engage in workshops and roundtables. I try to empower women and encourage to form female military network here. I write and talk to Chief of Defense/Defence Staff ask them to send more female. I put gender on top of my agenda, just that increase the numbers so fare.

Is it difficult for women to get access to informal military networks?

I will say no, but often women are afraid to engage in military networks, because of comments from male colleagues. If there is no network, start one.

I like your statement: If women decide to be part of an organisation they should take what they get. Could you please explain it for my readers?

I think what I meant was that women also have obligations when you want full gender equality in the society, like in Norway you must serve in the military due to our constitution. It's not only to take, but you also must give.

Der Unterstützer der Frauen: Friedensnobelpreisträger Muhammad Yunus

Prof. Muhammad Yunus erhielt auf dem Global Summit of Women 2019 für seinen lebenslangen Einsatz für Millionen von Frauen den Global Women Leadership Award. Seine Erfolgsgeschichte als „Banker of the Poor" begann 1983 mit der Gründung der Grameen Bank in Bangladesch. Seine Mikrokreditidee revolutionierte den Finanzmarkt: Banken gehen zu den Reichen, Grameen geht zu Armen. Banken gehen zu Männern, Grameen geht zu Frauen. Banken agieren in Städten, Grameen auf dem Land. So das Konzept in Kurzform. Da Arme keine Kredite bekamen oder von Kredithaien „versklavt" wurden, verlieh Prof. Yunus zunächst sein eigenes Geld. Bereits Beträge von 30 $ sind für Arme in Bangladesch ein Vermögen und die Chance, ein Geschäft aufzubauen. 97% der Kreditnehmer sind Frauen, die Rückzahlungsquote beträgt 97%. Mikrokredite gibt es in über 100 Ländern. Prof. Yunus möchte Armut ins Museum verbannen: Die Armutsrate in Bangladesch jedenfalls sank von 56% auf 31%.

Nach der Preisverleihung traf ich Prof. Yunus unvermutet und nutzte die Chance für ein persönliches Dankeswort für sein Engagement und beschenkte ihn mit einem Glücksstein, einem handgefertigten Handschmeichler für meine Kunden. Prof. Yunus war so unglaublich freundlich, dass ich ihn um ein Interview bat. Ich freue mich darauf. Hier kommt sein Statement zum Global Summit Award:

„I was absolutely delighted to receive the award. It's a great honour. But most important is the spotlight it puts on poorest women's situation. The Global Summit of Women promotes the acceleration of women's economic opportunities globally and the theme of this year was "Women: Redefining Success". That fits well: Microfinance loans made success possible for thousands of women."

Statements: Frau, Karriere und Business Networking

Einigen Interviewpartnern stellte ich Fragen zum Kontext Frauen im Beruf.

- **Reinhard Kreissl**

Kommen Frauen in Sachen Vernetzung voran? Frauen holen auf und ich habe – zumindest in meinem Bereich – nicht das Gefühl, dass es da Defizite gibt, muss dazu aber auch sagen, dass wir hier in unserem kleinen Laden eine starke Gender-equality-Politik fahren.

- **Dr. Sigrid Nikutta**

Sie sind sehr gut vernetzt. Die meisten Frauen erlebe ich privat bestens vernetzt, doch beruflich hapert es. Wie lautet Ihr Networking-Tipp für Frauen? Ich würde den Satz so nicht unterschreiben, dass Networking privat klappt, es jedoch im Beruf hapert. Ich kenne viele Frauen, die beruflich und privat gleich gut vernetzt sind. Mein Rat ist, sich breiter zu vernetzen, nicht nur mit Gleichgesinnten und nicht ausschließlich mit Frauen. Die Kontakte sollten branchenübergreifend sein und auch weit über den Beruf hinausgehen. Oft trifft man dann auf anderen Ebenen wieder zusammen. Frauen sollten raus aus der Komfortzone und sich auch mit Fremden vernetzen.

- **Notker Wolf**

Gibt es etwas, worauf Frauen im Beruf besonders achten sollten?

Frauen sind genauso clever wie wir Männer. Viele unserer Benediktinerinnen haben enorme Führungsverantwortung übernommen. Frauen müssen ihre eigenen Sichtweisen und Fähigkeiten einbringen. Frauen und Männer sind nun einmal anders, was ja in den frühen 70er-Jahren gerne geleugnet wurde. Manchmal haben Frauen es miteinander schwerer als mit Männern. Männer hängen vieles nicht so hoch wie Frauen und nehmen manches nicht so tragisch. Im Orden gibt es zudem gravierende Unterschiede in der Lebensweise. Die Frauen leben auf engerem Raum zusammen, gerade die streng klausurierten Nonnen. Da werden kleine Dinge dann oft schneller wichtig, während ein Mann, der sich ins Auto setzt und irgendwohin muss, die Dinge hinter sich lässt.

Welches sind die wesentlichen Erfolgsfaktoren für eine Karriere von Frauen?

Das hängt immer vom Unternehmen ab. Die Intelligenz spielt ein Rolle, aber auch die Menschlichkeit. Eine Frau hat andere Empfindungen und Gefühle. Aber ob diese dann in der Wirtschaft zum Erfolg führen, ist die andere Frage. Im Politischen kann es ja durchaus klappen, wie man sieht. Das Entscheidende bei der Karriere ist für mich, dass die Frau sich als Frau einbringt. Wenn sie nur den Mann kopieren will, wird sie zum Mannweib. Männer und Frauen sollten sich ergänzen. In großen Konzernen wäre es wichtig, dass Frauen mit dabei sind, nicht als Quotenfrauen, sondern aus dem Bewusstsein heraus, dass wir Menschen so geschaffen sind, dass wir miteinander mit unseren unterschiedlichen Neigungen und Empfindungen unsere Zukunft meistern.

Ich weiß um den positiven Einfluss auf das Betriebsklima, wenn Frauen in männerdominierten Bereichen arbeiten. Wie sehen Sie das?

Die positive Klimaveränderung kann ich bestätigen: Als wir in unserem Gymnasium in St. Ottilien in der 70er-Jahren Mädchen zugelassen haben, hat das zur Humanisierung der Buben beigetragen.

Social Media – es geht nicht mehr ohne, oder doch?

Dies ist kein Buch über die Finessen der Social Media. Doch da sie ein wichtiger Teil des Real Life sind, in dem sich sehr viel unsinniges Networking abspielt, greife ich einige zentrale Themen heraus.

90 Prozent der Social-Media-Kontakte sind für den Müll, doch es geht auch anders

Sie haben es in der Hand, wer oder was sich auf Ihren Accounts tummelt. Und Sie bestimmen auch, wem Sie folgen. Es sagt viel über Sie aus, wem Sie folgen und wer Ihnen folgt – und jeder bekommt das ohne Aufwand mit.

Masse oder Klasse – mehr scheinen als sein

Sie können sich mit Leichtigkeit ein Konglomerat an Kontakten zulegen, die vielleicht durch die schiere Masse beeindrucken, aus denen sich inhaltlich jedoch gar nichts ergeben wird. Man kann Kontakte zukaufen gegen Monatspauschale oder im Paket. Eine Kollegin boostete ihren Instagram-Account von 1.000 auf über 10.000 Follower in kurzer Zeit. Sie gab mir die Kontakdaten „der Jungs, die das managen", damals 90 Euro pro Monat. Nein, vielen Dank auch. Ich könnte wetten, dass sich daraus kein einziger Geschäftskontakt ergeben wird. Die Algorithmen ließen die Kontaktankäufe früher durchgehen, heute fällt so etwas auf. LinkedIn hat seine Algorithmen-Politik gerade erst im Sommer 2019 umgestellt und setzt noch mehr auf Content und Austausch. Wie auch immer, seien Sie skeptisch gegenüber großen Zahlen. Schauen Sie lieber darauf, was an Interaktion passiert. Das ist bei den meisten Accounts eine Winzigkeit gegenüber den Follower-Zahlen.

Und noch etwas: Sollten Sie sich nicht dafür erwärmen können, aktiv unterwegs zu sein, dann hören Sie am besten damit auf, als Karteileiche diverse Plattformen zu bevölkern. Auch das, was sich dort über Jahre an Kontakten angesammelt hat, ist garantiert zu 90 Prozent für die Tonne. Ihr wertvollen Kontakte pflegen Sie doch ganz anders und vor allem nicht dort. Delete ist der neue Glücksbuzzer: Seien Sie mutig, Sie werden nichts vermissen, schon gar nicht das schlechte Gewissen, im Web nichts zu tun, außer herumzusurfen. Es wird ein Befreiungsschlag – wie letztens bei mir, als ich 200 oder 300 alte Visitenkarten aus einem schicken Karton wegwarf, mit denen ich „mal was machen wollte". Seien Sie froh, dass ich das so drastisch sage! Auf zu Beziehungen, die Sie inspirieren und voranbringen und Ihnen die Chance ermöglichen, andere in ähnlicher Weise mit Rat und Tat oder einem offenen Ohr zu unterstützen, wie Sie sich das für sich wünschen!

Qualität: Wir brauchen mehr Premium

Sie kennen das? Jemand will sich mit Ihnen verlinken – ein Experte für Social Media. Und dann sehen Sie, er hat gerade einmal 77 Kontakte. Als Networking-Expertin merke ich dazu an: Nehmen Sie grundsätzlich keine

Anfragen oder Einladungen an, ohne den Absender zu checken, wenn Sie ein Qualitätsnetzwerk aufbauen oder ein solches nicht verwässern wollen. Das gilt insbesondere dann, wenn der Absender nicht sagt, weshalb er den Kontakt wünscht. Wer Qualität sucht, lehnt mehr Anfragen ab, als er annimmt. Ja, der Check kostet Zeit und das Netzwerk wächst langsamer, doch der Austausch und die Informationen sind deutlich besser. Mir bringt offen gesagt die Einladung von Personen mit einem Profil in einer Schrift, die ich nicht einmal lesen kann, nichts.

Eigene Anfragen bringen mehr mit einer Begründung, weshalb ein Kontakt für BEIDE Seiten interessant wäre. Selbst Roboter Pepper stellte sich in den Galeries Lafayette vor, bevor er mir Neues über Kosmetik von Shiseido berichtete. Es geht im ersten Schritt nur darum, den Fuß in die Tür zu bekommen. Wer sofort mit seinem Anliegen vorprescht, macht die Tür zu, bevor sie sich geöffnet hat. Auch offline fällt man besser nicht mit der Tür ins Haus. Nicht umsonst gibt es den Small Talk im Vorfeld des Business Talk. Gut funktioniert bei mir, auf einen Post Bezug zu nehmen und für ihn zu danken, versehen mit einer kurzen Begründung, weshalb er so interessant war. Oder ich beziehe mich darauf, dass LinkedIn vorgeschlagen hat, sich zu vernetzen.

Jungen Leuten und Menschen, die neues Terrain betreten, rate ich, den Grundsatz „erst behaupten, dann sein" dosiert anzuwenden. Der vorhin erwähnte Social-Media-Experte entlarvte sich selbst: Ein Angebot sollte zu dem passen, was man tatsächlich zu bieten hat.

Sei eine Marke – Persönlichkeit zählt

Immer den letzten Trends hinterherrennen, nachplappern, was vermeintliche Experten oder Gurus vorbeten, bringt unterm Strich gar nichts. Wir müssen uns schon die Mühe machen, unseren persönlichen Weg zu finden. Nur so werden wir erfolgreich, zufrieden und nicht zu austauschbaren Langweilern, die das Beste im Leben verpassen, weil es ihnen reicht, nur an der Oberfläche der Themen zu kratzen. Persönlichkeit zählt und fällt auf im Mainstream der ewig Gleichen. Das gilt analog und auf den Social-Media-Plattformen.

Seien Sie interessant, sonst folgen Ihnen nur Uninteressante. Sie landen bestenfalls Zufallstreffer und bestätigen meine Behauptung, dass 90 Prozent der Kontakte für den Müll sind. Tun Sie was, damit das nicht stimmt.

Bekanntheit folgt Sichtbarkeit

Warum gibt es bei LinkedIn und XING so viele Profile OHNE Profilfoto, zudem von Menschen in hohen Positionen, gar aus dem Marketing? Der Mensch ist ein Augentier, wusste bereits Leonardo da Vinci. Wir reagieren auf visuelle Reize. Nicht umsonst spricht man vom Eyecatcher. Bei LinkedIn ist das das Profilfoto nebst Hintergrundbild. Bei beidem sollte man sich jede erdenkliche Mühe geben, um im Meer der optisch und inhaltlich attraktiven Accounts nicht unterzugehen. Der erste Schritt zur Bekanntheit ist das schlichte Gesehenwerden. Ohne Sichtbarkeit gehen die klügsten Ideen und Konzepte unter, denn sie erreichen die Zielgruppe nicht, schon gar nicht begehrte Zielgruppen, auf die ohnehin viele aktiv zugehen. Vertun Sie keine Chance, nutzen Sie die Bühne, die LinkedIn bietet, und ergänzen Sie Ihr Profil. Ganz wichtig: Verwenden Sie hochwertige Fotos. Die tollen Fotos auf meiner Homepage machte der Fotograf Michael Hagedorn beim Outdoor-Shooting bei über 30 Grad. Ich lernte ihn bei Twitter über seine Demenz-Initiative „Konfetti im Kopf" kennen, die ich unterstütze.

Es lebe die Interaktion

Wir können auf allen Plattformen interagieren und sollten das unbedingt tun. Die Algorithmen belohnen das. LinkedIn hat im Frühjahr 2019 zusätzlich zum klassischen Like-Button ein Herz, klatschende Hände, einen zweifelnden Smiley und eine Glühbirne eingeführt – inspiriert von Facebook, doch was soll's. Das ist hilfreich, denn die meisten User tun eines gerade nicht: kommentieren. Die Konsumentenhaltung ist unter Menschen weit verbreitet. Doch einen Button drücken sie. „Gefällt mir" heißt: interessant zu wissen, das Herz steht für volle Zustimmung, die klatschenden Hände sind die Steigerung des Like und die Glühbirne spricht für einen Aha-Effekt. Der zweifelnde Smiley denkt nach.

Ich bin überzeugt, dass diejenigen, die sich zu Likes und besser noch zu Kommentaren aufraffen, einen größeren Nutzen haben, weil sie sichtbar werden und in echten Austausch treten. Andernfalls ist man wie der enttäuschte Partygänger, der nur herumsteht und sich langweilt. Meines Erachtens steigert sich die Auswirkung einer Aktion in dieser Reihenfolge: schlichtes Like – differenziertes Like wie Applaus – eigener Kurzkommentar – ausführliche Stellungnahme. Letztere führt am ehesten zu einer Diskussion und damit Traffic auf dem Account.

Ich habe LinkedIn im Herbst 2018 für mich entdeckt und mich vermehrt dort engagiert. LinkedIn ist mein am schnellsten wachsender Account. Nach aktuellen Studien hat LinkedIn XING längst abgehängt und läuft auch Facebook den Rang ab. Instagram teste ich seit einiger Zeit, es ist eine tolle Plattform, doch meine Zielgruppe treffe ich dort nicht in dem Maße wie bei LinkedIn. Sie sehen: Auch eine Networking-Expertin muss experimentieren und ihren persönlichen Weg finden.

Hütet euch vor FOMO

Wir leben oft in der Furcht, etwas zu verpassen. Es handelt sich womöglich um FOMO, die „Fear of missing out". Alles mitmachen zu wollen ist ebenso schädlich wie zu wenig Interaktion. Die Dosis macht das Gift. Schlimmstenfalls sind Sie ständig abgelenkt.

LinkedIn Local Berlin: Wer nicht wagt, gewinnt nicht

Wenn aus digital analog wird, führt das zu großartigen Ergebnissen: Im Frühjahr 2019 kam der Mobility-Experte Frank Beckmann bei LinkdeIn mit der Idee auf mich zu, Co-Host beim ersten LinkedIn Local Berlin-Event zu sein. LinkedIn begrüßt die Face-to-Face-Vernetzung der Mitglieder, hält sich jedoch mit Ausnahme von Event-Richtlinien heraus. Einige Wochen, ein Video und viele Posts später fand unser erster LinkedIn Local Berlin-Event am 13. Juni 2019 in den attraktiven Räumen unseres Sponsors rent 24, einem international agierenden Coworking-Space-Anbieter, statt.

Die Tickets waren rasch vergriffen, die Warteliste lang. Die Gäste waren von der Location und unserem Programm restlos begeistert: (1) Networking Networking Networking, (2) Vortrag der Personal Branding-Expertin Dr. Natalia Wiechowski aus Dubai sowie (3) drei Expertensessions mit Host Frank Beckmann, Co-Host Philippe Wehn, Siemens, und mir. Mein Thema: Community und Networking. Der dritte Co-Host, der Dresdner Immobilienunternehmer Jens-Peter Schulz, sorgte dafür, dass wir mit LinkedIn Live on air waren. Tolle Erfahrung, interessante Leute. Fortsetzung folgt. Man muss Neues ausprobieren.

Zwei Rückzüge – der Stoff zum Nachdenken

David Richard Precht, Deutschlands bekanntester Philosoph, sagte im Februar 2019 bei einem Event im Telefonica Basecamp, er habe keine Zeit für die Social Media. Ich schätze ihn, doch frage mich: Wären kontinuierliche eigene Social-Media-Aktivitäten nicht sinnvoll, wenn man über die Entwicklung dort und die Gesellschaft insgesamt spricht? Jedenfalls hat Precht damit recht, dass man im Web sehr viel Zeit verplempern kann. Unterstützung fände er beim Internetpionier Jaron Lanier, denn dieser rät, wie eingangs erwähnt, sofort alle Accounts zu löschen. Zwei Prominente haben das getan.

2019 kam es zu zwei spektakulären Rückzügen von Social-Media-Plattformen – dem des Politikers Robert Habeck, der von den Wählern und den Medien derzeit gleichermaßen gefeiert wird, und dem von Sophia Thiel, einer 24-jährigen Sportlerin, die als Influencerin gehypt wurde. Wahrscheinlich kannten sie alle – außer mir.

Die Fitness-Queen Sophia Thiel

Sophia Thiel hat als @pumping.sophia.thiel bei Instagram 1,3 Millionen Abonnenten, ist Fitness-Bloggerin, Bodybuilderin und YouTuberin. Weil sie als Jugendliche Übergewicht hatte, fing sie mit Bodybuilding an. Fans bewundern ihre Disziplin und ihr Durchhaltevermögen: Die Sportlerin hatte mit einem Fitnessprogramm ihren Körper ohne Ende „gepimpt". In einem 8-Minuten-YouTube-Video erklärte Sophia Thiel im Mai 2019, was ihr in den letzten Jahren, seit sich ihr Bekanntheitsgrad rasant erhöht hatte, widerfuhr, und kündigte ihren vorläufigen Rückzug an.

Der Westen zitierte Sophia Thiel: Die Aufmerksamkeit sei regelrecht auf sie eingeprasselt. „In den letzten Monaten habe ich gemerkt, dass es mir immer schwerer fiel, alles gleichzeitig zu meistern. Der Spagat zwischen Athletin, Fitnessmodel, Online-Trainerin, Person des öffentlichen Lebens und Influencerin zehrte enorm an mir und meinen Energiereserven." Auf so vielen Hochzeiten zu tanzen und dabei von allen auf einen durchtrainierten Körper reduziert zu werden und auch beruflich auf diesen angewiesen zu sein ist sicher belastend. Dabei wollte Thiel anfangs nur ihre Erfahrungen mit anderen Übergewichtigen teilen. Wir erfahren: Essen sei für sie wichtig, ihre Familie habe Essen immer zelebriert. Es bedeute für sie Liebe, Zusammenhalt, Verbindung. Bei Stress werde Essen noch wichtiger. Da jedes Gramm mehr kritisiert wurde, postet sie nur noch alte Fotos. Auch das brachte nur Kritik. Sophia Thiel zog die Reißleine, gönnt sich eine Pause und verspricht, zurückkehren.

Der Liebling der Medien: Robert Habeck

Robert Habeck tat das nicht, er versprach keine Rückkehr. Der Rückzug des Bundesvorsitzenden der Partei Die Grüne von Twitter und Facebook sorgte für reichlich Spott und Häme. Es gibt seitdem einen amüsanten Twitter-Fake-Account „The Real Robert Habeck" @therealhabeck mit rund 2.300 Followern (August 2019), Tendenz: steigend. Der Account führt den Untertitel: „Rücktritt vom Rücktritt von Social Media".

Es geht hier weder um die politische Meinung von Robert Habeck noch meine Meinung dazu. Es geht um seine Social Media-Kompetenz und mehr noch um seinen Umgang mit Sprache. Wer unpräzise oder missverständlich formuliert und dabei in der Öffentlichkeit steht – und wie Habeck auch gerne dort steht –, der weiß, dass jeder Schnitzer Folgen hat. Es gibt zig Leute, die warten nur darauf, anderen eins auszuwischen. Das ist nicht neu. In den Social Media geht es nur viel schneller, bis ein Schnitzer publik wird. Hat man Pech, geht er viral durch die Decke und löst einen Shitstorm aus. Das trifft Rechte wie Linke, Arme und Reiche, Halbgötter und Spießer. Da ist das Web schon gerecht: Es straft einfach ab.

> Auf seinem Blog www.robert-habeck.de schrieb Habeck:
>
> „Ein Jahresanfang, der in digitaler Hinsicht doppelt daneben war: Erst der Angriff auf die privatesten Daten meiner Familie, die via Twitter veröffentlicht wurden. Dann noch einmal über Twitter ein Fehler meinerseits – und zwar der gleiche zum zweiten Mal: Wie dumm muss man sein, einen Fehler zweimal zu begehen? Diese Frage hat mich die ganze letzte Nacht nicht losgelassen."

> Okay, Robert Habeck gibt Fehler zu, das schafft nicht jeder. Wir erfahren weiter:

> „Ich habe schon nach dem Bayern-Video darüber nachgedacht. Nach einer schlaflosen Nacht komme ich zu dem Ergebnis, dass Twitter auf mich abfärbt. Dass ich mich bei beiden Videos, auch dem bayrischen, unbewusst auf die polemische Art von Twitter eingestellt habe. Twitter ist wie kein anderes digitales Medium so aggressiv und in keinem anderen Medium gibt es so viel Hass, Böswilligkeit und Hetze.

> Lieber Herr Habeck, das schafft Facebook auch.

> Offenbar triggert Twitter in mir etwas an: aggressiver, lauter, polemischer und zugespitzter zu sein – und das alles in einer Schnelligkeit, die es schwer macht, dem Nachdenken Raum zu lassen. Offenbar bin ich nicht immun dagegen.

> Dabei ist mein politisches Ding doch genau das Gegenteil. Die Interessen der anderen Seite sehen und ernst nehmen, nicht überheblich oder besserwisserisch zu agieren. Das ist jetzt zweimal von mir konterkariert worden. Twitter desorientiert mich, macht mich unkonzentriert, praktisch, wenn man in Sitzungen verstohlen aufs Handy schaut. Grundsätzlich, weil ich mich dabei ertappt habe, wie ich nach Talkshows oder Parteitagen gierig nachgeschaut habe, wie die Twitter-Welt mich denn gefunden hat. Und das ist die Schere im Kopf. Als wäre Politik eine sich selbst erfüllende Prophezeiung. Dass man so redet, wie es das Medium will. Ich möchte gern wieder konzentrierter sein, fokussierter und auf die lange Distanz geeicht, nicht auf den kurzfristigen Geländegewinn.

> Einen Fehler kann man machen, den gleichen ein zweites Mal nicht. Das muss Konsequenzen haben. Und meine ist, dass ich meinen Account lösche. Und da der Datenklau, der die persönlichsten Gespräche zwischen mir und meiner Familie jetzt auf alle Rechner der deutschen Tageszeitungen und jede Menge rechter Medien gebracht hat, maßgeblich über Facebook erfolgte, lösche ich meinen bei Facebook auch. Beide werde ich abschalten.

> Kann sein, dass das ein politischer Fehler ist, weil ich mich der Reichweite und direkten Kommunikation mit doch ziemlich vielen Menschen beraube. Aber ich weiß, dass es ein größerer Fehler wäre, diesen Schritt nicht zu gehen."

Ist Habeck nun ein reuiger Sünder oder ist die Reue geheuchelt? Jedenfalls schlau gemacht. Darüber, dass Datenklau kriminell ist, brauchen wir nicht zu reden. Doch die Twitterschelte sollten wir genauer anschauen. Habeck vermischt hier geschickt zwei Sphären: die Schwächen der Plattform und sein persönliches Kommunikationsproblem, das zum Shitstorm führte. Es ist hier nicht wie bei der Henne und dem Ei, wir müssen nicht fragen, was war zuerst da: Zuerst war da eine ungeschickte Formulierung, um es neutral zu formulieren. Da hatte einer nicht bedacht oder für einen Augenblick in der Schlacht mit Worten aus den Augen verloren, dass seine Parteifreunde mitregieren. Die andere Variante wäre, Habeck hatte die Beteiligung seiner Partei an der Regierung durchaus im Blick, fand sein Statement aber so stark, dass er dachte, keiner würde tiefer in den Kontext eintauchen. Wir werden es wohl nie erfahren. Doch eines ist sicher: Twitter ist wachsam. Twitter schläft nie.

An Habecks Eigentor ist kein Dritter schuld. Wer sich über Bekanntheit und Reichweite freut, von Berufs wegen sogar darauf setzt, weil sie nützlich ist, muss damit rechnen, dass sich das Blatt sehr schnell wenden kann. Social Media gehen wie jede Interaktion immer in zwei Richtungen.

Johannes Schneider @pasquillo7777, ein Wiener Twitter-Kollege, beschenkte mich, nachdem ich dieses Kapitel geschrieben hatte, unvermutet mit diesem Zitat: „Ein Mensch, der sich der Politik verschworen, gehört nicht mehr sich selbst und muß anderen Gesetzen gehorchen als den heiligen seiner Natur." Es ist von Stefan Zweig, Maria Stuart, Fischer Taschenbuch, 1996, S. 39.

 Was denn nun? Gehen oder bleiben? Ich fasse mich kurz: Bleiben, aber richtig agieren! Twitter ist kritisch zu sehen, doch für mich ist es ein wunderbares Informationstool. Nicht umsonst sind so viele Journalisten dort zu finden. Facebook sehe ich noch kritischer. Ich bin seit Jahren auf dieser Plattform, wurde aber nie richtig „warm" mit ihr. Ich bin dort kaum noch. Das scheint im Trend zu liegen. Doch viele Menschen lieben Facebook als geschäftliches Tool für ihren Verkaufsfunnel, die Verkaufsaktivitäten.

Sündenbock oder smarter Verführer – Was macht Twitter mit uns?

Robert Habeck kannte beim Twitter-Rückzug wohl die 20 Thesen zu Twitter von Prof. Eric Posner, University of Chicago Law School, aus dem vielfach kommentierten Beitrag „DAS RICHTET TWITTER AN – Über die Kraft der 140 Zeichen", nachzulesen im Feuilleton der FAZ vom 11. Juli 2017. Einer hatte sich jedenfalls intensiv mit Posners Thesen beschäftigt: Heinz Dürr in seinem Weihnachtsbüchlein (s. Seite 173).

Auch Donald Trump lässt sich als tweetender Superaktiver mit über 43.400 Tweets und 62,9 Millionen Followern (Stand August 2019) von seinen Emotionen davontragen und zu mancher Äußerung hinreißen, die man von einem Präsidenten nicht erwarten würde. Allerdings beschwert er sich meines Wissens nicht darüber, manipuliert zu werden, sondern über angebliche Zensur oder Behinderung seiner Anhänger. Gerne nutzt er Twitter als Tool gegenüber den „Fake-News" der klassischen Medien, insbesondere Zeitungen, die er dem feindlichen Lager zurechnet.

Twitter bringt durchaus nicht immer die besten Seiten in uns und den anderen Twitterati hervor. Man schreibt, selbst wenn man seinen richtigen Namen verwendet, eher einen spitzzüngigen Tweet, als dass man einer Person seine Meinung unverblümt ins Gesicht sagen würde. Die Hemmschwelle ist tatsächlich niedriger. Selbst nicht sonderlich mutige Katzen werden zu Löwen. Man sollte eine Erkenntnis von Warren Buffett beherzigen: „Man braucht 20 Jahre, um sich einen Ruf zu erarbeiten und es braucht nur fünf Minuten, um ihn zu ruinieren. Wenn man das im Kopf behält, geht man einige Dinge anders an."

Einen Twitter-Kommentar kann ich Ihnen nicht vorenthalten. Er bestätigt scherzhaft, dass sich die Twitter-Flucht für Robert Habeck gelohnt hat. Er ist von Axel Wallrabenstein alias @walli5, Chairman der MSL Group, einer der führenden Kommunikationsagenturen, und TOP 7 von 10 in dem von Hootsuite 2019 erhobenen Ranking „Die erfolgreichsten Social CEOs aus Agenturen, Medien, Organisationen und Verbänden". Wallrabenstein tweetete am 27. Mai 2019 mit einem Foto des Covers des *Stern* Nr. 23 vom 29. Mai 2019 (kein Tippfehler, 29.5.), das Konterfei Robert Habecks und den Titel „Die Grünen im Höhenflug: Robert Habeck" zeigte:

Im Januar bei @Twitter ausgestiegen und schon läuft es für Robert #Habeck. Angela #Merkel war nie auf #Twitter, läuft auch. Man kommt ins Grübeln 🙈😎

Zu Gast bei einem kritischem Geist, der seinen Goethe kennt und das Internet interessiert beobachtet: Heinz Dürr

Gerne gewähre ich Ihnen Einblick in ein Werk des belesenen Unternehmers und Mäzens Heinz Dürr, seinen Weihnachtsbrief von 2017. Ich könnte mir an einigen Stellen, einen Kommentar zu den zitierten Thesen Posners nicht verkneifen. Viel Vergnügen!

Liebe Freunde und Wegbegleiter,

ihr wisst, dass mich alles interessiert, was mit dem Internet zu tun hat. Letztes Jahr habe ich euch zu Weihnachten „Lügen im Internet" geschickt, davor „Gespräch mit Ray Kurzweil". Heute beschäftige ich mich mit Twitter, dem Mikroblogging-Dienst, wo man mit 140 Zeichen alles und jedes sagen kann, und zwar für alle, die einem folgen, also den Followern. Ich bin niemandes Follower, aber ich kriege mit, was Präsident Trump sagt. Eigentlich erwarte ich, die Absichten und Meinungen eines Präsidenten der Vereinigten Staaten von Amerika in wohlgesetzter Form aus den Medien zu erfahren. Die Botschaften von Trumps Vorgängern hatten gemeinsam, dass sie sorgfältig formuliert waren und sich sorgsam ausgewählten Themen widmeten.

Aber da der Präsident, außer mit dem Fernsehsender Fox, kaum mit jemand von den seriösen Medien spricht, bin ich auf seine Tweets angewiesen. Denn wie tweetet er selbst: „Würde die Presse mich in akkurater und ehrenhafter Weise begleiten, hätte ich weniger Grund zu tweeten. Traurigerweise weiß ich nicht, ob das jemals passieren wird."

Unsere Welt ist doch VUCA geworden. Das ist die Abkürzung für Volatility, Uncertainty, Complexity and Ambiguity (*volatil, ungewiss, komplex, mehrdeutig*). Diese Welt will man mit 140 Zeichen erklären? Präsident Trump kann das. Zum Klimawandel tweetet er:

„*The concept of global warming was created by and for the Chinese in order to make US Manuacturing non-competitive.*" (Das Konzept der globalen Erwärmung wurde von den Chinesen erfunden, um die US-Industrie konkurrenzunfähig zu machen).

Kurz darauf tweetet er: „*It's freezing and snowing in New York – we need global warming!*" (Es ist eiskalt und es schneit in New York – wir brauchen die globale Erwärmung.)

Ja, was stimmt denn nun? was meinen denn seine 17 Millionen Follower? (Stand August 2019: 62,9 Millionen)

Selbst dem Chef von Twitter, Jack Dorsey, ist das alles nicht geheuer, wenn er sagt: „*Wir haben eine Verantwortung dafür, dass unsere Nutzer die Wahrheit erfahren. Das aber ist kompliziert.*"

Aber vielleicht verwechselt Donald Trump Wahrheit und Realität mit Unterhaltung und vielleicht ist er als früherer Fernsehstar – „You are fired" – deshalb amerikanischer Präsident geworden. <...>

Ich suche Hilfe bei Altmeister Goethe, wobei mir Michael Jaeger (ihr kennt ihn vom Global Player Faust 2006) und Manfred Osten hilfreich zur Seite standen. Goethe hat naturgemäß das Internet nicht gekannt, aber sehr wohl schwante ihm, dass mit der Industrialisierung auch die „Fazilitäten der Kommunikation" erheblich ausgeweitet würden. Er bezog sich dabei auf die Entwicklung der Printmedien seiner Zeit. Im November 1825 schrieb er an Nicolovius (1):

„*Für das größte Unheil unserer Zeit, die nichts reif werden lässt, muss ich halten, dass man im nächsten Augenblick den vorhergehenden verspeist, den Tag im Tage vertut und so immer aus der Hand in den Mund lebt, ohne irgend etwas vor sich zu bringen. Haben wir doch schon Blätter für sämtliche Tageszeiten, ein guter Kopf könnte wohl noch eins und das andere interpolieren.*"

Den guten Kopf gibt es heute. Die totale Interpolation ist erreicht mit dem permanenten 24-Stunden-Nachrichtenstrom unserer Tage.

Goethe hatte auch hierzu eine Meinung, wenn er schreibt:

„Dadurch wird alles, was ein jeder tut, treibt, dichtet, ja was er vorhat, ins Öffentliche geschleppt. Niemand darf sich freuen oder leiden als zum Zeitvertreib der übrigen; und so springt's von Haus zu Haus, von Reich zu Reich und zuletzt von Weltteil zu Weltteil, alles veloziferisch."

Facebook, Instagram, WhatsApp und wie die Schlepperorganisationen alle heißen, lassen grüßen. Was das aber für eine Gesellschaft bedeutet, die daraus entstehen kann, das beunruhigte Goethe sehr, als er im Juni 1825 an seinen Freund Zelter schrieb:

„Junge Leute werden viel zu früh aufgeregt und dann im Zeitstrudel fortgerissen; Reichtum und Schnelligkeit ist, was die Welt bewundert und wonach jeder strebt; Eisenbahnen, Schnellposten, Dampfschiffe und alle möglichen Fazilitäten der Kommunikation sind es, worauf die gebildete Welt ausgeht, sich zu überbieten, zu überbilden und dadurch in der Mittelmäßigkeit zu verharren."

Am Ende des Briefes resigniert Goethe fast, als er mit Blick auf die revolutionäre Kraft der Beschleunigung – vor allem im Kommunikations-, Nachrichten- und Verkehrswesen – an seinen Freund schreibt:

„Wir werden, mit vielleicht noch wenigen, die Letzten sein einer Epoche, die so bald nicht wiederkehrt."

Manfred Osten schreibt in seinem neuen Goethe-Buch (2), dass Goethe in der Beschleunigung aller möglichen Fazilitäten der Kommunikation die Verwandlung der Welt in eine neue Wirklichkeit wahrnahm. So heißt es 1827 in Goethes Gedichtzyklus „Chinesisch-Deutsche Jahres- und Tageszeiten":

„Mich ängstigt das Verfängliche

Im widrigen Geschwätz,

Wo nichts verharret, alles flieht,

Wo schon verschwunden, was man sieht; Und mich umfängt das bängliche,

Das graugestrickte Netz."

Gerade also Sprache und Kommunikationsformen, so Goethes kritischer Befund, werden in der Epoche der Beschleunigung und Mobilisierung in den allgemeinen Transformationsprozess hineingezogen.

Bei seinem Berliner Freund Zelter beklagt sich Goethe bereits im Brief vom 24. August 1823 über den „seichten Dilettantismus der Zeit" und über eine Atmosphäre der „Halbkenntnisse", „wo eine hohle Phrasensprache, die man sich gebildet, so süßlich klingt, ein Maximengewand, das man sich auf den kümmerlichen Leib geschnitten hat, so nobel kleidet, wo man, täglich von der Auszehrung genagt, an Unsicherheit kränkelt, um nur zu leben und fortzuweben, sich aufs schmählichste selbst belügen muss."

Aber Goethe sieht in der Beschleunigung der Kommunikation noch eine andere Gefahr: Zuwachs an Kenntnis ist Zuwachs an Unruhe. Das Glück der Gegenwart wird geopfert zugunsten einer gigantischen Zunahme an informativer Unruhe.

Goethes Strategie zur Sicherung des Glücks, quasi als Notwehr gegen jede Überinformation, beschreibt er so, wiederum an Freund Zelter, am 5. Oktober 1831: „Schon seit drei Monaten lese ich keine Zeitungen und da haben alle Freunde bei mir das schönste Spiel. Ich erfahre den Ausgang, den Abschluss, ohne mich über die mittleren Zweifel zu beunruhigen."

Für uns heißt das: nicht alle fünf bis Minuten im Computer nachschauen, was es Neues gibt. Tagesschau, die Morgenzeitung und Gespräche mit Freunden und anderen Menschen genügen.

Zurück zum Gedicht. Da fällt das Wort vom „Netz", dem allumfassenden Begriff, der heute im Zentrum des digitalen Informationszeitalters steht. Und ich frage mich: Hat Goethe das Netz antizipiert, das ihn bänglich umfängt ohne Aussicht auf Entkommen? Ich wage den Schluss: Es könnte so sein. Aber man könnte auch fragen: Hat gar einer der Erfinder des Internets Goethe gelesen?

Was würde Goethe zu Twitter sagen, frage ich mich, dem Grundkonstrukt, (manche nennen es Technologie) der totalen Verkürzung, der totalen Beschleunigung eines (oder mehrerer?) Gedanken, gehämmert in 140 Zeichen? Wobei übrigens die Zahl 140 anscheinend willkürlich festgelegt wurde. heute spricht man von einer Erweiterung auf 240 Zeichen. Werden die Gedanken dann klarer? Wer weiß das?

„Was Twitter anrichtet", hat Eric Posner, Professor für Internationales Recht an der Universität of Chicago Law School, in zwanzig Thesen dargelegt:

1. *Menschen melden sich aus zwei Gründen bei Twitter an: um Informationen zu erhalten und um Einfluss auszuüben.*

2. *Twitter erfüllt diese Funktionen nur unzureichend. Wer nach Informationen zu einem bestimmten Thema sucht, dem steht mit der Google-Suche ein effizienterer Weg zur Verfügung, um an die gewünschten Informationen zu kommen. Wer Informationen über aktuelle Ereignisse will, ist mit einer Zeitung besser bedient.*

M. Haas: Das ist nur ein Teil der Wahrheit: Über Twitter bekomme ich Informationen, nach denen ich niemals gesucht hätte, weil ich nicht wusste, dass es sie gibt. Und doch sind sie enorm wichtig.

3. *Twitter bietet dürftige Informationen, weil die Tweets meist von der letzten Empörung getrieben und daher überflüssig sind. Die wenigen Tweets, die interessante oder ungewöhnliche Ideen enthalten, gehen im Strom unter.*

4. Twitter ist ein ungeeignetes Instrument, um Einfluss auszuüben – siehe Punkt 5.

M. Haas: Einfluss hat man schon, man denke nur an Shitstorms und Influencer.

5. Kein Tweet hat jemals irgendjemanden von irgendetwas überzeugt.
6. Twitters wirklicher Zweck ist nicht, den Menschen zu helfen, an Informationen zu gelangen oder Einfluss auszuüben.
7. Twitters wirklicher Zweck ist, es Menschen zu ermöglichen, dort die Bestätigungen ihrer Überzeugungen zu finden.

M. Haas: Menschen sind bisweilen so leicht glücklich zu machen.

8. Menschen veröffentlichen Tweets aus einem einzigen, alles beherrschenden Grund: damit der Tweet „geliked" oder retweetet wird.

M. Haas: Richtig, so ticken die Menschen, im Theater gibt es Applaus, nur deshalb stehen Schauspieler auf der Bühne.

9. Wenn Ihr Tweet „geliked" oder retweetet wird, genießen Sie einen Schub des „Glückshormons" Dopamin.
10. Es ist gleichgültig, warum der Tweet ‚geliked' oder retweetet wird oder ob die Person auf der anderen Seite den Tweet überhaupt gelesen hat. Man ist schlicht berauscht von einer flüchtigen Illusion von Macht.
11. Menschen retweeten Tweets, die ihre eigenen Überzeugungen bestätigen.
12. Aus diesem Grund ist der effektivste Tweet eine schlaue Formulierung eines Standpunktes, der ohnehin schon von der Mehrheit vertreten wird. Falls es an der Cleverness mangelt, tut es Forschheit auch.

M. Haas: Den Leuten nach dem Mund zu reden ist eine altbekannte Vorgehensweise, die sehr erfolgreich sein kann...

13. Der Ton von Tweets ist entweder abfällig oder empört.
14. Die Mühelosigkeit, mit der man einen Dopaminschub erhält, hat einen übermäßigen Gebrauch und eine schwächer werdende Resonanz zur Folge. Deshalb macht Twitter so abhängig. Die Menschen nutzen Twitter immer mehr, um ihre Dopamin-Versorgung aufrechtzuerhalten.
15. Unglücklicherweise können Menschen auch negativ auf einen Tweet reagieren. Wenn das passiert, fühlt sich das Selbst bedroht, der Stresslevel steigt, der Organismus stellt sich auf Kämpfen oder Blockieren ein, was in beiden Fällen in eine Art infantiler Regression mündet.
16. In der nicht virtuellen Welt sind erfolgreiche Menschen darauf bedacht, bestimmte Eindrücke aufrechtzuerhalten. Sie vermeiden es beispielsweise, kontroverse Meinungsäußerungen vor Freunden, Kollegen und Fremden abzugeben, es sei denn, es lässt sich nicht vermeiden. Und selbst dann tun sie es auf eine vorsichtige und respektvolle Art und Weise.

17. Auf Twitter verhalten sich dieselben Menschen, als bestünde ihr Publikum nur aus wenigen, ähnlich denkenden Freunden. Sie vergessen, dass es eigentlich aus einer sehr vielfältigen Gruppe von Menschen besteht, die nicht zwingend bis in jede Einzelheit zu Politik, Religion, Moral, Metaphysik und Körperhygiene mit ihnen übereinstimmen. Deshalb wird die Veröffentlichung von Tweets zur Quelle von Missverständnissen und gegenseitiger Anfeindung. Das Paradoxe an Twitter ist, dass die Menschen eigentlich auf der Suche nach Solidarität sind, allerdings fortwährend an ihre Einsamkeit erinnert werden. Glücklicherweise gibt es die Taste zum Stummschalten.

18. So beschädigen Menschen, die Twitter nutzen, ohne es zu merken, ihr Bild, das sie in der nicht virtuellen Welt pflegen.

19. Der Sinn der Bestätigung, die Twitter liefert, verhält sich dazu wie ein Kartoffelchip zu einer kompletten Mahlzeit. Ein Denker der Frankfurter Schule würde sagen, der Tweet ist eine zur Ware gewordene Form des sozialen Engagements im Spätkapitalismus. Twitter führt dazu, dass seine Nutzer sich untereinander entfremden, während sie in Werbeanzeigen versinken.

20. Dabei macht Twitter nicht einmal Geld für die kapitalistische Klasse. Es ist ein schwarzes Loch einer wertezerstörenden Technologie für alle Beteiligten.

M. Haas: Das hat sich geändert: Twitter verdreifachte 2019 überraschend den Gewinn im 1. Quartal auf 191 Millionen Dollar von 61 Millionen Dollar im Vorjahr.

Natürlich blieb die Analyse Posners nicht unwidersprochen. Es wurde getwittert, getweetet, geliked, ungeliked, aber ich meine, zum Nachdenken reichen die 20 Thesen allemal.

Wie gesagt, ich twittere nicht. Ich bin für das Gespräch. Das Gespräch miteinander, untereinander, gegeneinander, füreinander. Nur so kann 1 + 1 größer 2 werden. Ich zitiere nochmals Goethe, der einmal fragte: „Was ist erquicklicher als Licht?" Seine Antwort: „Das Gespräch."

Ich wünsche euch allen gute Gespräche an den kommenden Feiertagen, die hoffentlich ruhig und besinnlich verlaufen, und verbleibe mit den besten Wünschen für ein erfolgreiches, friedliches Jahr 2018

Weihnachten 2017

Heinz Dürr

Fundstellen:

1 Preußischer Staatsrat

2 Manfred Osten, „Gedenke zu leben, wage es glücklich zu sein", Wallstein Verlag

3 Eric Posner, „DAS RICHTET TWITTER AN – Über die Kraft der 140 Zeichen", 11. Juli 2017: www.faz.net/aktuell/feuilleton/medien/zwanzig-thesen-ueber-die-kraft-von-Twitter-15096157.html.

Ich hoffe, der kleine Ausflug hat Ihnen Freude gemacht. Womöglich haben Sie genickt und sich oder Bekannte in Teilen selbst erkannt. Mich beeindruckt immer wieder, wie interessiert Heinz Dürr mit über 80 an den Entwicklungen im Web ist. Zudem kenne ich nur wenige Menschen, die so belesen und gebildet sind wie er. Das macht auch sein großzügiges Wirken als Mäzen mit der Heinz und Heide Dürr-Stiftung deutlich.

Aufmerksamkeitsanker: Tiere als Networker und Influencer

Die High Society Cats

Grumpy Cat ist tot – es lebe Grumpy Cat. Verstorben mit nur sieben Jahren im Mai 2019. Das Tier wirkte permanent schlecht gelaunt – eigentlich ein No-Go, doch Grumpy Cat belehrte uns eines Besseren: Schlechte Laune verkauft sich, wenn sie stoisch und unnachahmlich dargeboten wird. Doch der Gesichtsausdruck hatte wenig mit der Stimmung zu tun: Das arme Tier hatte einen genetischen Defekt und einen sogenannten Unterbiss. Wie auch immer: Grumpy Cat hat ihren Eigentümern einen hohen Millionenbetrag eingebracht. Es ist von über 100 Millionen Dollar die Rede. Ich bezweifle nicht, dass sie geliebt wurde – aber vielleicht wird nun mit einem doppelt weinenden Auge hochgerechnet, was finanziell noch möglich gewesen wäre.

Eine andere Influencerin hat hingegen ihren Herrn und Meister, nein, König Karl – Karl Lagerfeld überlebt: Choupette. Lagerfelds verwöhnte Katze wirkt eher hoheitsvoll als blasiert. Wie mag es ihr, der gut betuchten, verlassenen Erbin mit ihrem exquisitem Betreuungspersonal und Life Style, gehen? Auch sie hat ein Vermögen eingespielt, u. a. als Werbeträgerin für Opel – genau wie Grumpy Cat – und über Bücher. Karl Lagerfeld soll seinem Schützling die Einnahmen sämtlicher Werbeverträge überlassen haben. Nunmehr dürfte Choupette mit einem selbst erworbenen Vermögen von rund drei Millionen Euro die reichste lebende Katze der Welt sein.

Beide Katzen betraten ihre Bühnen 2012 – mit echtem Starpotenzial: Bei instagram hat Grumpy Cat 2,9 Millionen Follower, Choupette bringt es immerhin auf 293.000. Das alles sagt eine Menge über unsere Gesellschaft. Lagerfeld äußerte 2015 gegenüber dem SPIEGEL: „Wir leben in einer Welt, wo eine Katze mehr Umsatz machen kann als jemand, der hart in einer Fabrik arbeitet. Das ist vielleicht ungerecht, aber dafür kann ich nichts."

Wenn Fans auf den Hund kommen

Doch nicht nur Katzen wie Grumpy Cat und Choupette haben ihre Fan-Gemeinde. Das können auch Hunde. Zwei wunderschöne Border Collies mit Starqualitäten folge ich seit Jahren auf Twitter: @FrauWau Malaika und @Nord_Seehund Kuddel. Sie sind charmante Botschafter der beiden freischaffenden Künstlerinnen, denen sie gehören. Dass sie permanent Sympathiepunkte sammeln, liegt nicht nur an den tollen Fotos, die kleine Geschichten erzählen, sondern auch am Humor der Eigentümerinnen. Artgerecht gehalten arbeiten die Border Collies in deren Business als Chef-Inspiratoren und sind für Spezialaufträge zuständig: @Nord_Seehund Kuddel bewacht als Atelierhütehund die Keramik der Keramikmalerin und -künstlerin @friesenfliesen, mit bürgerlichem Namen Sarah Lorey, und ist als Arbeitsschutzbeauftragter für die Einhaltung von Pausen zuständig. Die *Nordseezeitung* attestierte ihm im März 2018, ein Netzwerker zu sein. Wie wahr. Damals hatte er 2.200 Follower, im August 2019 sind es über 2.700.

@FrauWau hat über 2.450 Follower. Sie lernte Kuddel über das Internet kennen und ist seine Liebste – und das in einer funktionierenden Fernbeziehung. Sag noch mal einer etwas Schlechtes über im Internet geknüpfte Beziehungen. Als sogenannter Postbegleithund betreut sie die Postaufgabe der wundervollen Kunstwerke ihres Frauchens @wandklex, Ingrid Heuser. Zudem ist Malaika Atelier- und Bahnhofshütehund, das Atelier liegt nämlich im Bahnhofsgebäude in Ratzeburg. Beide Border Collies bekommen von wahren Fans wie mir bisweilen Fanpost.

Warum erzähle ich das? Um die Selbstständigen unter meinen Lesern zu inspirieren, die sich mehr Reichweite und Bekanntheit wünschen. Tiere können dabei helfen. Natürlich macht so ein Account Arbeit. Doch das lohnt. Tiere sorgen bereits im „analogen" Alltag dafür, dass ihre Menschen zu anderen Menschen Kontakt bekommen. Selbst für Small-Talk-Muffel, Schüchterne oder Introvertierte ist ein Hund oder eine Katze ein Gesprächseinstieg, falls nicht ausgerechnet eine Katzenallergie zur Flucht drängt. Im Web sorgen die Tiere dafür, dass man auch über ihre Eigentümer informiert ist, ohne Werbung für die eigenen Produkte oder Dienstleistungen zu machen. Ein sehr sympathisches Marketingtool.

Networking-Tipps meiner Networking-Lounge-Gäste

Die meisten Gesprächspartner hatte ich gefragt, welchen Tipp sie jüngeren Menschen zu Berufsbeginn mitgeben würden und was sie Menschen raten, die – tatsächlich oder gefühlt – wenig Zeit haben. Unabhängig davon, zu welcher Gruppe Sie gehören, Sie sollten jeweils beide Antworten lesen. Bei der ersten Frage ging es mir darum: Wie lernen die Jungen in Sachen Networking am schnellsten das Laufen. Hier sind die Statements in alphabetischer Reihenfolge.

- **Reiner App**

Was empfehlen Sie jungen Leuten in Sachen Networking? Offenheit gegenüber traditionellen Formaten der Kommunikation. Sie nehmen sich etwas, wenn Sie nicht experimentieren. Gerade aus dem Offline ergeben sich Chancen und Möglichkeiten. Junge Leute ahnen häufig nicht, in welch spießigem Rahmen sie mit offenen Armen empfangen werden.

Was empfehlen Sie Berufserfahrenen mit wenig Zeit? Überprüfen Sie erstens bei den berufs- und unternehmensorientierten Netzwerken, ob sie stringent und fokussiert genug sind. Und zweitens: Legen Sie zum Ausgleich einen bestimmten zeitlichen Rahmen fest für eine Form von Networking, die einen perspektivweitenden Fokus hat statt eines nur am Nutzen orientierten.

- **Julian Backhaus**

Welchen Networking-Tipp gibst du jungen Leuten zu Berufsbeginn? Man sollte in den Sozialen Netzwerken sichtbar und findbar sein. Dort sollte man ein einheitliches Bild über alle Plattformen vermitteln. Menschen sind auf XING Azubi und im LinkedIn-Profil bereits Abteilungsleiter. Man sollte aktiv auf potenzielle Kontakte zugehen und den lockeren Kontakt anbieten – nicht mit der Tür ins Haus fallen. Optimal ist, wenn man sich selbst erlebbar macht. Durch Videos, Bilder und Texte hilft man der Außenwelt, einen ersten Eindruck zu gewinnen. Menschen mögen, wenn sie nicht die Katze im Sack kaufen. Und man sollte schauen, ob auf einem Event jemand ist, den man kennt, und dieser kann einem vielleicht weitere Leute vorstellen. Im Zweifel fragt man den Veranstalter, wem man mal „Hallo" sagen sollte. Und beschränken Sie sich nie zu stark auf Branchen oder Berufe. Lernen Sie auch Menschen außerhalb dieser Raster kennen. Denn man weiß nie, wann man einen solchen Kontakt gebrauchen kann. Und außerdem bewegt sich auch die eigene Karriere in Wellen vorwärts.

Welchen Networking-Tipp gibst du Berufserfahrenen mit wenig Zeit? Die wichtigste Aufgabe eines jeden, der erfolgreich im Beruf sein will, ist, Kontakt auf- und auszubauen. Davon lebt die ganze Wirtschaft. Jemand, der zu Hause sitzt und auf Kunden wartet, ist nicht ernst zu nehmen. Erfolgreiche Menschen sind immer im Gespräch. Nur so erfahren wir mehr über die Welt und was morgen wichtig wird. So erfahren wir über die Probleme anderer – und Wirtschaft ist nichts anderes, als die Probleme eines anderen gegen Bezahlung zu lösen. Networking ist wichtigster Bestandteil der Wirtschaft, denn Wirtschaft ist von Menschen für Menschen gemacht. Wir alle verfügen über dieselben 24 Stunden und jeder muss seine Prioritäten entsprechend setzen.

- **Axel Kaiser**

Welchen Networking-Tipp geben Sie jungen Leuten zu Berufsbeginn?
Lernt Menschen kennen, findet Freunde im Geiste. Seid offen für Erkenntnisse und geht nicht zu zielgerichtet vor. Lernt breit und seid im Handeln fokussiert. Hört zu, wie andere Probleme lösen, und überlegt, wie Ihr es selbst machen könnt. Alte Methoden helfen nicht, also denkt quer und probiert Dinge aus.

Welchen Networking-Tipp geben Sie Berufserfahrenen mit wenig Zeit?
Brecht mit dem anerzogenen Wissen und werdet offener. Glaubt nie: Ich weiß.

- **Katrin Kempiners**

Was rätst du Berufsanfängern in Sachen Networking? Man kann von jedem lernen, wenn man dafür offen ist. Fragen stellen, präsent sein und aktives Zuhören können einem ganz neue Welten erschließen

- **Alexandra Knauer**

Welchen Networking-Tipp gibst du jungen Leuten zu Berufsbeginn? Wenn jemand – anstelle zu Hause zu bleiben – Veranstaltungen besucht, schlägt er mehrere Fliegen mit einer Klappe. Er lernt dazu und hat die Möglichkeit, Leute kennenzulernen und mit anderen ins Gespräch zu kommen. Nicht jedem fällt es leicht, Menschen anzusprechen, das kann sich aber entwickeln und macht erst mal gar nichts. Wer kontaktfreudig ist, kann viel Spaß haben, am Stehtisch mit zunächst Fremden über die Veranstaltung zu diskutieren. Niemand sollte sich unter Druck setzen bei dem Gedanken, um jeden Preis neue Kontakte aufzubauen. Manchmal klappt es, manchmal nicht. Bei manchen Gelegenheiten bin ich gut drauf und kommunikativ und bei anderen nicht.

Welchen Networking-Tipp gibst du Berufserfahrenen mit wenig Zeit?

Es ist besser, einen bestimmten interessanten Netzwerkkreis regelmäßig zu treffen als mehrere Netzwerke sehr unregelmäßig zu besuchen. In letzterem Fall bleiben einem die Menschen dort fremd. Beziehungen entwickeln sich und machen Freude, wenn es wiederkehrende Begegnungen gibt. Wenn jemand beruflich oder privat sehr belastet ist, dann kann das Networking durchaus auch für eine Weile schmalspurig betrieben werden. Ich empfehle jedoch, die Kontaktpflege und den Austausch wieder aufzunehmen. Es ist ein befriedigendes Gefühl, anderen gute Auskünfte zu geben oder weiterzuhelfen.

- **Bea Knecht**

Wie lautet Ihr Networking-Tipp für junge Leute? Plant, aber seid auch spontan.

Wie lautet Ihr Networking-Tipp für Berufserfahrene? Befreien Sie sich von der Vergangenheit. Seien Sie mehr im Hier und Jetzt. Generäle richten ihre Strategie nicht nach der letzten gewonnenen Schlacht aus, denn das ist nicht das, womit die nächste Schlacht gewonnen wird.

- **Marian Kopp**

Welchen Networking-Tipp geben Sie jungen Leuten zu Berufsbeginn? Seien Sie aufgeschlossen und sehen Sie bei Begegnungen nicht das kurzfristige Ziel, sondern das langfristige, die Beziehung. Es wird etwas zurückkommen, wenn Sie ein gutes Gespräch führen. Wichtig ist, nicht opportunistisch zu sein.

Welchen Networking-Tipp geben Sie Berufserfahrenen mit wenig Zeit? Setzen Sie Prioritäten.

- **Reinhard Kreissl**

Ihr ultimativer Networking-Tipp für junge Leute am Berufsanfang? Leute bei Kongressen, Tagungen, Meetings ansprechen, Visitenkarten verteilen.

Ihr ultimativer Networking-Tipp für Berufserfahrene mit wenig Zeit? Einfach Zeit freischaufeln und ab und zu mit Leuten ohne Thema zusammensitzen. Oft entsteht aus solchen thematisch offenen Small Talks eine gute neue Idee.

- **Dirk Kreuter**

Welchen Networking-Tipp gibst du jungen Leuten zu Berufsbeginn?

Erstens: Vom Ende her denken, wo willst du in deiner Karriere hin?

Zweitens: Wer ist schon dort, wo du hinwillst? Wie kannst du von ihm lernen? Wie schaffst du es, dass er dein Mentor wird?

Drittens: Orientiere dich immer nach oben, nicht nach unten. Sei freundlich und sympathisch zu jedem, aber orientiere dich in die Richtung, in die du willst.

Viertens: Verschwende keine Zeit mit negativen Jammerrunden am Kaffeeautomaten. Sei bekannt für deine Zielstrebigkeit, deine Ergebnisse und dein positives Auftreten.

Welchen Networking-Tipp gibst du Berufserfahrenen mit wenig Zeit?

Erstens: Der Kreis muss nicht groß sein. Je erfolgreicher die Menschen sind, desto kleiner ist der „Inner Circle", das sieht man sehr schön bei Sportlern. Die absoluten Topsportler haben nur einen sehr engen Kreis von Menschen, mit denen sie sich umgeben. Die Sportler aus dem Durchschnitt umgeben sich mit vielen Leuten. Es kommt nicht auf die Quantität an, sondern auf die Qualität.

Zweitens: Wenig Zeit bedeutet, die Prioritäten anders zu setzen. Wenn Networking für dich wichtig ist, nimm dir die entsprechende Zeit dafür.

Drittens: Verbinde die Pflege deines Netzwerkes mit Veranstaltungen. Gehe auf die Veranstaltungen, auf denen dein Netzwerk auch vertreten ist.

- **Wolf Lotter**

Welches ist Ihr ultimativer Networking-Tipp für Menschen mit wenig Zeit und junge Leute? Macht euch eure Interessen klar und sucht euch die Leute, die gut dazu passen – und versucht nicht, euch anzupassen. Macht dabei aber die Ohren und Augen auf und hört nicht nur denen zu, die schon eurer Meinung sind. Das ist heute das größte Problem. Seid offen und ein bisschen robust.

- **Paolo Masaracchia**

Welches ist dein ultimativer Networking-Tipp für junge Leute ? Immer auf dem Laufenden bleiben, sich vielseitig Interessieren und auf vielen Veranstaltungen präsentieren.

Dein ultimativer Networking-Tipp für Menschen mit extrem wenig Zeit? Anwendung von Small Talk.

- **Britta Niemeyer**

Welchen Networking-Tipp geben Sie jungen Leuten zu Berufsbeginn? Nach innen: nie alleine Mittagessen. Nach außen: nur auf wenige, hochkarätige Fachkonferenzen gehen, sich dafür mehr in Verbänden zum Lieblingsthema einbringen.

Welchen Networking-Tipp geben Sie Berufserfahrenen mit wenig Zeit? Wenig Zeit zwingt zur Fokussierung: Ich empfehle einen persönlichen Austausch mit Menschen, die inspirieren.

- **Dr. Sigrid Nikutta**

Ihr ultimativer Networking-Tipp für junge Leute am Berufsanfang? Junge Leute sollten auch in Netzwerken aktiv sein wie beim Berliner VBKI und die Vernetzungsangebote des Unternehmens nutzen. Klar bedeutet das einen gewissen Mehraufwand und ein bisschen Freizeit muss schon geopfert werden. Dafür lohnt es sich definitiv.

Ihr ultimativer Networking-Tipp für Berufserfahrene mit wenig Zeit? Setzen Sie Prioritäten. Bei den Führungskräften mit wenig Zeit sehe ich einen geschlechtsspezifischen Unterschied: Frauen sollten Networking als wichtigen Teil von Führung betrachten und nicht die Sachaufgaben an die erste Stelle setzen. Frauen sollten ihre Aufgaben danach strukturieren, ob sie sie selbst tun müssen. Falls ja, dann so gut wie möglich komprimieren, und ansonsten alles, was andere erledigen können, konsequent delegieren. Die meisten Männer tun sich damit leichter.

- **Michael O. Schmutzer**

Welchen Networking-Tipp geben Sie jungen Leuten und Berufserfahrenen mit wenig Zeit? Nicht zu netzwerken, weil man nur wenig Zeit hat – das kann ich mir gar nicht vorstellen. Es geht für mich beim Netzwerken nicht um einen Selbstzweck, sondern um die Verbindung mit Menschen, die mich interessieren. Jedes Gespräch ist ein neuer Impuls und damit bereichernd. Und manche gemeinsamen Projekte ergeben sich vielleicht auch erst in ein paar Monaten oder Jahren. Jungen Menschen, die noch nicht geübt im Networking sind, rate ich: Seid neugierig und traut euch, offen auf andere zuzugehen. Es kann ja nicht viel passieren.

- **Kristina Tröger**

Was empfehlen Sie jungen Frauen, um rasch starke Netzwerke aufzubauen? Sich passende Netzwerke suchen, in denen man sich wohlfühlt und in denen man einen Mehrwert für sich und seine eigene Entwicklung erkennt.

Was raten Sie Unternehmerinnen mit wenig Zeit, um gut vernetzt zu sein? Suchen Sie sich das für Sie richtige Netzwerk und pflegen Sie es: Dabei ist – gerade mit engem Zeitkorsett – Klasse wichtiger als Masse.

+++

Liebe Leser, Sie haben es bemerkt: Ich wandte ich den wunderbaren Trick an, was ich denke, durch meine Gesprächspartner verstärken zu lassen.

 Meine persönliche abschließende Empfehlung an alle lautet:

Netzwerken Sie immer und überall. Spontan und strategisch. Achten Sie auf Qualität. Trennen Sie sich von Menschen, Netzwerken und Themen, die nicht mehr passen oder Sie schon bisher nicht vorangebracht haben. Sie werden nichts vermissen.

Es gibt so viele interessante Menschen, die unser Leben spannender, bunter und erfolgreicher machen. Sie sind der wahre Schatz im Leben. Der Rest kann in die Tonne.

Nachwort

Liebe Leserinnen, liebe Leser,

zuletzt noch ein Hinweis zu Risiken und Nebenwirkungen dieses Buchs. Normalerweise warnt man Menschen vor. Doch wer liest schon Bedienungsanleitungen und Beipackzettel? Das größte Risiko war und ist: Sie entwickeln Freude am Netzwerken und haben dadurch privat und geschäftlich den Erfolg, den Sie sich wünschen. Sie gehen aktiver auf andere zu und lernen interessantere Menschen kennen als früher. Sie werden diese begeistern, denn an anderen interessiert zu sein macht ungeheuer attraktiv, um nicht zu sagen unwiderstehlich.

Viele werden schon beim Lesen ihr Adressbuch gecheckt und von Ballast und Karteileichen befreit haben. Das schafft Platz für Neues. Lassen Sie doch andere klagen, dass Networking Zeitverschwendung ist, und fahren Sie stattdessen reiche Ernte ein.

Steve Jobs würde sagen: Connect the dots. Schaffen Sie Verbindungen, die den Namen auch verdienen. Dann gehören 90 Prozent Ihrer Kontakte in Zukunft in die Schatzkiste und nicht mehr in die Tonne.

Ich freue mich auf Ihre Erfolgsmeldungen. Schreiben Sie mir eine E-Mail an info@martinahaas.com.

Viel Erfolg wünscht Ihnen

Ihre Martina Haas

Herzlichen Dank an mein Netzwerk

Thomas Mann schrieb in seinem Roman *Der Tod in Venedig*: „Es ist sicher gut, dass die Welt nur das schöne Werk, nicht auch seine Ursprünge, nicht seine Entstehungsbedingungen kennt." Adam Grant hat das Werden eines Buches in einem Post köstlich beschrieben. Die Stimmung reicht vom anfänglichen Gefühl, ein Genie zu sein, über das Hinterfragen, welcher Orang Utan da am Werk war, bis zur Partylaune, wenn etwas besonders gut gelungen ist. Beim vierten Buch kennt man das und ist nach der Manuskriptabgabe froh, noch Freunde und Getreue zu haben, hat man doch den Inner Circle strapaziert.

Ich habe vielen zu danken und beginne am besten am Anfang – bei meiner Mutter, weil sie meine Lust am Lesen und Schreiben förderte. Zudem hat sie mir schon als Kind erklärt, was „Vitamin B" bedeutet. Bei Heinz Dürr, Unternehmer und ehemaliger Bahnchef, bedanke ich mich für die großzügige Erlaubnis zum Abdruck seines Beitrags zu Twitter, den er exklusiv für 300 Freunde und Weggefährten verfasst hatte.

Meinen Interviewpartnern danke ich für ihre kostbare Zeit und den Einblick in ihre Welt und ihre Erfolgsrezepte:

Jutta Allmendinger – Rainer App – Julien Backhaus – Heidi Hetzer – Jeffrey Himmel – Axel Kaiser – Katrin Kempiners – Alexandra Knauer – Bea Knecht – Marian Kopp – Dirk Kreuter – Kristin Lund – Wolf Lotter – Paolo Masaracchia – Britta Niemeyer – Sigrid Nikutta – Michael O. Schmutzer – Anja Tabarelli – Kristina Tröger – Thomas Wiederspahn – Cawa Younosi. Dem Verleger Wolfgang Hölker danke ich für den Check seines Interviews für mein erstes Buch und die Aussage, dass er nicht mit völlig verändertem Networking-Verhalten dienen könne. Zwei befreundeten Inspiratoren danke ich besonders, weil sie meine Buchprojekte seit vielen Jahren unterstützen und mich inspirieren: Reinhard Kreissl und Abtprimas e.m. Notker Wolf. Besonderen Dank schulde ich Irene Natividad, der Gründerin des Global Summit of Women, und Friedensnobelpreisträger Prof. Muhammad Yunus, Gründer der Grameen Bank, für sehr kurzfristige Interviews bzw. Statements zur Zeit der Abgabe des Buchmanuskripts. Es war großartig, sich mit all diesen klugen Köpfen auszutauschen.

Meinem Schweizer Lieblingsschriftsteller Martin Suter danke ich für erneuten Rat und dafür, dass ich aus unserer Korrespondenz zitieren darf. Hermann Scherer verdanke ich das provokante Zitat, dass Leute, die ständig auf Networking-Events sind, keine Aufträge haben. Das bestärkt meine These, dass bei den meisten Menschen 90 Prozent der Kontakte für den Müll sind und zu rein gar nichts führen. Danke Hermann!

Dr. Thomas Möbius begleitete meine drei letzten Bücher als Sparringspartner. Ich schätze seine Meinung sehr und danke für die hervorragende Unterstützung in Höhen und Tiefen. Und auch mit ihnen habe ich mich intensiv ausgetauscht: Stephanie Arndt – Hans-Jochen Fröhlich – Elke

Holst – Markus Lemmens – Patricia Nassauer – Gero Niggemeier – Martin Spilker. Mein Friseur Heino Preuss verpasste mir bisweilen sprichwörtlich einen neuen Kopf, indem er manches Wenn und Aber mit mir diskutierte.

Allen ein herzliches Dankeschön. Ihr seid wunderbar.

Wie kann ich den Musen für all die Musenküsse danken? Ein Musenkuss lässt sich zumindest zuordnen: Der Schauspieler Clive Standen vermittelte mir mit seiner Buchempfehlung *Die Möwe Jonathan* das perfekte Beispiel für die Ausschlussfunktion von Netzwerken. Danke Clive.

Die klügsten Ideen sind nichts ohne einen Verlag, der ihr Potenzial erkennt. Ich danke daher meinem Lektor Thomas Ammon und dem C. H. Beck Verlag mit der Verlagstochter Franz Vahlen Verlag für die gute Zusammenarbeit bei unserem dritten Buch. Auch das Grafikbüro Bureau Paraplui machte erneut einen super Job, ebenso Frau Annett Deuringer aus der Herstellungsabteilung.

Nicht zuletzt sei meinen Lesern gedankt für ihr tolles Feedback, das anspornt, immer das Beste zu geben, an Themen dranzubleiben und Neues zu entdecken.

Sollte ich jemanden versehentlich nicht erwähnt haben, versichere ich: Es wird keiner vergessen, der mich unterstützt hat. Jeder hat mit seinem Input dazu beigetragen, das Buch auf eine höhere Ebene zu heben.

Autorenprofil

Martina Haas ist Expertin für Networking & Business Kommunikation. Sie begeistert mit neuen Ideen zur professionellen Vernetzung und Karrierestrategien. Martina Haas ist Keynote Speaker, Bestsellerautorin und Dozentin.

Zu ihren Lesern und Kunden zählen Unternehmer, Selbstständige, Führungskräfte und berufserfahrene Mitarbeiter ebenso wie ambitionierte Talente. Sie alle schätzen den Pragmatismus und Weitblick von Martina Haas und profitieren von ihren langjährigen Erfahrungen als Führungskraft in unterschiedlichen Leitungsfunktionen u. a. in einem internationalen Banken- und Immobilienkonzern und als Rechtsanwältin im Bereich Wirtschaftsrecht. Martina Haas schlüsselt Mechanismen des Geschäftslebens auf und stellt die Frage nach Sinn und Werten.

Dieses ist das fünfte Buch von Martina Haas, das dritte zum professionellen Netzwerken. 2017 erschien „Die Löwen-Strategie – Wie Sie in 4 Stunden mehr erreichen als andere am ganzen Tag" als zweite Publikation im C. H. Beck Verlag. Der „Crashkurs Networking – In 7 Schritten zu starken Netzwerken", 2. Auflage 2016, ist ein Bestseller. Die Medien schätzen Martina Haas als Gesprächspartnerin.

Folgen Sie Martina Haas bei LinkedIn, Twitter, XING und Facebook

 www.linkedin.com/in/martinahaas/

 www.xing.com/profile/Martina_Haas

 www.twitter.com/haasberlin

 www.facebook.com/haasberlin

Gerne können Sie ihren Newsletter, die Good News abonnieren via https://www.martinahaas.com/good-news/

 Sie wollen Martina Haas als Rednerin für Vorträge buchen? Es gibt viele gute Gründe dies zu tun. Die wichtigsten erfahren Sie auf der Homepage von Martina Haas via www.martinahaas.com/8-gute-gruende/.

Gerne können Sie dort „8 GUTE GRÜNDE, Martina Haas zu buchen" als pdf downloaden. Oder sprechen Sie das Management von Martina Haas telefonisch über 030 – 88 91 65 90 oder per Email über info@martinahaas.com an. You are welcome.

Literaturliste

Bibliografie Martina Haas

Was Männer tun und Frauen wissen müssen – Erfolg durch Networking
2007, Merus Verlag

Crashkurs Networking – In 7 Schritten zu starken Netzwerken
Sept. 2016 2. Aufl., 2014 1. Aufl
C.H. Beck Verlag
Bestseller

Die Löwen-Strategie – Wie Sie in 4 Stunden mehr erreichen als andere am ganzen Tag
2017, C.H. Beck Verlag

amazon #1-Bestseller (ebook): 93 Ideen von Speakern, die dich und die Welt verändern – Beitrag Martina Haas: „Erfolgsbooster Networking – Smart vernetzt zum Erfolg"
Mai 2018, Herausgeber Hermann Scherer

Sonstige Literatur

Blach, Heusinger, Loko
KREATIVIERT EUCH! DAMIT DEUTSCHLAND WIEDER GENIAL WIRD
2018, Europa Verlag

Coelho, Paulo
Der Weg des Bogens
2. Auflage 2017, Diogenes Verlag

Ferrazzi, Keith
Geh nie alleine essen! Und andere Geheimnisse rund um Networking und Erfolg
2013, books4success

Grant, Adam
Geben und Nehmen: Warum Egoisten nicht immer gewinnen und hilfsbereite Menschen weiterkommen
2016, Droemer

Jaron Lanier
Zehn Gründe, warum du deine Social Media Accounts sofort löschen musst
2018, Hoffmann und Campe

Navidi, Sandra
$uper Hubs – Wie die Finanzelite und ihre Netzwerke die Welt regieren
2017, FBV

Scherer, Hermann
Wie man Bill Clinton nach Deutschland holt: Networking für Fortgeschrittene
2006, Campus Verlag

Tim Templeton
Erfolgreiches Netzwerken
2018, 16. Auflage, Gabal

Weinberg, Ulrich
Network-Thinking – Was kommt nach dem Brockhaus-Denken?
2015, Murmann

Zack, Devora
Networking für Networking-Hasser
2012, Gabal

Englisch

Granovetter, Mark S.
The Strength of Weak ties, American Journal of Sociology – University of Chicago Press, 1973

Susan Pinker
The Village Effect – Why face-to-face contact matters
Atlantic Books 2015

Kontakte knüpfen und pflegen.

Haas
Crashkurs Networking

2. Auflage. 2016
128 Seiten.
Kartoniert € 6,90
ISBN 978-3-406-70098-9

≡ **beck-shop.de/16710936**

Professionelles Networking

ist eine lohnende Investition! Sie erleichtert das Leben, denn gemeinsam kommen wir alle besser voran – beruflich wie privat. Die praxiserprobten Tipps dieses Ratgebers helfen Ihnen dabei, effizient zu netzwerken. Zudem profitieren Sie von den Erfahrungen prominenter Netzwerker, die zu Wort kommen.

Darum geht es

- Erhöhen Sie Ihre Berufschancen durch starke Netzwerke.
- Erarbeiten Sie mit den integrierten Fragen Ihre Networking-Strategie.
- Pflegen Sie Ihre Beziehungen sorgsam.

Mehr Fokus – mehr Effektivität!

Haas
Die Löwen-Strategie
2017. 263 Seiten.
Kartoniert € 19,80
ISBN 978-3-406-70727-8

beck-shop.de/17822913

Erfolg im Fokus.

Die Löwen-Strategie von Martina Haas basiert auf dem ausgeklügelten Einsatz und Zusammenspiel der Erfolgs-Bausteine:

- Chancen-, Risiko- und Innovationskompetenz
- Kommunikations-, Selbstvermarktungs- und Vernetzungskompetenz sowie
- Teamfähigkeit bzw. Leadership.

Fokussiert auf das Wesentliche tun Löwen das Richtige mit den richtigen Mitteln. Somit können sie es sich leisten, nur 4 Stunden pro Tag aktiv zu sein. Mit der Löwen-Strategie erreichen auch Sie in 4 Stunden mehr als andere am ganzen Tag. Praxiserprobte Tipps und spannende Interviews mit Prominenten inspirieren dazu.